KB273702

문호준 박사의
서울에서 평양까지

지우출판

문호준 박사의
서울에서 평양까지

초판1쇄 인쇄 _ 2026. 3. 25.

초판1쇄 발행 _ 2026. 3. 20.

지은이 _ 문호준

발행인 _ 김용성

발행처 _ 지우출판

출판등록 _ 2003년 8월 19일

서울시 동대문구 휘경로 2길3. 4층

TEL: 02-962-9154 / FAX: 02-962-9156

ISBN 979-11-94120-27-8   (03340)

lawnbook@hanmail.net

값 18,000원

『서울시 육상경기연맹 회장 임기 4년, 의미 있고 상징성 있는 일을 하고 싶다. 그래서 방북신청서(대북한주민접촉계획서 및 사회문화교류 사업계획서)를 제출했다.』

이 책의 시작은 한 편의 경기(競技)처럼 비롯되었습니다. 처음에는 단순한 구상이지 않았나 생각했습니다. 서울과 평양을 잇는 릴레이 마라톤이라니? 총과 포성(砲聲)이 아닌 바통과 발걸음으로 남과 북을 연결해보자는 생각이 출발점이었습니다. 이 하나의 아이디어가 결국 한 권의 책으로 이어지게 되었습니다.

저는 지난 2025년 서울시 육상연맹 회장으로 취임했습니다. 임기는 2028년 말까지 4년입니다. 긴 시간 같지만, 의미 있는 일을 남기기에는 결코 길지 않은 시간이라고 생각합니다. 그래서 스스로 물었습니다. 나는 이 위치에서 무엇을 남길 것인가. 그 질문 끝에서 떠오른 것이 서울·평양 릴레이 마라톤이었습니다. 이것은 단순한 스포츠 행사가 아닙니다. 임기 중 반드시 시도해보고 싶은 상징적 사업입니다. 육상을 통해 남과 북을 잇는 일이지요. 더 거창하게는 달리기로 평화를 말하는 것입니다. 그것이 제게 주어진 정해진 시간 안에 해보고 싶은 가장 큰 도전입니다.

첫걸음은 서울 안에서 시작합니다. 서울에는 25개 구청이 있습니다. 우리는 각 구청에서 남자 4명, 여자 4명을 릴레이 주자로 선발할 계획입니다. 한 구청에서 8명, 모두 200명을 선발할 예정입니다. 단, 엘리트 선수나 선수 급 인물은 제외합니다. 기록 경쟁이 목적이 아니기 때문입니다. 이 릴레이는 시민의 릴레이입니다. 각 구를 대표하는 주민들이 참여해 바통을 이어받습니다. 그렇게 서울시청을 출발해 상징적으로 평양을 향해 달리는 릴레이 마라톤입니다. 저는 이 장면을 오래 상상해왔습니다. 전문 선수가 아닌 평범한 시민이 주자(走者)가 되는 모습을 상상해 보십시오. 직장인과 학생, 주부가 각자의 자리에서 나와 바통을 쥐는 모습 말입니다. 그것이 진짜 공동체의 얼굴이라 생각합니다. 스포츠는 소수의 영웅이 아니라 다수의 참여로 완성되지 않겠습니까?

두 번째 구상은 의료진 동행입니다. 우리는 의사 35명, 한의사 15명, 총 50명의 의료진을 대동할 계획입니다. 단장은 박원하(前 서울삼성병원 정형외과 교수이자 前 서울시 체육회장)가 맡게 될 것입니다. 스포츠 행사이면서 동시에 인도적 교류의 의미를 담고자 합니다. 단순히 달리고 돌아오는 일정이 아니라 현지에서 의료 봉사와 교류 활동을 병행하는 구상입니다. 몸이 아픈 이들에게 손을 내미는 일은 어떤 정치적 구호보다 강력한 메시지를 전할 것입니다.

세 번째는 국내 중소기업에서 세계최초로 개발한 무한동력으로 생산된 전기와 배터리 개발을 완료하였으며, 무한동력으로 생산된 전기를 북한에 설치할 계획입니다. 또한 미래의 먹거리인 스마트팜을 평양에 200평 규모의 하우스 10동을 1차 기증할 계획입니다. 최신 기술을 접목한 스마트 농업 시스템이지요. 단순한 상징물이 아니라 실질적 먹거리 기반을 마련하려는 시도입니다. 저는 이것을 '먹거리즘'이라 부르고 싶습니다. 체육 교류가 일회성 이벤트에 그치지 않도록 생활과 연결되는 토대를 함께 마련해야 한다는 생각입니다.

국내에서도 준비를 병행할 것입니다. 코스닥 상장회사에서 새만금을 기점으로 20만 평 부지에 200평 규모의 스마트팜 500동을 설치할 계획입니다. 남북이 협력할 수 있는 산업적 모델을 미리 구축해두자는 뜻입니다. 필요하다면 북측에 10동을 넘어 추가 지원도 가능할 것입니다. 이미 남북 협력 기금이 존재합니다. 그 자금을 활용해 실질적 성과로 연결하는 것은 의지의 문제라고 생각합니다.

　저는 역사를 잊지 않았습니다. 김대중 대통령이 남북 관계 개선의 물꼬를 트지 않았습니까? 최초로 평양을 방문해 김정일 위원장과 포옹하던 장면은 전 세계에 전파되었습니다. 그때 그 장면은 한 시대의 상징이 되지 않았습니까? 그 뒤를 이어 노무현 대통령도 문재인 대통령도 평양을 찾지 않았겠습니까? 저는 그분들을 대단한 위인들이자 애국자라고 생각합니다. 정치적 입장을 떠나 한반도의 긴장을 완화하려 했다는 점에서 그분들은 존중받아야 합니다.

　그러나 남북 관계는 늘 단편적으로만 나아가지 않았습니다. 후퇴와 긴장이 반복되었습니다. 특히 윤석열(前 대통령) 시기에는 계엄령과 무인기 문제 등으로 긴장이 고조되며 관계가 크게 흔들렸습니다. 저는 그 시기를 매우 아쉽게 생각합니다. 갈등은 쉽게 증폭되지만, 신뢰는 천천히 오는 법 아닙니까? 무너지는 데는 순간이지만 다시 세우는 데는 시간이 많이 필요하다는 말입니다.

　그래서 저는 스포츠를 선택했습니다. 스포츠는 우연과 의지, 역사와 상징이 얽혀 만들어진 인류의 문화입니다. 특히 육상은 스포츠 가운데서도 가장 기본적인 운동입니다. 달리고 걷고 이어받는 행위는 인간의 본능일 것입니다. 계주(繼走)를 떠올려봅니다. 바통은 20미터 인계 구간 안에서만 전달할 수 있습니다. 그 선을 넘으면 실격이지요. 아무리 빠른 선수라도 혼자서는 완주할 수 없습니다. 이어받고 이어주어야 합니다. 저는 이 장면에서 공동체의 원리를 봅니다. 개인의 속도보다 중요한 것은 연결의 정확성입니다. 그렇습니다. 정치의 언어가 막힐 때 인간의 언어는 통할 수 있습니다. 그러나 몸을 움직여 함께 달린 기억은 쉽게 사라지지 않을 것입니다.

　이 책은 그런 고민과 구상의 기록입니다. 계주의 바통처럼, 경보의 절제처럼, 마라톤의 인내처럼, 남북 교류를 다시 생각해보자는 제안을 하고 싶습니다. 저는 임기 4년 동안 이 상징을 현실로 만들기 위해 최선을 다할 것입니다. 성사 여부를 떠나 시도하는 것 자체가 의미 있는 일이라고 믿어 의심치 않습니다.

서울의 200명 시민 주자, 50명의 의료진, 스마트팜 10동, 그리고 국내 중소기업에서 개발에 성공한 무한동력으로 생산된 전기와 배터리 등을 북한에 일부 설치할 계획입니다. 숫자는 비록 단순해 보여도 그 안에 담긴 뜻은 결코 가볍지 않을 것입니다. 이 구상이 한반도의 긴 역사 속에서 작은 물결이 되기를 바랍니다.

저는 지금 바통을 들고 있습니다. 이 바통을 다음 세대에 넘기기 전에 한 번은 힘껏 달려보고 싶습니다. 이 책이 바로 그 출발선에 놓인 각오와 다짐일 것입니다.

2026년 3월 10일
서울시 육상경기연맹 회장
문호준 배상

달리기 전에 출발선을 바라보면서

　서울에서 평양까지 거리는 얼마나 될까. 지도에 직선을 그어보면 가깝게 보이지만, 실제는 생각보다 멀다. 물리적 거리와 심리적 거리는 하늘과 땅의 차이다. 지도의 축척으로 보면 한 줄로 그어질 거리가 분명 맞지만, 그 선 위에는 한 세기의 시간이 겹겹이 쌓여 있는 것이다.

　사람들은 그 선을 오랫동안 비무장지대라 불러왔다. 우리는 일찍부터 휴전선이라 부르면서 국경이란 경계로 삼아오지 않았는가. 그러나 살아온 시간 속에서 내가 체감한 그것은 늘 넘을 수 없는 마음의 거리였다. 일종의 넘지 못한 심리적 벽이라 할 수 있을 것이다.

　어릴 적에 나는 평양이라는 말을 실제 지명처럼 느끼지 못했다. 누구나 그렇듯이 그것은 언제나 뉴스 속에만 있었다. 청년 시절에는 군가의 가사 속에 있었으며, 어른들은 평양이란 단어를 입에 올릴 때 말을 낮추었다. 학교 운동장에서 100미터를 달릴 때 숨이 차오르던 기억은 얼마나 또렷한가. 그런데 서울에서 평양까지의 거리는 상상 속에서도 끝이 보이지 않았다. 우리가 맘껏 달릴 수 없는 길이라는 전제가 먼저 주어졌기 때문이라고 생각한다.

　우리는 오래도록 멈춰 서 있는 법을 배워왔다. 전쟁은 끝났지만 움직이지 않는 것이 안전하다고 배웠고 건너지 않는 것이 애국이라고 배웠다. 현실에 안주하며 변화를 우리는 두렵게 생각했다. 그렇게 멈춤은 일상이 되었고 분단은 하나의 정지한 풍경이 되었다. 따라서 분단은 어느새 해결해야 할 숙제가 아니라 운명 같은 존재가 되었다. 그래서 평양은 우리의 목적지가 아니라 피해야 할 하나의 금기(禁忌)가 되었다.

그러나 인생은 멈춰 서 있는 동안에도 계속 흘러갔다. 이 땅에 사람들은 태어나고 이 땅에서 늙고 떠났으며 역사는 쉼 없이 다음 장으로 넘어갔다. 달리지 않는 동안에도 우리는 숨을 쉬었는데 숨을 쉬는 한 몸은 언제든 움직일 수 있었다.

마라톤을 떠올리면 언제나 고독한 한 사람의 질주가 먼저 그려진다. 그러나 릴레이는 이와는 결이 다르다. 릴레이에는 반드시 다음 사람이 있다. 혼자가 아니라는 전제가 있게 되는 것이다. 릴레이는 끝이 아니라 넘겨주는 순간이 있다. 그래서 인계봉은 기록보다 중요하다. 그것은 여기까지 왔다는 증거이며 이제 네가 가라는 믿음이다. 결국 우리가 하나가 되어 목적지에 닿을 수 있다는 확신이 그 속에 담겨 있는 것이다.

서울에서 평양까지를 릴레이로 달리자는 생각은 그래서 시작되었다. 한 사람이 끝내지 않아도 되는 길, 한 세대가 완성하지 않아도 되는 여정이다. 중요한 것은 완주(完走)가 아니라 시작이며 이런 믿음이 중단되지 않는 것이다. 우리가 달리기 시작하면 누군가는 그 모습을 보게 될 것이며 보는 사람 중 일부는 후일의 다음 주자가 될 것이다.

이 책은 그 달리기 이전에 하는 준비운동 같은 것이다. 몸이 먼저 나서기 전에 생각의 길을 내기 위해서다. 우리는 정치의 언어가 막힌 자리에서 삶과 생활의 언어로 북측과의 화해를 다시 묻고 싶었다. 우리는 왜 이렇게 오래 준비를 하면서 걸어왔는지 감개가 무량할 때가 있었다.

생각해 보면 무엇이 우리를 멈추게 했는지 아득하다. 또한 무엇이 우리를 다시 움직이게 할 수 있는지 감동이 밀려오기도 하는 것이다. 이게 역사의 수레바퀴인지 모르지만, 우리는 이 길을 멈추지는 않을 것이라 믿고 있다.

통일이라는 말은 때로 너무 크고 무겁다. 아니 어떨 때는 무섭기까지 하다. 우리는 그런 세월을 묵묵히 걸어오지 않았나. 그래서 사람들은 통일 어쩌고 운을 떼면 고개부터 돌린다. 그 사연을 우리가 모를 리는 없을 것이다.

그러나 화해라는 말은 좀 다르다. 화해는 당장 오늘 가능한 선택이며 거창하지 않은 결심이다. 그것은 마음만 먹으면 아주 쉽다. 손을 내밀고 호흡을 맞추고 같은 속도로 잠시 달려보는 일이다. 이게 그렇게 어려울 일인가? 서울과 평양 사이에 지금 필요한 것은 거대한 설계도가 아니라 함께 움직여본 경험일지도 모르기 때문이다.

나는 이 책을 기록이 아니라 호흡으로 쓰고자 한다. 개인의 인생이 어떻게 역사와 부딪히며 흘러왔는지 제법 살아온 인생은 알게 된다. 그 과정에서 분단이 어떻게 우리 안에 자리 잡았는지 가장 먼저 기억한다. 그리고 지금 우리가 어떤 방식으로 다시 길을 낼 수 있는지를 차분히 따라 가보려 한다. 감정의 울분이 아니라 우리의 길이 혹시 잘못된 것은 아닌지 성찰로써 걸어가려고 하는 것이다.

달리기는 언제나 첫발을 떼는 순간이 가장 어렵다고 한다. 그러나 한 번 움직이기 시작하면 몸은 생각보다 먼 곳까지 데려간다. 한번 움직이면 멈추기가 쉽지 않은 법이다. 달리는 사람들은 이런 진리를 이미 알고 있다. 서울에서 평양까지도 그렇게 시작할 수 있기를 우리는 바란다. 이 책이 그 첫발을 떼는 데 작은 도움이 된다면 우리는 그것으로 충분하다고 말 할 수 있을 것이다.

우리는 결승선을 상상하지 않으려고 한다. 다만, 출발선에 다시 서는 용기를 이야기하고 싶다. 우리는 아직 달릴 수 있다. 달릴 준비가 되어 있음을 알아주기 바란다. 더욱이 여러분과 함께라면 미지의 세계에 있는 그들과 함께라면 더욱 그렇다.

인생은 왜 마라톤에 비유되는가?

우리 인류는 아니 거창하게 인류라는 표현을 빌어오지 않더라도 우리와 함께 살아가는 많은 사람들은 인생을 종종 마라톤에 비유하곤 한다. 무슨 특별한 이유가 있어서인가? 그건 아니다. 그런데 이유는 단순하다.

목표를 세우고 계획을 짜고 연습을 해야 하기 때문이다. 그 과정이 삶과 닮아 있는 탓이다. 인생을 살아보니 하루아침에 결승선에 도달하는 삶은 없음을 깨닫게 된다. 조금씩 그리고 꾸준히 자기 속도로 미래를 향해 나가야 한다. 그 과정이 쌓이면 성취가 되고 성취는 곧 삶을 풍요롭게 만들지 않나.

마라톤도 그렇다. 마라톤의 목표가 반드시 세계 신기록이나 우승일 필요는 없다. 이건 마라톤을 한번 아니 그냥 달리기를 해 본 사람들은 바로 깨달을 수 있는 부분이다. 신기록이나 우승, 그건 극소수의 이야기다.

대부분 평범한 사람들에게 마라톤의 목표는 다만 완주일 뿐이다. 소박한 목표가 함께하는 것이다. 더 정확히 말하면 어제의 나를 넘는 것이다. 각자의 능력대로 각자의 속도로 각자의 한계를 존중하며 도달하면 그것이 곧 승리가 되는 것이다.

마라톤 대회에서 인상적인 장면이 있다. 결승선을 통과한 모든 완주자에게 메달을 걸어준다는 사실이다. 순위와 상관없이 기록과 무관하게 말이다. 그리고 그때 건네는 말은 언제나 같다.

축하합니다!

무엇에 대한 축하일까. 중요한 점은 빠르게 달린 것에 대한 축하가 아니라는 점이다. 포기하지 않은 것에 대한 축하다. 철저히 준비한 것에 대한 축하다. 그리고 스스로와의 싸움에서 이긴 것에 대한 축하라고 할 수 있다. 축하의 요인이 엄청나게 많고 인생에서 가장 축하받을 일만 축하받은 것이다.

우리가 들인 땀과 시간, 불안과 염려를 이겨낸 노력에 대한 존중이지 않겠는가. 그래서 마라톤 메달은 높은 가치의 값이 매겨진다. 그 자체로 가치 있는 메달이다. 금속의 무게보다 그 사람이 걸어온 시간의 무게가 담겨 있기 때문이다.

마라톤은 언제 시작하면 좋을까. 필자가 경험해 보니 되도록 젊을 때 시작하면 좋다. 하지만 더 중요한 말이 있음을 잊어서는 안 될 것이다. 젊다는 것의 의미 바로 시작하는 순간이 가장 젊을 때라는 사실이다.

나이는 결코 핑계가 되지 않는다. 달리기를 시작한 사람은 누구나 다시 젊어진다. 몸이 깨어나고 마음이 정렬되고 하루가 달라진다. 할 수 있다는 자부심이 생긴다. 이 자부심은 달리기 이후의 삶을 버티게 하는 힘이 되는 것이다.

그래서 마라톤은 희망을 품을 수 있는 운동이다. 누구나 희망을 품듯 누구나 접근할 수 있는 운동이다. 몸의 장애도 마라톤을 막을 수는 없다. 마라톤 현장에서 우리는 종종 이런 모습을 목격하지 않나. 오늘 한 걸음이 내일의 두 걸음이 되고, 이번 대회가 다음 대회의 출발선이 된다. 곧 인생의 출발선, 계속할 수 있다는 믿음 가운데서 달리기는 꼭 인생을 닮았다는 사실을 깨닫게 된다.

왜 지금 달리기책이 필요한가?

이번에 책 작업을 준비하면서 한 가지 사실 앞에서 멈춰 섰다. 석사, 박사 논문을 쓰면서 그 많은 자료와 정보 앞에 숨이 턱 막혔던 적이 있지 않겠는가. 그런데 체육 그것도 마라톤책을 집필하면서 정보와 지식이 아주 빈약하다는 사실을 깨달았다.

우리나라에는 일반인을 위한 달리기책이 거의 없다는 점이다. 참 이상한 일이다. 우리는 올림픽 마라톤 금메달을 두 개나 가진 나라가 아닌가. 세계가 인정한 마라톤 강국이라 할 수 있지 않나. 그런데 정작 달리기를 시작하려는 사람이나 생활체육으로 달리기를 하는 사람, 동호회와 코치를 위한 실용적인 책은 찾아보기 어렵다는 사실이었다.

그동안 우리는 너무 엘리트 중심의 체육에 집중하지 않았나 하는 아쉬움이 남는 대목이었다. 소수의 선수만이 훌륭한 감독을 만나 체계적인 관리를 받았다. 나머지 수많은 달림이들은 경험에 의존하거나 인터넷 정보에 기대거나 부상을 겪으면서 배워야 했다. 이건 반성해야 할 지점이라고 생각한다.

서울시 육상연맹 회장을 맡으면서 이런 생각이 더 분명해졌다. 이제는 일반인을 위한 달리기책이 필요하다는 생각을 하게 되었다. 기록을 노리는 선수부터 처음 운동화를 신는 사람까지 말이다. 현장 코치부터 주말 러너까지 우리 모두에게 도움이 되는 책이 아주 필요하겠다고 생각했다.

이 책은 뛰어난 기록을 나열하는 책이 아니다. 이렇게 하면 2시간 10분에 뛸 수 있다는 식의 책도 아니다. 이 책의 목표는 단 하나다. 오래 안전하게 즐겁게 달리도록 돕는 것이다. 그래서 발로 뛰고 자료를 모으면서 책 쓰기의 양념들을 한군데 담으려 하는 것이다.

왜 준비운동이 필요한지 왜 갑자기 거리를 늘리면 안 되는지 부상은 왜 생기고 어떻게 예방해야 하는지 말이다. 휴식은 왜 훈련만큼 중요한지 달릴 때 물은 언제 얼마나 마셔야 하는지, 신발 하나가 왜 몸 전체를 바꾸는지와 같은 사소하면서도 아주 중요한 정보 등등 말이다.

이 모든 것은 거창한 이론이 아니라 수많은 현장과 경험 그리고 검증된 자료에서 나온 이야기다. 읽기 쉽고, 바로 적용할 수 있어야 한다. 달리기를 처음 시작하는 사람도 이해할 수 있어야 하고 수준급 선수에게도 고개를 끄덕이게 해야 한다. 코치에게는 지도서가 되고 일반인에게는 길잡이가 되어야 하지 않겠는지……

달리기 인구는 계속 늘고 있다. 공원과 강변에서 학교 운동장에서 새벽과 밤을 가리지 않고 사람들이 달린다. 이 흐름은 절대 일시적인 유행이 아니다. 요즘엔 이런 기류가 건강을 넘어 하나의 삶의 방식이 되고 있다. 이런 시대에 달리기책이 없다는 건 공백이다. 소중한 인생의 파노라마 위에 펼쳐진 그 공백을 채워야 하지 않겠는가.

그래서 나는 이 책을 쓴다. 누군가를 챔피언으로 만들기 위해서가 아니다. 더 많은 사람이 완주자가 되도록 돕기 위해서 쓰는 것이다. 메달을 목에 걸고 축하합니다! 라는 말을 듣는 경험을 더 많은 사람이 하게 하기 위해서라면 맞는 설명일 것이다.

달리기는 특별한 재능이 없어도 된다. 다만, 올바른 정보와 꾸준함은 필요하지 않을까. 이 책이 그 출발선이 되기를 필자는 바란다. 지금 이 페이지를 넘기는 순간이 가장 젊고 빠른 시작이 되기를 바라면서 말이다.

차 례

제11장 남북 스포츠 교류에 즈음하여

에필로그

제1장 평양까지 달려야 할 이유

레인도 바꾸고 규칙도 바꾼 북한

남북과 북남, 무엇을 먼저 호명하느냐에 따라서도 어감이 다르다. 분단국 관계는 이렇듯 예민하다. 그런데 분단국가의 관계를 무엇이라 부를 것인가는 단순한 용어의 문제가 아니다.

그것은 정체성과 전략 그리고 미래를 규정하는 언어다. 대한민국은 헌법에 따라 남북관계를 대외관계가 아닌 내부 문제로 다뤄왔다. 전쟁이 끝나지 않은 상태에서의 분단 그래서 남북은 국가 간 외교가 아니라 특수관계로 규정되었다. 남북기본합의서가 이 표현을 공식화했다. 적대 속에서도 민족이라는 전제를 놓지 않겠다는 최소한의 합의였던 것이다.

하지만, 이 말 속에는 단순한 국제관계 이상의 의미가 담겨 있다. 하나의 민족에 둘의 제도라는 점이다. 충돌과 교류가 동시에 존재하는 긴장된 공존의 그늘이 존재하는 것이다. 남한은 그 틀을 오랫동안 유지해오지 않았겠는가. 우리는 늘 하나이고자 하는 헌법의 문장과 정책의 언어를 일관된 하나의 방향으로 향해오지 않았나.

북한 역시 과거에는 같은 언어를 사용했다. 김일성, 김정일 시대를 거치며 남북관계는 한 민족 내부의 문제로 규정되었다. 통일은 체제 경쟁의 결과일 수는 있어도, 민족이라는 전제 자체를 부정하지는 않았다. 조선반도, 조선 민족 해방이라는 기치는 대외적 명분이자 내부 결속의 논리였다. 이게 북측의 일관된 정치 역사관이었다.

그러나 김정은 시대에 들어 이 언어는 급격히 바뀌게 된다. 2020년대 북한은 남북관계를 더 이상 통일을 지향하는 민족 관계로 보지 않겠다고 선언하지 않나. 대한민국은 조선-한국 관계, 즉 조한(朝韓)관계의 상대가 된다. 풀어 말하자면 일종의 두 국가론이다. 적대적 두 국가라는 의미다. 이는 수사(修辭)의 변화가 아니라 노선(路線)의 전환이다.

이 변화의 배경은 분명하다. 한국 사회에 대한 동경과 정보의 유입은 북한 체제에 구조적 압박이 되지 않았겠는가. 평화적 통일이 현실화할 경우 체제 유지가 어려워질 것이라는 판단이 작동했다.

민족의식이란 우리에게 더이상 자산이 아니라 위험 요소가 되었다. 김정은 국무위원장은 그 위험을 제거하는 쪽을 선택한 것 같다. 선대(先代)가 내세웠던 명분과의 모순을 감내하면서까지 연결을 차단하는 것이 체제 유지에 유리하다고 판단한 것이다.

이 선택은 북한 스스로 역사와 충돌한다. 조선 민족 해방을 부정하는 셈이며 정권 수립 이래 유지해온 명분을 스스로 허무는 일이기도 할 것이다. 그러나 김정은 국무위원장에게 무엇보다 중요한 것은 안정성이었다. 민족보다 체제, 통일보다 생존을 더 중요하게 생각한 것이다. 그 계산이 두 국가론으로 귀결되지 않았겠는가.

이 지점에서 남북관계는 다시 구조의 문제가 된다. 언어가 바뀌면 정책이 바뀌고 정책이 바뀌면 접촉의 방식도 달라진다. 대화는 더 어려워지고 교류는 더 복잡해진다. 그러나 언어가 현실을 전부 결정하지는 않는다는 점이다. 구조는 고정돼 보이지만 경로는 여전히 남아 있다. 노력이 요구되는 지점이라 할 수 있다.

서울시 육상연맹이 구상하는 서울·평양 릴레이 마라톤은 이 모순을 상징적으로 보여준다. 두 도시를 잇는 이 릴레이는 통일을 전제하지 않는다. 적대의 해소를 약속하는 것도 어떻게 보면 욕심이지 않을까. 다만 이어 달릴 수 있다는 가능성만을 남긴다. 릴레이는 상대를 끌어당기는 경기가 아니다. 각자의 구간을 달리고 교대의 순간을 기다리는 경기라고 할 수 있다.

지금 평양은 출발선에 서지 않았다. 그들은 오히려 레인을 바꾸고 규칙을 바꾸겠다고 선언하지 않았나. 그렇다고 서울이 달리기를 멈출 이유는 없다. 서울의 역할은 바통을 떨어뜨리지 않는 것이다. 민족이라는 언어가 지워진 자리에서도 사람과 사람을 잇는 경로는 유지할 수 있기 때문이다.

두 국가론은 일견 장벽처럼 보이지만, 동시에 북한이 스스로 선택한 방어선이기도 하다. 우리는 북측의 이런 방식을 존경할 수밖에 없다. 방어선은 고정돼 있지만 언제든 협상의 대상이 될 수 있다는 점을 시사한다. 체제가 안정되었다고 판단하는 순간 언어는 다시 조정될 수 있다. 외교는 늘 그렇게 작동해오지 않겠는가.

서울·평양 릴레이 마라톤은 앞에서도 언급한 바와 같이 완주를 약속하지 않는다. 대신에 중단하지도 않겠다고 말한다. 일종의 바통을 손에서 놓지 않겠다는 다짐이라 할 수 있다. 남북관계를 무엇이라 부르든 달리는 쪽의 자세는 하나같다. 페이스를 유지하고, 교대 지점을 준비하면서 언젠가 올 다음 구간을 대비하는 것이다.

남북이란 분단은 고정된 상태가 아니라 관리되는 과정이다. 관계를 표현하는 방식의 언어는 바뀔 수도 있겠지만, 방향은 우리가 선택할 수 있는 게 아닌가. 그런 의미에서 서울은 오늘도 열심히 달린다.

평양을 향해 곧장 가지 않더라도 트랙 위를 벗어나지 않기 위해서 한없는 마음으로 달리고 있는 것이다. 바통은 아직 우리 서울의 손에 있다. 그리고 그 사실만으로도 우리가 바라는 레이스는 끝나지 않았다.

혼돈의 남북 관계, 육상으로

우리는 서울 평양 릴레이를 준비하면서 차분히 더듬어볼 역사가 있다. 이것은 우리 조국에 대한 예의며 국민으로서 가치와 보람이라고 생각한다. 분단은 하루아침에 만들어지지 않았기 때문이다.

그리고 그 분단은 전쟁으로 시작되기 전에 이미 일상의 경로를 끊어놓지 않았나. 1945년 8월 15일 광복 이후에 무슨 일이 있었나. 한반도에는 기쁨보다 먼저 군대가 들어왔다. 남쪽에는 미군이 북쪽에는 소련군이 진주했다. 역사적 암흑의 시작, 한반도 불행의 시기가 이렇게 열리게 되었다.

38선을 당시 우리는 잠시 잠깐 필요한 임시선이라고 불렀다. 하지만 그것은 엄청나게 단단한 벽 바로 현실이 되지 않았는가. 38선이 그어지자 동시에 길이 끊겼다. 우리 민족의 비극이 제대로 시작된 시점이며 지점이다. 당연히 사람의 발걸음이 멈췄고, 철도 역시 매몰차게 끊겼던 것이다. 해방된 바로 그달에 이미 열차는 더는 오고 가지 못한 불행을 끌어안은 채 철로에 선 채로 멈춰 서버렸다.

그리고 무슨 일이 전개되었나. 공식적인 정부가 수립되기 전부터 왕래는 어려워졌다. 검문소가 세워졌고 통행은 통제되었다. 1946년 5월, 북한 지역을 통치하던 북조선 임시인민위원회는 여행증명서 제도를 도입했던 것이다. 허가 없이 38선을 넘는 일은 불법이 되었고, 처벌의 대상이 되었다. 이때부터 분단은 정치가 아니라 생활의 문제로 굳어졌다. 이렇게 시작된 분단이 이렇게 기약 없이 장기화 되리라곤 아무도 몰랐었다.

김일성 주석과 소련은 의도적으로 교류를 차단했다. 미군정의 영향력을 막고, 인구 유출을 방지했다. 이런 발 빠른 태도를 통해 전력 공급 같은 협상 카드를 손에 쥐기 위해서였다. 전기는 북에서 남으로 흘렀는데 차단이 되자 엄청난 압박이 시작되었다. 이런 점을 볼 때, 당신 분단은 미국과 소련의 전략이었다. 이걸 위해 통제를 수단으로 삼았던 것이다.

남쪽에서도 상황은 단순하지 않았다. 박헌영을 중심으로 한 남로당 등 공산 세력은 미군정 하에서 공산정부 수립을 시도했다. 북쪽에서는 조만식 같은 민족주의 우파가 정치 활동을 모색했지만, 결국 모두 좌절되지 않았나. 이렇게 화해의 길이 완전히 사라졌다. 양쪽 세계 모두가 국민이 원하는 세계는 오지 않고 극단으로 밀려났다. 그런데 김일성은 소련의 예상을 벗어날 만큼 급진적이었다. 그에 대한 반대 세력은 매우 강력하게 퍼졌고, 지지보다 적대적으로 급속히 퍼져나가지 않았나.

1948년, 마침내 선택의 시간이 왔다. 유엔 한국 임시위원단 회의에서 이승만 등은 남한만의 선거를 통해 단독정부를 수립하자고 주장했다. 사실 이때가 가장 혼란한 상황이 아니었을까. 이런 일이 없이 전체가 하나가 되었다면 분단은 없었을지 모른다. 미국과 유엔의 지원이 고마움도 있지만, 궁극적으로 오늘의 현실을 빚지 않았을까. 반면 백범 김구와 한국독립당은 남북 전역에서 선거를 실시해 통일 정부를 세워야 한다고 호소했다. 이게 관철되었다면 남북 분단이란 불행한 운명은 이 땅에 발붙이지 못했을 것이다.

그러나 북한과 소련이 이를 거부했다. 천추의 한이 된 이들의 행태, 결국 남쪽에서만 선거가 치러졌고, 1948년 8월 15일 대한민국 정부가 수립되지 않았나. 그로부터 한 달 뒤인 9월 9일, 북쪽에는 조선민주주의인민공화국이 세워졌다. 분단은 우리 민족의 잘못된 선택이 아니라 사악한 이들 세력의 결과로 확정되었던 것이다.

그 이후 왕래는 거의 불가능해졌다. 친척의 소식은 끊겼고, 고향은 지도 위의 이름이 되었을 뿐이다. 1949년 4월 2일, 대한민국 정부는 국무회의에서 남북교역 중지를 의결했다. 그리고 이 결과 남북 물자의 흐름은 공식적으로 차단되었다. 소련군은 우편마저 막았다가 뒤늦게 제한적으로 허용하지 않았나. 그것이 이른바 38 우편물이었다. 그러나 이마저도 전쟁 직전에 끊겨버렸다. 편지 한 장이 오가던 마지막 숨구멍마저 닫혀버린 셈이었다.

이 역사를 서울시 육상연맹의 시선으로 바라보면, 분단은 출발선이 잘못 그어진 경기와 닮아 있다. 선수들은 달릴 준비가 되어 있었지만, 트랙이 갈라진 상황이 열린 것이다. 바통을 건네야 할 지점에는 동료 선수 대신에 철조망이 세워졌다.

서울·평양 릴레이 마라톤이 상징하는 것은 바로 그 끊어진 구간이다. 우리는 왜 릴레이라고 부르는가. 혼자 달릴 수 없기 때문이다. 반드시 이어 달려야 하기 때문이다. 이것이 우리가 지닌 역사의 상처라고 생각한다.

해방 직후의 분단은 바통을 떨어뜨린 사건이었다. 아직 경기가 시작되기도 전에 교대 지점이 사라진 셈이었다. 그 이후의 역사는 바통 없이 달리려 한 시간이었다. 서로를 향해 달리는 대신 각자의 트랙에서 속도를 높였다. 그러니 충돌은 필연이지 않았을까.

지금 우리가 서울·평양 릴레이 마라톤을 말하는 이유는 과거로 돌아가자는 뜻이 아니다. 처음부터 다시 출발하자는 뜻도 아니다. 다만, 어디서 바통을 놓쳤는지를 정확히 기억하자는 것이다. 분단은 어느 날 갑자기 굳어진 것이 아니라, 교류를 하나씩 차단하며 만들어졌다. 길을 끊고, 철도를 끊고, 우편을 끊고, 사람의 왕래를 끊으며 완성되었던 것이다. 이런 전철을 우리는 더이상 두고 볼 수 없는 노릇이다.

그래서 다시 잇는 일도 거창할 필요는 없다. 달리기의 기본은 아주 간단하다. 넘어졌다면 일어나고, 바통을 놓쳤다면 다시 집어드는 것이다. 서울시 육상연맹이 상상하는 릴레이는 완주를 보장하지 않는다. 다만 중단하지 않겠다는 약속이다. 언젠가 교대 지점이 열릴 것이라는 믿음이 있기 때문이다.

분단의 시작이 일상의 단절이었다면 관계의 회복도 일상의 회복에서 시작될 수 있다. 편지 한 장, 발걸음도 하나, 달려야 할 구간 역시 하나가 아니겠는가. 계속 반복하는 말이지만 바통은 여전히 우리의 손에 있다. 과거가 그랬듯 미래 역시 우리가 어떻게 달리느냐에 달려 있다. 레이스는 아직 끝나지 않았기 때문이다. 아니 이제 시작이 아닌가.

치열한 남북관계

우리에게 이런 사건이 발생하게 될 줄 누가 알았겠는가. 황당할 정도로 급작스럽게 발발한 전쟁은 분단을 고착화한 사건이었다. 1950년 6월 25일, 북한의 남침으로 시작된 전쟁은 한반도를 물리적으로도 심리적으로도 완전히 갈라놓았다.

그리고 3년간의 멈추지 않았던 치열한 전쟁, 처절하게 총구에 불을 뿜으며 피를 흘리며 죽어간 불쌍한 영혼들의 무덤이 전국 방방곡곡 아닌 데가 없었다. 겨우 성립한 휴전은 총성만 멈췄을 뿐 관계를 회복시키지는 못했다. 1953년 정전협정 이후 남북관계는 이전보다 더 깊은 적대의 늪으로 들어가지 않았나.

전쟁 이후 북한은 멈추지 않았다. 무장공비 침투, 민간인 학살, 대통령 암살 시도 같은 테러가 끊임없이 이어졌다. 대한민국도 가만히 있지 않았다. 실미도 사건으로 상징되는 북파공작원들이 파견되지 않았나.

서로를 향한 분노와 폭력은 복수의 논리로 증폭되었다. 이 시기의 남북관계는 대화가 아니라 침투와 응징의 연속이지 않았겠는가. 레이스로 치자면 상대를 밀어 넘어뜨리는 경기였다. 절대적으로 옹호 받지 못할 경기, 절대적으로 이 땅에서 일어나서는 안 되었을 국지적 전쟁놀음 말이다.

그런데 2000년 6월 즈음에 이런 암울한 분위기의 흐름이 잠시 바뀌었다. 김대중 대통령의 방북과 김정일의 만남으로 첫 남북정상회담이 열렸다. 따라서 바라고 바라던 이산가족이 만났고, 시드니 올림픽에서는 남북 선수단이 함께 입장했다.

감동적인 순간이었다. 그 장면은 잠시나마 분단의 시간을 멈추게 했다. 그러나 화해의 속도보다 불신의 관성이 더 강했던 모양이다. 제2연평해전, 북핵 문제는 다시 긴장을 불러오지 않았나.

노무현 정부 시기(2003-2008)를 살펴보자. 2007년 제2차 정상회담이 열렸다. 그런 탓인지 관계는 조금씩 앞으로 나아가는 듯이 보였다. 그러나 북한의 연이은 핵실험은 모든 대화를 다시 출발선으로 되돌렸다. 바통을 건네려는 순간마다 트랙이 흔들린 것과 무엇이 다른가.

2008년 이후 상황은 급격히 식었다. 그리고 이명박 정부는 비핵·개방 3000을 내세웠다. 핵을 포기하면 지원하겠다는 조건이었다. 그런데 이게 과연 먹혀들었을까. 아니다. 방법적인 면에서 실패한 남북 외교였다.

북한은 이를 체제 부정으로 받아들였고, 관계는 곧장 얼어붙을 수밖에 없었다. 금강산 관광이 중단됐고, 로켓 발사와 지속적인 핵실험이 이어지지 않았나. 그러다가 결국 2010년 천안함 사건과 연평도 포격 사건이 발발했고, 사실상 이 사건으로 말미암아 남북은 대결 국면의 상징이 되어버렸다.

2013년은 남북관계가 아주 최악에 가까운 해가 되었다. 북한 김정은 국무위원장 체제에서 3차 핵실험, 종전협정 파기 발언, 군사적 긴장 고조가 겹겹이 발생한 것이다. 박근혜 정부(2013-2017) 출범 이후 당국 회담이 예고되었지만, 대표 격 문제 하나로 무산되었다. 이렇듯 대화는 늘 문 앞에서 멈췄다. 이후 목함지뢰 사건, 서부전선 포격, 개성공단 중단까지 이어지며 남북관계는 암흑기에 들어서지 않았나.

2017년 정권 교체는 전환의 계기처럼 보였다. 문재인 정부(2017-2022) 출범 이후 2018년 김정은의 신년사 한 문장이 흐름을 바꿨다. 그래서 대화는 급물살을 타게 되었고, 세 차례 남북정상회담과 사상 첫 북미정상회담까지 열렸다.

이렇듯 한때 멈췄던 레이스가 다시 시작되는 듯했다. 그러나 이 또한 오래가지 않았다. 2019년 하노이 회담은 성과 없이 끝났다. 그리고 2020년 무지막지한 김여정식 공포의 확산은 남북공동연락사무소 폭파라는 최악의 결과를 양산하고 말았다. 남북관계의 절대적인 후퇴는 바로 이 행위에서 비롯되었고, 관계의 바통은 땅바닥에 나뒹굴었다.

윤석열 정부 출범 이후 남북관계는 다시 대결 구도로 들어섰다. 힘에 의한 평화, 주적 표현의 부활, 한미일 3각 공조 강화 이렇게 3축으로 굳어가기 시작했다. 북한은 국가 핵 무력 정책법을 제정하며 핵 포기 불가를 선언했다. 그래서 결국 대화의 언어는 사라지고 관리와 압박의 언어만 남았던 것이다.

이 와중에 김정은 국무위원장은 남북관계를 근본적으로 재정의하기 시작했다. 통일국가론을 폐기하고 남과 북을 두 개의 국가로 규정했다. 국가 가사에서 삼천리를 지우고 지명과 역명까지 바꾸며 과거의 흔적을 제거했다.

한국은 더 이상 형제가 아니라 다른 나라가 되었다. 반면 대한민국은 이를 인정하지 않는다. 이 아이러니한 구조 속에서 남북은 같은 트랙을 달리면서도 서로를 국가로 인정하지 않는 기묘한 상태에 놓여 있는 셈이다.

이 모든 과정을 서울시 육상연맹의 시선으로 보면 하나의 장면으로 정리된다. 서울·평양 릴레이 마라톤이다. 이 경기는 늘 중단과 재개를 반복했다. 바통은 여러 번 손에서 떨어졌고, 교대 지점은 자주 사라진 셈이다. 어떤 정부는 전력 질주를 택했고 어떤 정부는 멈춰 서기를 선택했다. 그러나 한 번도 완주하지는 못했다. 이게 우리 앞에 가로놓인 숙명이라는 생각이다.

앞에서도 말했듯이 릴레이의 핵심은 속도가 아니다. 접촉을 통해 선수가 교대하는 것이다. 상대를 쓰러뜨리는 것이 아니라 다음 주자에게 바통을 넘기는 일이다. 지난 70여 년의 남북관계는 이 단순한 원칙을 잊은 역사이지 않았나. 이기기 위해 달렸지만, 끝까지 달릴 생각을 하지 못했다.

지금의 두 국가론 역시 하나의 구간이다. 영원한 결론이 아니다. 서울·평양 릴레이 마라톤은 여전히 진행 중이다. 다만 지금은 바통을 쥔 채 교대 지점을 다시 설정해야 하는 구간에 와 있다. 분단의 역사는 달리기를 멈춘 기록이 아니라 제대로 이어 달리지 못한 기록이라 할 수 있다.

그런데 경기는 아직 끝나지 않았다. 우리의 희망처럼 트랙은 아직 남아 있고 바통도 우리의 손을 기다리고 있다. 문제는 언제 어떻게 누구에게 넘기느냐이다. 서울의 손에 쥔 바통은 평양을 향해 달릴 준비를 하고 있지만, 그 선수의 마음은 몹시 무겁다. 그러나 이 무거운 감정을 결코 무겁다고 내려놓을 수는 없다. 릴레이는 혼자 완주할 수 없기 때문이다.

여전히 달리는 레이스

남북관계는 보통의 외교 관계와는 많은 차이가 있다. 한반도와 그 부속 도서를 놓고 서로 다른 체제가 같은 땅을 동시에 주장해온 사건이다. 이런 구조는 세계사에서도 아주 드문 구조가 아니겠는가.

휴전선 이남을 실효 지배하는 대한민국과 휴전선 이북을 실효 지배하는 북한은 오랫동안 서로를 국가로 인정하지 않았다. 두 체제 사이에서 전쟁은 멈췄지만, 종전(終戰)이란 것도 없는 매우 이상한 관계의 늪이었다. 그래서 남북관계는 외교도 아니고, 내정도 아닌 특수관계라는 이름으로 불려오지 않았던가. 이 표현은 남북기본합의서 전문에도 명확히 새겨져 있는 것으로 나타나지 않았나.

이 특수성은 한국 사회 내부의 시선 분화로 이어졌다. 사상과 이데올로기의 혼란, 북한을 어떻게 볼 것인가를 두고 통일국가론과 두 국가론이 나뉜다. 통일국가론은 다시 강경과 온건으로 갈라진다.

강경론은 북한을 명백한 적으로 규정하고 대화 가능성을 낮게 본다. 온건론 역시 북한을 적으로 인식하지만, 관리와 대화의 여지는 남겨둔다. 흥미로운 점은 한국의 주요 정당과 정치인 대부분이 여전히 통일국가론의 틀 안에 서 있다는 사실이다. 선거철마다 논쟁은 거세지만, 헌법의 문장 앞에서는 모두 같은 출발선에 선다는 점이다.

대한민국 헌법 제3조는 영토를 한반도와 그 부속 도서라고 규정한다. 이 문장은 단순하지만 아주 무겁다. 이 규정에 따르면 북한 지역 역시 대한민국의 영토라고 본다. 국어사전에서 남한과 북한이 각각 대한민국 영토의 남쪽, 북쪽 지역으로 정의되는 이유도 여기에 있는 것이다. 법리상 북한은 국가가 아니라 대한민국 영토의 일부를 실효 지배하는 존재가 된다. 적어도 대한민국의 대법원은 이 해석을 받아들인다. 그리고 헌법재판소 역시 이 해석을 유지해오고 있는 것이다.

물론 현실은 훨씬 복잡하다. 일상에서 사람들이 말하는 북한은 법률적 개념이 아니라 실제로 그 땅을 지배하고 있는 정권을 가리킨다. 국가인지 반국가단체인지는 일단 접어두고 쓰는 말이라 할 수 있다.

법과 생활 언어 사이에는 늘 간격이 있다. 헌법재판소가 국가보안법 어디에도 북한을 명시적으로 반국가단체라 규정한 조항은 없다고 밝힌 것도 이 복잡한 현실을 반영한 결정이라 할 수 있는 것이다.

사법부는 이 모순을 신사협정이라는 개념으로 봉합해오지 않았나. 남북 간 합의는 국제조약이 아니라 강제력을 전제로 하지 않은 약속이라는 해석이다. 헌법과 충돌하지 않기 위한 고육지책인 것이다.

헌법 3조와 평화통일을 규정한 4조는 긴장 속에 공존한다. 모순처럼 보이지만, 헌법 조항 간에는 우열이 없다는 논리로 유지되기 때문이다. 이 불안정한 균형 위에서 남북관계는 여태까지 이어져 온 것이다.

이런 구조를 서울시 육상연맹의 시선으로 보면, 남북관계는 하나의 독특한 릴레이 경기라 할 수 있다. 서울·평양 릴레이 마라톤은 국가 간 경기이면서도 한 팀 안에서 벌어지는 내부 경기와도 같은 것이다. 규칙은 명확하지 않고, 결승선의 위치도 합의된 적이 없다. 그럼에도 경기는 계속된다는 점이다. 남북 구조는 이런 점에서 닮은 데가 있다.

릴레이의 핵심은 선수 교대가 아니겠는가. 그런데 남북관계의 교대는 늘 불안정했던 게 사실이다. 한쪽은 상대를 국가로 인정하지 않은 채 바통을 건네려 하고, 다른 한쪽은 이미 별도의 팀이라고 주장한다는데 문제가 발생한다. 바통을 주고받는 손의 의미 자체가 서로 다르기 때문이다. 그래서 교대 지점마다 충돌이 발생하는 것이다.

이북5도위원회는 이 릴레이의 특이한 장면 중 하나라고 할 수 있다. 아직 달리지 못한 구간을 미리 설계해두는 조직이라 할 수 있다. 언젠가 경기가 합쳐질 경우를 대비해서 출발선과 코스를 그려두는 셈이다. 실제로 도지사와 시장, 군수가 임명되어 있지 않은가. 통일이 오면 곧바로 지방자치로 전환하도록 설계되어있는 것이다. 현실에서는 다소 낯설어 보이지만, 장거리 레이스에서는 이런 만반의 준비가 필요한 법이다.

두 국가론은 요즘에 힘을 받고 있다. 상전벽해, 세상이 이렇게 많이 변했다. 따라서 우리가 추구하고자 하는 서울 평양의 이 릴레이는 더 복잡해졌다. 상대는 이제 같은 팀이 아니라고 말한다. 그래서 트랙을 분리하자고 한다. 그러나 서울은 여전히 한 트랙을 전제로 규칙을 해석한다. 이 불일치는 당분간 계속될 것이다. 그렇다고 경기를 포기할 수는 없는 노릇이다.

마라톤은 한 번에 결론이 나지 않는다. 중요한 것은 중단하지 않는다는 점이다. 속도를 늦출 수는 있어도 바통을 내려놓아서는 안 되는 법이다. 남북관계의 법적 모순과 정치적 갈등은 이렇듯 쉽게 해소되지 않는다. 그러나 규칙을 이해하고 상대의 주장을 정확히 인식하는 것만으로도, 다음 교대의 가능성은 열려 있다고 볼 수 있다.

서울·평양 릴레이 마라톤은 아직 끝나지 않았다. 결승선이 하나일지 둘일지는 아직 누구도 알 수 없다. 분명한 것은 여전히 경기가 진행 중이라는 사실이다. 서울의 역할은 명확하다. 규칙을 잊지 않고, 바통을 쥔 손의 긴장을 풀지 않는 것이다. 이 특수한 레이스는 여전히 계속되고 있다. 비록 우리 세대가 이 세상을 떠난 이후에도 이것은 계속되리라고 생각한다.

트랙은 사라지지 않았다

두 국가론으로의 급격한 선회는 2023년 12월의 일이다. 노선의 급격한 전환이었다. 그러나 그 이전까지 북한 역시 남한과 마찬가지로 통일국가론의 언어를 사용해오지 않았는가. 방향은 정반대였을지라도 하나의 언어였지 않나.

남한이 대한민국을 중심으로 한 통일을 말해왔다면, 북한은 언제나 조선이 통일의 주체여야 한다고 주장했다. 하나의 민족에 하나의 국가라는 전제는 같았지만, 누가 바통을 쥐느냐를 두고는 한 치의 양보를 했던 적이 없지 않은가.

북한이 두 개의 국가라는 표현을 꺼려온 이유도 여기에 있을지 모른다. 조선이 둘로 나뉘어 존재한다는 인식 자체가 그들의 체제 논리와 충돌했기 때문이다. 특수 관계라는 표현이 등장한 배경 역시 매우 흥미롭다.

남북이 유엔에 동시 가입하던 시점에 북한은 이 과정이 곧 두 나라를 인정하는 순서로 굳어질 것을 우려했다. 북한을 설득하기 위해 고안된 완충 언어가 바로 특수 관계라는 표현이었다. 이것은 곧 대화를 하면서도 외교처럼 보이지 않게 하는 장치였던 셈이다.

이 미묘한 언어의 선택은 북한 주민들의 인식에도 깊게 남아 있을 것이다. 탈북민들 가운데 상당수는 남북이 실질적으로 하나의 나라라는 점에 맞추어 이에 대한 교육을 받고 자랐던 셈이다.

그래서 한국 사회에 적응하는 과정에서 우리는 같은 나라 사람이라는 정서가 오히려 도움이 되기도 하지 않았겠는가. 2018년 남북정상회담 당시 평양에서 울려 퍼진 우리 민족은 함께 살아야 한다는 연설이 큰 감동을 준 이유도 여기에 있을 것이다.

보수 진영이 탈북민을 향해 북한에서 태어났지만, 대한민국 국민이라고 강조하는 정치적 언어 역시 이 오래된 통일국가론의 정서를 활용한 것이다. 우리의 가슴에 이런 기조의 징서는 여전히 머물고 있지 않은가.

아이러니하게도 북한이 두 국가론을 공식화한 지금도 헌법의 문장은 과거에 머물러 있는 듯하다. 북한 헌법은 여전히 조선민주주의인민공화국은 전체 조선 인 민의 이익을 대표하는 국가라고 규정하고 있다.

이는 북한이 한반도 전체의 합법 정부라는 주장을 포기하지 않았음을 뜻한다. 1991년 이전에는 대한민국을 외세의 괴뢰로 암시하는 조항까지 담고 있었다. 유엔 동시 가입(1991년) 이후 표현은 다소 순화됐지만, 본질은 바뀌지 않았다.

노동당 규약을 보면 이 인식은 더 분명해진다. 북한에서 당은 국가보다 우선한다. 규약에는 영토를 공화국 북반부라고 표현하고 있다. 그러면서도 조선 전체를 당의 역사적 과업으로 상정한다.

한때 북한의 공식 연감과 지도에서 휴전선이 사라지고, 한반도 전체가 하나의 색으로 칠해졌던 이유가 바로 여기에 있다. 세계 각국의 국기를 소개하는 페이지에 인공기는 있어도 태극기가 없었던 것도, 같은 맥락이라고 보면 된다. 남한은 독립된 국가가 아니라 조선의 남쪽 지역일 뿐이라는 인식을 심어주기 위함이었다.

그래서 북한은 남조선이라는 표현을 매우 즐겨 사용했다. 공화국 남반부라는 말도 같은 뜻이다. 반대로 북한이라는 표현은 극도로 싫어했다. 한(韓)이라는 글자 자체가 대한민국 중심의 세계관을 전제한다고 보았기 때문이다.

남아공 월드컵에서 북한 감독이 북한이라는 나라는 없다고 잘라 말한 장면은 아주 상징적이다. 한국 사람이 스스로 남조선 사람이라고 부르지 않듯 북한 주민 역시 자신을 북한 사람이라 스스로 칭하지 않는다.

이 모든 장면을 서울시 육상연맹의 시선으로 옮겨보면, 남북관계는 더욱 선명해진다. 서울·평양 릴레이 마라톤은 같은 트랙을 두고 서로 다른 규칙서를 들고 뛰어온 경기가 되지 않겠나. 남한은 우리는 한 팀이라 말하며 바통을 건네러 할 것이고 북한은 팀은 하나지만 주장(主將)은 우리라고 외치려고 하지 않겠는가. 그러다 어느 날 북한은 갑자기 말할지도 모른다. 이제 우리는 다른 팀이라고 말이다.

문제는 규칙이 여전히 바뀌지 않았다는 점이다. 헌법과 당 규약, 지도와 언어는 여전히 과거의 경기를 전제로 한다. 트랙은 하나인데 선수들은 서로 다른 방향을 가리키고 있다. 교대 구간마다 충돌이 일어나는 이유가 바로 여기에 있는 것이다.

릴레이 마라톤에서 가장 위험한 순간은 교대 직전이다. 속도를 줄이지도 멈추지도 못한 채 서로 다른 손짓을 할 때 사고가 발생할 수 있다. 남북관계가 바로 그렇다. 통일국가론의 언어가 완전히 사라지지 않은 상태에서 두 국가론이 덧씌워진 게 지금의 현실이라 할 수 있을 것이다. 과거의 관념과 현재의 선언이 겹쳐 있다고 본다.

서울의 역할은 그래서 아주 중요하다. 서울은 여전히 바통을 쥔 채 마음속에서 달리고 있다. 상대가 규칙을 바꿨다고 해서 우리가 추진해온 준비를 멈출 수는 없을 것이다. 서울·평양 릴레이 마라톤은 단거리 승부가 아니다. 하나의 언어를 사용하는 의미, 한 장의 시트에 표현된 지도, 헌법의 문장 하나가 모두 페이스에 영향을 미치게 될 것이다.

결국 이 경기는 힘의 문제가 아니라 인식의 문제다. 누가 주인인지, 누가 대표성을 가지는지 어느 산이 누구의 것인가에 대한 집요한 주장들은 모두 바통의 소유권을 둘러싼 다툼이라 할 수 있다. 결승선이 어디에 있는지는 아직 합의되지 않았다. 그러나 한 가지는 분명하지 않는가. 경기를 중단하지 않는 쪽만이 다음 교대의 순간을 맞을 수 있으리란 사실이다.

서울·평양 릴레이 마라톤은 여전히 진행 중이다. 규칙은 흔들리고 선수는 바뀌지만, 트랙은 사라지지 않을 것이다. 이게 마라톤이 가지는 상징성이다. 지금은 서로 다른 언어로 달리고 있을 뿐이다. 언젠가 다시 교대가 필요해질 그

순간을 위해 우리는 서울에서 오늘도 자신의 구간을 달리고 있다. 바통을 땅바
닥으로 떨어뜨리지 않기 위해서 말이다.

두 국가론 이후 우리는

앞선 글에서 우리는 한반도를 하나의 트랙으로 상정한 채 달려왔다. 같은 코스를 두고 서로 다른 규칙서를 들고 뛰는 경기처럼 말이다. 그것이 바로 남북관계지 않겠는가. 통일국가론은 그동안 이 경기를 가능하게 했던 최소한의 합의였다.

완주 방식은 달라도 결승선이 하나라는 전제만은 공유하고 있었다. 그런데 2023년 말이었나. 북한은 이 전제를 스스로 거두어들였다. 두 국가론의 선언은 규칙 변경이 아니라 경기 자체의 재정의나 다름이 없었다. 경기장 안의 선수들뿐 아니라 관중들마저 당혹스러울 수밖에 없는 상황이었던 것이다.

두 국가론은 단순한 외교적 수사(修辭)가 아니다. 이는 남북관계를 민족 내부의 문제에서 국가 간 적대 관계로 고정하려는 시도인 것이다. 과거 북한은 통일을 말하되 주체는 언제나 조선이어야 한다고 주장해 오지 않았나.

남한을 인정하지 않았지만 그렇다고 남한을 외국으로 대하지도 않았다. 하나의 나라, 다른 체제라는 모순된 언어가 오랫동안 유지된 이유가 아니던가. 두 국가론은 이 모순을 정리하는 대신에 과감히 끊어냈다.

서울시 육상연맹의 시선으로 보면 이 변화는 명확하다. 서울·평양 릴레이 마라톤은 더 이상 같은 팀의 내부 경기가 아니다. 북한은 이제 다른 팀의 유니폼을 입고, 다른 리그에 등록했다고 선언한 셈이다. 그런데 문제는 트랙이다. 우리가 생각하는 트랙은 여전히 하나이기 때문이다. 출발선도 결승선도 지워지지 않았다. 팀을 나눴다고 해서 경기장이 갈라지는 것은 아니지 않나.

두 국가론 이전까지 남북은 서로를 국가로 인정하지 않으면서도 국가처럼 대했다. 이 모순이 특수 관계라는 이름으로 봉합되었다. 합의서는 조약이 아니었고, 정상회담은 외교 방문이 아니었다.

하지만 현실에서는 모든 것이 국가 대 국가처럼 작동했다. 이 애매함이 때로는 충돌을 낳았고 때로는 숨통을 틔웠다고 생각한다. 릴레이에서 말하자면 정확하지 않은 교대 구간 표시 덕분에 넘어지지 않고 버틴 셈이 아니겠는가.

그런데 두 국가론은 이 애매함을 더는 허용하지 않는다. 북한은 대한민국을 더이상 통일의 상대가 아니라 적대 국가로 규정했다. 통일을 말하던 헌법의 언어와 선전은 이제 완전히 폐기되었다. 지명과 노래 가사까지 손질되었다고 한다. 이는 단순한 상징 조정이 아니라 주민 인식 자체를 바꾸려는 시도라 할 수 있다. 같은 민족이라는 감정이 체제 유지에 위험하다고 판단한 결과가 아닐지 모르겠다.

서울의 입장은 매우 다르다. 대한민국 헌법은 여전히 한반도 전체를 영토로 규정하고 있다. 북한의 두 국가론을 그대로 받아들이는 순간 헌법과 충돌할 것이다. 그래서 서울은 북한의 선언을 인정하지 않는다.

아이러니하게도 이로 인해 국제사회에서는 마치 대한민국만이 한반도 전체를 자기 영토로 주장하는 모양새가 되었다. 릴레이에서 한쪽은 우리는 이제 다른 경기라고 말하고 다른 쪽은 경기는 계속된다고 답하는 상황이다. 혼란스럽고 애매한 상황이 지속할 것이다.

이 간극은 정책의 언어에서 더 크게 드러난다. 두 국가론을 전제로 하면 남북관계는 외교와 안보의 문제다. 협력은 예외가 되고 대화는 선택이 된다. 반대로 통일국가론을 유지하면 갈등은 내부 관리의 문제가 된다. 제재와 압박도 지원과 교류도 모두 같은 트랙 위의 전략으로 설명되는 것이다. 어느 쪽을 택하느냐에 따라 페이스 전략은 완전히 달라지는 것이다.

서울시 육상연맹이 릴레이 대회를 준비한다면, 가장 먼저 확인할 것은 상대팀의 규칙일 것이다. 같은 규칙으로 달리는지 다른 규칙으로 달리는지에 따라 교대 방식이 달라지지 않을까.

두 국가론은 이 점에서 분명한 신호를 제시한다. 북한은 이제 같은 규칙을 따르지 않겠다고 선언했다. 그렇다면 서울은 어떻게 해야 하는가. 우리는 지금까지의 경험을 통해 몇 가지 방법을 제시할 수 있다.

첫째, 바통을 내려놓지 않는 것이다. 두 국가론을 이유로 대화와 준비를 중단하면 교대의 가능성은 사라지기 때문이다.

둘째, 규칙 변경에 대한 대비다. 외교, 안보, 인도적 교류를 분리해 설계해야 한다는 점이다. 육상연맹이 손을 뻗은 것은 바로 이 규칙 변경에 대한 대비의 태도라 할 수 있다.

셋째, 내부 합의다. 릴레이는 팀 스포츠가 아니겠는가. 서울 내부의 합의가 흔들리면 어떤 전략도 지속할 수 없다.

두 국가론은 끝이 아니라 국면 전환이다. 경기 종료 선언이 아니라 종목 변경에 가깝다는 점이다. 마라톤이 단거리 경주로 바뀌었다고 해서 체력이 무의미해지지는 않는다는 점이다. 오히려 기본 체력이 더 중요해진다고 생각한다. 일관성, 인내, 준비 등등. 이것이 서울이 가져야 할 페이스라고 생각하는 것이다.

서울 · 평양 릴레이 마라톤은 지금 새로운 국면을 맞았으며, 새로운 구간에 들어섰다. 예전처럼 바통을 쉽게 건네지는 못할 것이다. 하지만 트랙은 여전히 존재하고 언젠가는 다시 교대가 필요해질지 모른다. 두 국가론이 그 시간을 늦출 수는 있어도 영원히 없앨 수는 없다고 생각한다.

지금 서울의 역할 대한민국의 역할은 아주 명확하다. 규칙이 바뀌어도 흔들리지 않고 자신의 구간을 달리는 것이 가장 중요한 원칙이란 점이다. 바통의 체온을 유지하는 것. 완주를 장담하지는 않되 중단하지 않겠다는 태도가 필요한 법이다. 이것이 분단의 트랙 위에서 우리가 배워온 유일한 교훈이라 할 수 있다. 두 국가론 이후에도 우리가 추구하는 레이스는 계속될 것이다.

한반도의 다음 레이스

남북 분단국에서만 목격할 수 있는 정치 현상의 하나인 중앙정치의 공식 언어는 여전히 통일국가론이다. 헌법도 교과서도 외교 문서도 한반도는 하나의 국가라는 전제를 유지하고 있지 않은가. 그러나 트랙을 벗어나 관중석으로 시선을 돌리면 이런 풍경과 동떨어진 묘한 풍경이 나타나고 있다.

특히 젊은 세대와 민간 여론을 중심으로 통일을 더이상 전제로 하지 않는 생각들이 조용히 자리를 잡아가고 있다. 이런 현상의 가부(可否)를 떠나 이들은 스스로를 두 국가론자라 부르기보다는 오랫동안 통일 반대 혹은 통일 회의라는 이름으로 공론장에 등장해 왔던 것이다.

서울에서 육상을 하다 보면 세대 차이를 몸으로 느낀다. 6·25를 기억하는 세대는 출발선에 서는 순간부터 목적지가 하나다. 서울에서 평양까지 그리고 그 길은 단선(單線)이다. 그러나 20대 선수들에게 평양은 지도 위의 도시일 뿐이다.

존재는 알지만 반드시 도착해야 할 결승선은 아니라고 생각한다. 이 감각의 차이가 바로 남쪽 내부에서 자라난 두 국가론의 토양이라 할 수 있다. 두 국가론의 토양은 바탕에 대한 인식부터 차이가 났던 셈이다.

통일 반대론자들도 하나로 묶이지 않는다. 이들 역시 이름도 생경한 매파와 비둘기파로 나뉜다. 강경론자들은 북한을 국가로 인정한다. 한반도 북부에 대한 북한의 영유권도 인정한다.

다만 그 국가는 적국이다. 통일은 원하지 않지만, 경계는 분명해야 한다고 생각하기 때문이다. 자유 통일이라는 말에는 회의적이지만 그렇다고 화해도 원하지 않는다는 점이다. 이것이 바로 남한 버전의 적대적 두 국가론이다. 일부 보수 정당 지지층에서 이 인식이 두드러지는 현상이라고 한다.

반면 평화 화친론자들은 또 다른 두 국가론을 말한다. 이들은 통일보다 종전(終戰)을 먼저 이야기한다. 서로를 국가로 인정하고 외교 관계를 맺으며 전쟁 상태를 끝내자는 주장이다. 감정적으로는 북한이 이에 호응해주기를 바라는 것이다.

그러나 문제는 분명하다. 김정은 체제의 북한은 이미 적대적 두 국가론으로 방향을 틀었다는 점이다. 김정은 국무위원장에게 전쟁을 빼면 그의 존재 자체나 정권 유지의 명분이 아주 불투명해질 수밖에 없을 것이다.

2024년 1월, 김정은 국무위원장은 대한민국을 조선민주주의인민공화국의 가장 적대적인 국가로 규정해야 할 역사적 시기가 도래했다고 말하지 않았나. 김정은은 이제 북남관계는 되돌릴 수 없는 현실이라고도 했다. 전쟁이 코앞에 있다는 의미로 엄격하게 해석할 수도 있을 것이다. 이거야말로 외교 관계 수립의 가능성을 스스로 차단하는 선언에 가깝다. 상대를 국가로는 보지만 영구적 적국으로 규정하는 방식이다. 이거야말로 지도자에게 가장 치명적인 약점일 수밖에 없을 것이다. 남한의 평화적 두 국가론자들이 기대하는 그림과는 정반대의 장면이라 할 수 있다.

서울과 평양을 잇는 릴레이 마라톤을 상상해본다. 과거에는 같은 팀이지 않았겠나. 바통은 상대의 손에 쥐어져야 했고 코스는 하나이지 않았겠나. 그러나 이제는 출발선부터 팀이 다른 것이다.

같은 트랙을 쓰고 있지만, 서로를 응원하지 않는다. 심지어 상대 팀의 완주 자체를 원치 않는 경우도 있다. 릴레이라는 형식만 남아 있고 공동의 결승선은 사라진 상태라고 할 수 있다. 역사적으로 보면 이게 불행한 상황이 아니겠는가.

2010년대 들어 통일 회의론이 확산하면서 민주당 지지층 일부에서도 종전 선언을 새로운 해법으로 받아들이지 않았나. 문재인 정부의 종전 선언 추진은 공식적으로는 통일국가론의 연장선에 있었지만, 민간에서는 아주 다르게 해석되었다.

종전은 곧 상호 인정이고, 상호 인정은 일정 기간 두 국가의 병존을 전제로 한다는 인식이었다. 통일로 가는 과도기라는 설명도 가능했지만, 결과적으로는 일시적 두 국가 체제를 받아들이는 정서가 확산한 계기가 되지 않았나.

2020년대에 들어 국제 질서는 더 거칠어졌다. 단극체제는 무너졌고 강대국 간 경쟁이 노골화되었다. 그리고 북한의 핵무장은 현실이 되었다. 비핵화 실패를 인정해야 한다는 목소리가 커졌다.

핵을 가진 북한과의 공존을 전제로 새로운 전략을 짜야 한다는 주장도 등장했다. 일부에서는 한국의 핵무장까지 거론한다. 핵에 의한 긴장된 평화를 말한다. 이것 역시 일종의 두 국가론이다. 통일을 전제로 하지 않는 안전한 구상이라 할 수 있다.

서울시 육상연맹의 시선에서 보면 이 모든 논쟁은 트랙 관리의 문제로 보인다. 같은 운동장을 쓰고 있지만, 규칙이 다르고 목표도 다르다. 누군가는 완주를 말하고 누군가는 기록만 관리하자고 한다. 문제는 룰이 명확하지 않다는 점이다. 통일국가론이라는 공식적인 규칙과 두 국가론이라는 비공식 규칙이 동시에 존재한다는 점이다.

릴레이에서 가장 위험한 순간은 바통을 넘길 때다. 서로의 속도와 방향을 정확히 알지 못하면 바통은 떨어진다. 지금의 남한 사회는 바통을 계속 들고 달릴지 아니면 각자 개인 종목으로 전환할지를 두고 갈림길에 서 있다. 통일을 향한 릴레이를 계속할 것인지 두 팀이 나란히 달리는 장거리 경주로 바꿀 것인지 아직 결정되지 않았다.

그런데 분명한 것은 하나다. 이미 많은 선수들은 결승선을 다르게 그리고 있다는 사실이다. 남한의 두 국가론은 급진적 선언이 아니라 트랙 위에서 서서히 형성된 감각의 변화라고 할 수 있다.

이 변화는 정치보다 현장에서 먼저 나타난다. 숨이 가쁜 곳, 페이스가 무너지는 지점에서 사람들은 이상이 아니라 현실을 본다. 그리고 그 현실 속에서 한반도의 다음 레이스를 조용히 상상하고 있는 것이다. 우리가 끊임없이 이런 글을 쓰고 이런 큰 행사를 기획하고 추진하는 것처럼 말이다.

릴레이 마라톤 준비 이유

항상 그랬듯 남북의 역사는 변화무쌍한 험한 길이었다. 그나마 종전은 아니라도 치열한 전쟁을 피할 수 있는 까닭이 남북의 노력이었다. 남쪽이나 북쪽이나 국민, 인민이 평화롭게 살 수 있는 환경을 만드는 일이 무엇보다 중요하지 않겠나.

그럼에도 지난 2023년을 기점으로 남북관계의 문법은 급격히 바뀌게 되는 것이다. 변화는 선언이 아니라 우리가 늘 지적하는 언어에서 시작됐다. 북한은 더이상 북남관계라는 표현을 쓰지 않는다.

대신에 조한관계라는 말을 꺼내 들었다. 이는 단순한 호칭 변경이 아니라 관계의 성격 자체를 다시 정의하겠다는 신호였다. 동족 내부의 특수관계에서 적대국 간의 국제관계로 옮겨가겠다는 선언에 가까웠던 것이다.

서울시 육상연맹의 기록표를 떠올리면 이해가 빠르다. 종목명이 바뀌면 규칙도 바뀐다. 릴레이에서 개인전으로 전환되는 순간 바통은 더이상 필요하지 않다. 2023년 북한이 한 일은 굳이 육상이란 종목을 비교해보면 남북 릴레이라는 종목 자체를 폐기한 것에 가깝다는 논리가 되는 것이다.

그 전조는 2023년 7월에 나타났다. 북한 매체에 대한민국이라는 표현이 등장했다. 우리는 처음 이런 모습을 목격하고 매우 경이롭고 놀랐지 않겠는가. 처음에는 갸우뚱하면서 항간에는 조롱으로 해석하는 사람도 있었다.

김정은 국무위원장의 해군절 연설을 소개하면서 남해까지 우리나라의 바다라는 식으로 서술했기 때문이다. 외무성 홈페이지에는 여전히 낙동강이 북한의 영토처럼 소개되어 있었다고 한다. 그런 까닭에 많은 이들은 대한민국이라는 표현을 상대를 낮춰 부르는 비아냥 정도로 받아들였다는 것이다.

그러나 그 언어는 예고에 불과했다. 조롱이 아니라 어떤 심각한 준비였던 셈이다. 같은 해 12월 31일, 김정은 국무위원장은 남북관계를 더이상 동족 관계도 동질관계도 아닌 적대적인 두 국가 관계, 전쟁 중인 두 교전국 관계라고 규정했기 때문이다.

이 발언은 노동신문을 통해 공식화되었다. 다만 여기에는 묘한 비틀림이 있었다. 대한민국을 적국으로 규정하면서도 동시에 반신불수의 기형체 즉 식민지 속국이라 부르며 완전한 주권국가로는 인정하지 않았다.

이 모순은 북한식 두 국가론의 핵심이다. 상대를 국가로 호명하되 국가로 존중하지는 않는다. 이는 공존을 전제로 한 두 국가론이 아니라 적대를 영구화하기 위한 두 국가론인 것이다. 트랙 위에서 상대를 선수로 인정하되 경기 자체를 방해하는 존재로 규정하는 것과 무엇이 다른가.

김정은 국무위원장이 언급한 대사변은 많은 해석을 낳았다. 일부는 이를 적화통일의 재등장으로 읽었다. 그러나 이후의 행보를 보면 이는 통일의 언어라기보다 정벌의 언어에 가깝다는 평이다. 같은 민족을 통합의 대상으로 보지 않고 제압의 대상으로 설정하고 있다는 게 김정은 국무위원장이 언급한 대사변의 관점이다.

홍민 연구위원의 해석처럼, 이 두 국가론은 핵과 미사일 고도화를 정당화하는 이론적 장치로 기능한다. 미국 트럼프에게 시달리는 김정은의 입장에서 취할 수 있는 최선의 방법이었는지 모른다. 동족에게 핵을 쓰는 것은 금기지만 적국에게는 가능하다는 논리를 제시한 셈이다.

서울과 평양을 잇는 릴레이 마라톤에서 북한은 이제 트랙을 분리하겠다고 선언한 셈이다. 같은 경기장에 있지만 서로 다른 레이스를 뛰겠다는 것이다. 문제는 그 레이스가 평화적 경쟁이 아니라 충돌을 전제로 설계되었다는 점이다. 우리가 경계해야 할 대목은 바로 이 대목인 것이다.

당시 우리 정치권은 어떤 모습을 보였나? 한국 정치권의 반응은 비교적 단일했다. 윤석열 대통령은 이를 반민족적 선언으로 규정했고, 여야 모두 규탄 성명을 냈다. 임을출 교수의 표현처럼 김정은은 선대의 통일 유훈을 공식적으로 폐기했다. 이로써 남북관계는 관리 가능한 긴장 상태를 넘어서 구조적 파탄 상태에 들어선 셈이다.

중요한 것은 이 두 국가론이 상호주의적이지 않다는 점이다. 남한 내부의 두 국가론은 공존을 전제로 한 선택지 중 하나로 등장했지만, 북한의 두 국가론은 공존을 배제한 채 적대를 제도화하는 선택이다. 관계의 단절이 아니라 충돌의 고착을 목표로 하고 있다.

김정은 국무위원장의 언어를 보면, 남한에 대한 영유권 주장이 후퇴한 것처럼 보이기도 한다. 그러나 이는 착시일 수 있다. 통일이라는 말을 버리고 적국이라는 말을 선택했을 뿐 남한 전역을 정복의 대상으로 본다는 인식은 완전히 사라졌다고 단정하기 어렵다. 다만 표현 방식이 바뀌었으며 전략의 포장이 달라졌다고 본다.

흥미로운 점은 이후 수복이라는 단어가 거의 사라졌다는 사실이다. 대신 두 국가라는 말만 반복된다. 이는 과거와의 단절을 의미한다기보다 방법론의 전환으로 보인다. 민족 담론을 걷어내고 국제정치의 냉혹한 언어로 갈아탄 것이다.

서울시 육상연맹의 관점에서 보면, 이 변화는 매우 위험하다. 릴레이에서는 상대의 손을 봐야 한다. 교대 구간에서는 속도를 맞춰야 한다. 그러나 개인전에서는 상대의 페이스를 고려할 필요가 없다. 북한은 남북관계를 개인전으로 바꿨고, 심지어 같은 경기장에 있을 필요조차 없다고 말한 셈이 된다.

더 심각한 것은 대화의 완전한 실종이다. 과거에는 보수 정권 시기에도 최소한의 소통은 있었다. 그러나 현재 민주당계 이재명 정부 출범 이후에도 북한은 일체의 대화를 거부하고 있다. 이는 이념의 문제가 아니라 구조의 문제다. 적대적 두 국가론이 작동하는 한 대화는 열리기 힘들고 만약 열리게 된다면 김정은 국무위원장의 입장에서는 배신이 되는 것이다.

결국 북한의 두 국가론은 평화를 관리하기 위한 장치가 아니다. 긴장을 고착하고 충돌을 합리화하며 내부 결속을 강화하기 위한 체제 언어라고 할 수 있다. 대한민국 정부가 서울·평양 릴레이 마라톤을 추진한다고 해도 바로 이 시점에서 완전히 중단될 수밖에 없었을 것이다. 바통은 떨어진 것이 아니라 아예 필요 없다고 선언된 상태가 되는 셈이다.

그러나 우리에게 트랙은 여전히 하나다. 경기장은 공유되고 충돌의 위험은 상존한다. 북한의 두 국가론은 결승선을 지우는 대신 장애물을 늘렸다. 이 레이스에서 가장 위험한 것은 상대가 달리지 않는 것이 아니라 서로 다른 규칙으로 같은 트랙을 달리는 것이다. 지금의 한반도는 바로 그 상태에 놓여 있다고 할 것이다. 우리가 서울 평양 릴레이 마라톤을 민간 차원에서 준비하는 정당한 이유다.

평양까지 달려야 할 이유

우리는 북한과 같은 민족인가. 참으로 어리석은 질문이고 이치에 맞지도 않은 질문이다. 이런 질문이 나오기까지 우리가 얼마나 무뢰한처럼 남북관계를 악화시켜왔나. 책임을 묻거나 과오(過誤)를 따지고 싶은 생각은 없다.

이 질문은 아주 오래되었지만 요즘 들어 다시 예민하고 날카로워졌다. 이유는 단 하나 아니겠는가. 분명한 것은 남북 대치가 시작됐단 점이다. 북한이 더 이상 남한을 같은 민족으로 부르지 않기 때문이다. 동족(同族)이라는 말은 너무 오래되고 당연한 말이어서 이제 논한다는 자체가 어불성설이지 않은가.

그런데 북한 김정은 국무위원장은 대신 적국이라는 말을 선택했다. 통일이라는 단어 대신 두 국가라는 틀을 들이밀었다. 상대가 민족임을 부정할 때 남는 쪽은 혼자서 흔들리기 쉽다. 민족은 서로 인정할 때 유지되는 것처럼 보이기 때문이다.

그러나 민족은 상대의 승인으로만 성립하는 개념이 아니다. 민족은 기억이고 언어, 문화이며 축적된 생활 방식이다. 끊어졌다고 선언할 수는 있어도 지워졌다고 말할 수는 없다는 점이다. 문제는 북한의 선언보다 그 선언이 남한 사회에 남기는 혼란이라 할 수 있다.

북한이 남한을 한 민족으로 인정하지 않겠다고 나선 지금, 남북 간 문화적 차이는 더 빠르게 벌어지고 있다. 말투가 다르고 유머가 다르다. 또한 음악과 영상의 리듬이 다르다. 인간으로서의 상식이 또한 다른 것이다. 따라서 서로의 일상을 상상하기 어려워졌다. 젊은 세대일수록 북한은 뉴스 속의 타국처럼 느껴진다. 총과 미사일, 핵실험의 이미지가 먼저 떠오르고 같은 조상과 같은 언어의 뿌리는 뒤로 밀릴 수밖에 없는 것이다.

이 간극이 길어질수록 민족의식은 희미해진다. 민족의식이 희미해질수록 통일 인식은 약해지지 않겠는가. 통일이 부담으로 느껴지고, 서로 상대에게 위험하게 보인다. 숙명의 숙제라 할 수 있었던 통일이 굳이 감당하지 않아도 될 과제로 밀려난다.

왜 우리가? 라는 질문이 왜 아직도? 우리에게로 바뀌는 순간 통일은 더이상 미래의 선택지가 아니라 과거의 유물이 된다. 이미 남북의 정치권은 이렇게 받아들이는 모양새다. 주민들까지 이에 동조하면 통일은 영원히 멀어질 수 있다.

두 국가론은 바로 이 지점을 파고든다. 두 국가론은 현실적이고 합리적인 선택처럼 보인다. 이미 다르고 이미 적대적이다. 서로 이미 너무 멀어졌으니 각자 살자는 주장이다. 문제는 이 논리가 편리함을 무기로 삼는다는 점이다. 불편한 질문을 지우고 긴 시간을 요구하는 과제를 집어 던진다. 편하게 그냥 살자는 태도, 여기에 어떤 책임이나 의무는 없다는 점이다.

하지만 우리의 뜻은 간편하고 편리한 삶 위에 세워진 적이 없다. 분단은 선택이 아니었지 않나. 통일 역시 선택이 아니듯 단기적인 성과로 얻을 수 있는 것이 아니지 않나. 그래서 뜻과 의미가 필요한 법이다. 흔들리지 않는 확고한 기준이 필요하다.

북한이 우리를 민족으로 부르지 않는다고 해서 우리가 스스로 부정할 이유는 없다. 민족은 상대의 선언으로 생기거나 사라지는 계약이 아니다. 일방의 거부로 소멸하는 약속도 아닌 것이다. 민족은 시간이 만든 사실이다. 사실은 부정할 수 있어도 제거할 수는 없지 않겠는가.

중요한 것은 우리가 무엇을 유지하느냐다. 통일을 당장 실현하겠다는 의지가 아니라 통일을 말할 수 있는 언어와 문화를 유지하는 일이다. 통일을 이야기할 수 있는 사회적 공간을 지키는 일이 아주 중요한 법이다. 통일이 실패할 수 있다는 논의는 가능하다. 그러나 통일을 말하는 것 자체가 낡았다고 조롱받는 사회는 매우 위험하다. 말하지 않는 순간에 생각도 멈추게 되지 않겠는가.

통일 인식이 약해지지 않으려면 통일을 신념이 아니라 질문으로 남겨야 한다. 언제 할 것인가보다 왜 포기해야 하는가를 되묻는 사회여야 한다. 통일을 당연한 행위로 강요하는 순간 반발심이 생기지 않는가. 그러나 통일을 선택지로 열어두면 적어도 사유(思惟)는 계속된다는 점을 기억해야 할 것이다.

또 하나 중요한 것은 문화다. 민족의식은 결코 구호 같은 것으로 유지되지 않는다. 일상의 언어나 노래, 이야기 속에서 살아남는 것이다. 북한을 오직 위협과 적대의 이미지로만 소비하는 한 민족은 한낱 추상으로 남을 것이다. 탈북민의 삶, 북한 주민의 일상, 분단 이전의 기억을 계속해서 이야기해야 한다. 동정이 아니라 이해의 언어로 접근해야 한다는 것이다.

북한이 두 국가를 말할수록 우리는 더 정확한 언어로 민족을 말해야 한다. 그들의 기분에 동요하지 말아야 하지 않나. 감상적인 민족주의가 아니라 역사적이고 문화적인 민족 개념을 복원시켜야 한다. 같은 민족이라는 말은 곧바로 같은 체제나 같은 정치, 같은 삶을 의미하지는 않는다. 그러나 다름을 인정하면서도 하나의 뿌리를 공유하자는 뜻이다.

통일을 말하는 이유는 당장 하나가 되기 위해서만은 아니다. 전쟁을 피하기 위해서이고 증오를 관리하기 위해서이며 미래의 선택지를 닫아버리지 않기 위해서다. 통일 담론은 결과보다 과정의 안전장치다. 절대 화려하거나 강요된 수사가 아닌 것이다.

북한이 문을 닫고 적대를 선언했을 때, 우리가 해야 할 일은 맞서 문을 닫는 것이 아니다. 문을 여는 말을 지키고 끌어내는 것이다. 지금은 도달할 수 없어도 길의 이름을 지워서는 안 된다. 지도에서 길을 지우는 순간 다시 찾을 방법은 사라지기 때문이다.

우리는 북한과 같은 민족인가. 이 질문에 대한 답은 상대의 태도에 따라 바뀌지 않는다. 답은 우리의 선택에 달려 있다. 우리가 기억을 지키고 언어를 유지하며 질문을 포기하지 않는 한 민족은 완전히 사라지는 것이 아니다.

통일은 좀 멀어질 수 있다. 그러나 통일을 말하는 능력까지 잃어서는 안 된다. 의미는 바로 그 지점을 지키는 힘에 있다. 통일의 명분을 두고 우리가 흔들리지 않는다는 것은 고집을 부리는 것이 아니라, 말을 멈추지 않는 것이다. 지금의 이런 상황에서 우리가 할 수 있는 가장 현실적인 통일은 통일을 계속 이야기하고 함께 뛰고 걸으며 생각하는 일이다.

흔들린 안전핀, 다시 바통을 쥐다

우리 역사의 가장 치욕적인 부분은 누구나 상기하고 싶지도 않을 것이다. 돌이켜 보니 윤석열 정부 3년은 남북관계의 시간표를 거꾸로 돌린 시기가 아니었나 생각한다. 대화와 같은 제스처는 당연히 사라졌다.

애지중지 달래고 보듬으며 그나마 관리되던 긴장이 윤석열 정부 들어서며 방치되기 시작했다. 그리고 무슨 일이 일어났던가. 결국에 남북한 관계는 최악으로 치달았지 않았는가. 북한은 이 시기를 거치며 남북관계를 동족이 아닌 적대적 두 국가로 공식적으로 명명했던 것이다. 상호 불신이 단단히 구조화되는 순간이었다.

윤석열 정부의 대북기조는 아주 명확했다. 대화보다 압박이요, 관리보다는 대결이 목적이었다. 자유의 북진(北進)이라는 이상한 구호는 내부 결속에는 쓰였을지 모르나, 한반도 현실을 안정시키는 언어는 아니었다.

윤석열은 국회의사당 앞 취임사에서도 자유와 연대라는 그럴싸한 말을 사용했다. 하지만 이런 말이 어떤 정책을 견인하고, 상대를 이끌어내는 효과는 만들어내지 못했다. 이런 언어의 메시지는 상대의 인식을 바꾸게 되는데 윤석열 정부의 메시지는 김정은 정권을 이상한 궤도로 몰아붙이지 않았나 생각한다. 윤의 정책은 김정은 국무위원장에게 적대 선언으로 다가선 것이었다. 북은 남측의 메시지를 직접적인 적대 선언으로 받아들였다. 따라서 대화의 문은 굳게 닫히고 말았다.

이 과정에서 가장 치명적이었던 것은 9·19 군사합의의 파기였다. 이 합의는 신뢰의 상징이 아니었다. 언제나 위험을 끌어안고 있는 안전핀에 가까웠다. 우발적 충돌을 막고 오해가 전쟁으로 번지는 것을 차단하는 최소한의 장치였다.

그런데 그 안전핀이 빠지자 접경지는 곧바로 긴장의 실험장이 되었다. 오물

풍선, 확성기 방송 같은 상징적 적대 행위가 되살아났다. 이제 전쟁 발발을 가정한 상황이 일상처럼 언급되기 시작했다. 우리 정부 최대의 위기가 시작된 셈이다.

문제는 여기서 멈추지 않았다. 정부의 태도는 단순한 무능이나 오판의 차원을 넘어섰다. 북한의 도발을 유도해 비상상황을 만들고, 그것을 정치적 명분으로 활용하려 했다는 의혹이 제기되었다. 사실이라면 매우 충격적이며 국가를 위험으로 몰아넣은 천인공노할 일이지 않겠나. 훗날 이게 사실로 드러나긴 했지만, 국민을 담보로 하는 안보는 결코 도박이 아니다. 국민의 생명 위에서 계산기를 두드릴 수는 없는 노릇이지 않나.

그 과정에서 외교·안보 분야의 공직자들은 압박과 탄압의 대상이 되었다. 정책의 연속성을 지키려던 이들이 엉뚱한 명령에 직면해야 하지 않았나. 그 명령에 따를 수밖에 없는 구조 속에서 그들은 책임만 떠안았다.

여기에는 감사원과 검찰이 동원되었다. 이미 불기소 처분된 사건이 다시 수사 대상이 되었다. 그리고 국정원의 고발과 검찰의 무리한 기소가 이어졌다. 사드 배치 지연과 관련한 군사 기밀 유출 혐의로 다수의 공직자가 법정에 서야 하지 않았던가. 윤석열 불법 대통령 시절에 가장 국민이 믿었던 정부가 안보를 덮친 셈이었다.

이 모든 과정은 역대 민주 정부가 어렵게 쌓아 올린 성과를 한순간에 무너뜨렸다. 대화의 관성, 위기관리의 기술, 최소한의 신뢰 등등. 그것들은 윤석열 정부 어느 날에 하루아침에 사라졌다. 남은 것은 상호 적대의 언어와 다시 높아진 군사적 위험이었다.

그러나 우리는 여기서 멈출 수는 없지 않은가. 한반도의 평화와 안전은 특정 정부의 소유물이 아니다. 정권이 바뀌어도 이어져야 할 국가의 기본 과제가 있다. 지금의 어려운 상황을 직면하되 미래로 나아갈 길을 절대 포기하지 않는 태도가 필요한 법이다. 국가가 흔들릴 때 사회의 다른 축이 버텨야 하기 때문이다.

바로 그 지점에서 민간의 역할이 다시 부상할 수밖에 없다. 서울시 육상연맹이 준비하는 서울·평양 릴레이 마라톤은 정치의 공백을 메우려는 상징적 실천이라 할 수 있다. 이것은 단지 체육 행사만은 아니다.

바통을 나누어 쥐는 방식은 분명한 메시지를 담고 있다. 혼자 달리지 않겠다는 선언이 아니겠는가. 그리고 끊어진 구간을 언젠가 다시 잇겠다는 약속이라 할 수 있을 것이다. 우리는 절대 멈추지 않을 것이다.

릴레이는 상대가 넘어지면 멈춘다고 앞에서도 누누이 말하지 않았나. 그래서 더 조심할 수밖에 없는 일이고. 그래서 더 신중하게 바통 터치도 이루어져야 하지 않겠는가. 남북관계도 이와 마찬가지다. 속도를 올리기보다 안전을 확보하는 일이 무엇보다 중요하겠고 말이다.

또 완주보다는 어떤 불미스러운 사고를 막는 일이 중요하다. 만약 정치가 그 역할을 놓쳤다면 민간이 그 바통을 잠시 쥘 수 있지 않겠는가. 남북관계는 항상 급발진 상황이 일어날 수 있음을 우리는 간과할 수 없는 것이다.

서울에서 시작된 발걸음이 당장 평양에 닿지 않아도 괜찮다. 중요한 것은 하나의 목적지를 향한 방향이다. 적대를 일상으로 만들지 않겠다는 결심을 토대로 대화의 가능성을 완전히 버리지 않겠다는 태도가 필요한 법이다. 이것이 바로 민간외교의 힘이 아니겠는가.

윤석열 정부 3년은 많은 것을 잃게도 만들었다. 윤 정부 출범 때 그 어느 누구도 예상하지 못했던 해괴망측한 내란이 발발한 것은 대한민국의 불행이 아니겠나. 그러나 우리가 모든 것을 잃은 것은 아니지 않나.

아직 남북 접촉의 바통은 땅에 떨어지지 않았다. 누군가는 여전히 그것을 마음속에 쥐고 있다. 서울시 육상연맹이 그중 하나라고 할 수 있다. 정치는 실패할 수 있다. 그러나 시민의 의지는 다시 달릴 수 있다. 레이스는 아직 끝나지 않았다. 다시 안전핀을 꽂고 다음 교대를 준비할 시간이 아니겠는가.

제2장 대한민국은 달리고 싶다

기록을 위한 몇 가지 황금 팁

달리기는 자신과의 싸움이라고 한다. 누군가 달리기를 하고, 특히 오래달리기를 선택한 사람들은 자신을 향한 도전이 투철한 사람들이다. 오직 속도를 강조하는 100미터나 400미터 같은 단거리 경주는 기능적으로 선택받은 자들의 과정이다.

단거리 도전자들은 자신과 싸움이라기보다는 자기의 신체적 특징, 타고난 폐나 몸의 기능 등이 몹시 중요한 영역이다. 하지만 마라톤의 세계는 일반인의 관점에서 보면 자신과 싸움을 선언한 자기만의 도전이라 할 수 있다. 우리가 추구하는 여러 단계의 마라톤은 이런 점에서 가장 의미가 깊다고 할 것이다.

흔히 42.195km 마라톤은 자기와의 싸움이다. 이는 단거리나 막연히 5km, 10km 달리기와는 달리 엄청난 체력과 에너지를 필요로 한다. 세계 대회에 참여하는 선수들은 자기 기록을 세우는 데 집중한다. 이들은 달리면서 세계 기록을 마음속에 담은 채로 뛴다. 세계 기록을 내려고 하고 세계 기록을 세우려고 노력한다. 그래서 세계 기록은 항상 조금이라도 단축되는 경우가 많은 것이다.

하지만 흔히 올림픽 대회에서는 우리가 세계 기록을 달성하는 것보다 올림픽 그 자체의 순위에 몰입이 된다. 선수로서 나는 몇 등을 할 것인가, 과연 나는 상금을 탈 수 있을 것인가? 이런 곳에 목적이 있다.

따라서 올림픽 기록과 세계 대회 기록은 별개로 관리된다. 그래서 올림픽에서는 일반적으로 세계 기록이 수립되지 않는다고 할 수 있다. 올림픽 대회는 기록을 쓰는 대회이기도 하지만 이보다는 우승을 경쟁하는 측면이 강하다. 마라톤은 물론 1500m, 3000m도 마찬가지라 할 수 있다. 올림픽에서 세계 기록이 잘 나오지 않는 주된 이유가 바로 이런 점이다.

우리 선수 중에는 황영조가 1992년 바르셀로나 올림픽에서 금메달을 획득했다. 당시 2시간 13분 23초의 올림픽 신기록을 세웠다. 이것이 바로 손기정 이후 56년 만의 올림픽 마라톤 금메달이었다. 또한 이봉주 선수 역시 놀라운 기록의 보유자다. 마라톤 2시간 7분 20초, 하프 마라톤 1시간 1분 4초, 10,000m 29분 44초 11, 5,000m 14분 12초 27 등 아주 경이로운 기록을 세웠다. 이봉주는 1996년 애틀랜타 올림픽에서 아쉽게 은메달을 획득했는데 금메달을 수상한 남아프리카공화국 조시아 투과니 선수와 단 3초 차이였다. 이봉주 선수는 이후에도 오랫동안 선수 생활을 이어왔고 무수한 기록을 세웠다. 인간승리의 대명사라고 할 수 있을 것이다.

현재 남자 마라톤 세계 기록은 케냐의 켈빈 킵툼이 2023년 10월 8일 시카고 마라톤에서 세운 2시간 00분 35초이다. 이는 이전 기록 보유자 엘리우드 킵초게의 2시간 01분 09초를 34초 단축한 것이다. 킵초게는 비공식 이벤트 경기에서 2시간대 벽을 허물고 1시간 59분만에 42.195km를 완주한 적이 있다.

이런 킵초게의 이력만큼이나 켈빈 킵툼은 아주 이력이 독특한 선수라고 말한다. 마라톤 풀코스를 단 3번 완주한 후 세계 신기록을 달성했기 때문이다. 이런 기록은 아마 인간이 달성하기 어렵고 전무후무한 기록이라 할 수 있다. 인류 최초로 2시간 1분 안에 42.195km를 달린 마라토너가 되었던 것이다. 그는 30km 지점부터 독주하여 40km를 1시간 54분 23초에 통과한 후 마력의 속도를 높여 결승선을 통과했다고 한다.

하지만 킵툼은 유명세와 대조적으로 2024년 2월 11일 케냐의 엘도렛 인근에서 자신의 승용차 교통사고로 향년 24세의 짧은 나이에 코치와 함께 세상을 떠났다. 마라톤 역사상 가장 불행한 비극이라 할 수 있다. 그래서 운동선수들은 운전을 싫어하고, 운전면허 따는 것을 싫어하는 경우가 많다고 한다.

베를린 마라톤은 세계 기록이 가장 많이 나오는 코스라고 한다. 킵초게가 지난 2022년 9월 이 대회에서 2시간 01분 09초의 당시 세계 신기록을 세웠다. 킵초게의 기록을 킵툼이 깨고 세상을 떠난 것이라 할 수 있다.

여자 마라톤은 남자 마라톤과 많은 차이가 있다. 신체 구조적으로 여자는 지구력과 폐의 기능 등이 남자보다 떨어진다. 그런 점에서 동일하게 기록을 취급할 수가 없다. 남녀 구분을 두는 이유이기도 하다.

여자 마라톤 여자 세계 기록은 2시간 14분 04초 케냐 브리기드 코스게이 선수다. 2024년 4월 21일 런던 마라톤에서 페레스 젭치르치르가 세운 2시간 16분 16초도 놀라운 기록이다. 케냐 출신인 젭치르치르는 도쿄 올림픽에서도 2시간 27분 20초를 기록하며 금메달을 목에 걸었다. 달리기에 있어서 전설적인 인물들이라 할 수 있다.

42.195km를 떠올리면 육상을 하는 사람들은 가슴이 설렌다고 한다. 아마추어 마라토너는 물론 세계적인 프로 선수들 역시 관심은 기록이다. 물론 자신과의 싸움에서 이겨야 하는 것이지만 프로의 세계에서는 결국 다른 선수와 경쟁해서 이겨야 한다.

특히 엄청난 이슈와 상금이 걸린 세계적인 마라톤은 치열한 기록의 세계이며, 기록을 대상으로 투쟁을 하는 것이라 할 수 있다. 이런 점에서 세계적인 마라톤 중 가장 흥미롭고 관심이 있는 것은 베를린 마라톤이라 할 수 있다.

베를린 마라톤은 무엇보다 기록적인 면에서 세계 마라토너들의 관심을 사고 있다. 세계 기록이 가장 많이 나오는 대회가 바로 베를린 마라톤이기 때문이다. 이렇게 베를린에서 기록이 많이 나오는 이유는 무엇일까.

첫째, 베를린 마라톤 코스는 무엇보다 평탄하다. 코너가 아주 적다. 다른 마라톤과는 비교가 많이 될 정도로 평탄하며 직선 구간이 많다고 한다. 그래서 주행 속도를 높이는 데 도움이 된다고 생각한다.

둘째, 기후 조건이다. 베를린 마라톤이 열리는 9월의 날씨는 10도에서 15도로 달리기에 아주 쾌적하다. 기온과 습도가 선수들에게 적당해 최상의 컨디션을 유지할 수 있다는 점이 기록을 위해 큰 역할을 하고 있다는 점이다.

셋째, 참가 선수들의 수준이 아주 높다는 점이다. 세계 최고의 마라토너들이 매해 참가한다고 한다. 이런 점에서 서로 경쟁을 통해 시너지 효과를 만든다. 이것은 결국 기록 경신의 가능성을 높이는 것이다.

넷째, 대회 운영이 원활하도록 안정적인 조직 관리가 이루어지고 있다. 물과 스포츠 음료 등을 충분히 공급하고, 의료 지원 등이 잘 갖추어져 있다. 이는 선수가 오직 경기에 집중할 수 있도록 만든다. 선수도 좋아야 하지만, 시스템이 충분히 돌아가면 당연히 좋은 기록을 만들어낼 수가 있는 것이다. 랜드마크도 잘 되어 있어서 선수들이 자신의 페이스를 보며 달리는 데 아주 좋다는 점이다.

다섯째, 베를린은 세계적인 명품 도시다. 베를린 마라톤 코스는 이런 역사적 의미가 있는 랜드마크를 경유한다. 이것은 볼거리를 통해 관광객을 유입하는데 선수들에게 일거양득이 되는 것이다. 거리의 시민들이 응원을 더해 선수들에게 추가적인 동기를 부여하기 때문에 이를 통해 좋은 기록을 양산하고 있다.

이러한 특성 덕분에 베를린 마라톤은 세계 기록이 자주 세워지는 대회로 알려져 있고, 선수들 사이에 인기가 많다.

이재명 대통령과 IOC 커번트리 위원장

정치가 무너뜨린 것을 다시 세우는 일은 언제나 더디다. 특히 한반도처럼 말 한마디나 어떤 조치 하나가 곧바로 긴장으로 이어지는 공간에서는 더욱 그렇다. 윤석열 정부 3년 동안 남북관계는 관리되지 않았고, 안전핀마저 빠진 상태가 아니었나. 그 공백 속에서 전쟁이라는 단어가 일상어처럼 소비되지 않았나. 앞선 글에서 보았듯이 그 시기는 대화의 부재(不在)가 곧 위기로 전환되는 과정이었다.

그런 상황에서 이재명 대통령이 국제올림픽위원회(IOC) 위원장을 맞이한 장면은 단순한 외교 일정 이상의 의미를 가진다. 지난 2025년 여름, 서울 용산 대통령실에서 열린 이 만남은 정치 이후의 언어를 다시 불러오는 자리가 되었던 것 같다.

커스티 코번트리 IOC위원장

이재명 대통령은 커스티 코번트리 IOC 위원장에게 대한민국 체육 발전에 대한 지원을 요청하며 동시에 세계 체육의 미래를 함께 이야기했다. 짐바브웨 출신, IOC 최초의 여성 위원장이자 아프리카 대륙 출신 위원장이라는 이력에 담긴 상징성도 놓치지 않았다.

"위원장님의 위대한 삶의 역정도 응원합니다."

라고 이 대통령은 덕담을 드렸다. 이 덕담은 개인을 넘어 변화의 흐름을 존중하는 메시지가 아니었나 생각한다. 그리고 코번트리 위원장의 돌아오는 답변은 아주 구체적이었다. 2018년 평창 동계올림픽을 대화로 끌어들이지 않았나.

춥지만 성공적이었던 기억
한국과 국제 스포츠계가 협력할 수 있는 많은 기회들

이 대화는 과거의 성취를 회상하는 데서 그치지 않는다. 이 대통령이 가능한 시기에 대한민국에서 다시 오륜기를 보고 싶다고 말했을 때, 그것은 유치 경쟁의 수사가 아니라 올림픽 무브먼트에 대한 신뢰 회복의 언어였다. 코번트리 위원장이 한국을 이렇게 평하지 않았나.

올림픽 무브먼트의 동반자

그의 이 대단한 평가는 그래서 아주 중요한 의미가 되었던 것이다. 스포츠가 정치적 이념을 뛰어넘을 수 있는 경이로운 영역인 셈이다. 그러나 이 만남에서 가장 주목해야 할 장면은 정작 따로 있었다. 이재명 대통령이 직접 이렇게 말했던 것이다.

남북관계 개선에 스포츠가 도움이 될 수 있지 않습니까?

이재명 대통령의 말에 코번트리 위원장이 평창 동계올림픽의 남북 단일팀 입장 장면을 떠올리며 공감을 표한 장면이 또한 떠오른다. 이 장면이 바로 기억의 정치라고 할 수 있다. 총성이 아닌 행진, 대결이 아닌 상호 존중의 입장 말이다. 그것은 실제로 한반도의 긴장을 완화했던 몇 안 되는 순간 중 하나라고 볼 수 있다.

정치는 종종 그 장면을 잊는다. 성과를 관리하지 않고 기억을 계승하지 않는다. 그래서 민간의 역할이 다시 중요해지는 것이다. 바로 그 지점에서 서울시 육상연맹이 기획한 서울·평양 릴레이 마라톤은 시대적 의미를 지닌다고 볼 수 있다.

릴레이는 혼자의 속도가 아니라 연결의 기술이라고 앞에서도 누누이 말하지 않았나. 바통을 건네는 순간 앞선 주자의 노력이 다음 주자의 책임이 된다. 서울에서 시작된 바통이 당장 평양에 닿지 못하더라도 방향은 분명하다.

    단절을 전제로 하지 않는다는 선언

    적대를 바탕에 두지 않겠다는 태도

이재명 대통령이 말한 스포츠의 역할은 바로 여기에 있다. 스포츠는 협상의 대체물이 아니라, 협상이 가능하다는 감각을 회복시키는 장치라고 본다. IOC 방문을 약속하며 오간 선물도 상징적이다.

코번트리 위원장이 건넨 올리브 나무 모형은 평화의 오래된 상징이다. 그리고 이 대통령이 건넨 한글로 새긴 수제 도장은 존중과 환대의 언어라고 할 수 있다. 올리브 나무는 자라기까지 시간이 걸린다. 그런데 도장은 한 번 새기면 쉽게 지워지지 않는다. 평화도 이와 똑같을 것이다. 단기간에 성과를 내기보다 오래 유지할 수 있는 구조를 만드는 일이 무엇보다 중요하지 않겠나.

서울·평양 릴레이 마라톤은 그 구조의 한 단면이다. 정부가 나서기 어려운 지점에서 시민과 체육이 먼저 움직이는 방식이다. 정치가 실패한 자리에서 사회가 완주를 포기하지 않겠다는 선언이다.

앞선 시기, 안전핀이 빠진 채 질주했던 한반도는 얼마나 위험했는지 우리는 이미 경험했다. 그래서 대한민국은 내란과 탄핵이란 혹독한 고통을 치렀다. 이제 다시 어렵게 안정과 평화의 마당에 선 우리가 아니겠는가. 그런 점에서 보자면, 남북관계에 있어서 이제 필요한 것은 속도가 아니라 상호접촉이다. 릴레이에서 보듯 접촉의 지점에서 의미깊은 교대가 이루어지기 때문이다.

이재명 대통령의 발언은 일종의 방향을 제시한다. 다시 오륜기를 이야기하고, 스포츠를 남북관계의 매개로 언급한 것은 절대 우연이 아니다. 그것은 과거의 장면을 복원하자는 제안이 아니라 다시 가능하다는 믿음을 공적 언어로 복귀시킨 일이다. 서울시 육상연맹의 릴레이 마라톤은 그 언어를 현장에서 실천하는 행위라고 볼 수 있다.

레이스는 아직 끝나지 않았다. 정치가 바통을 놓쳤던 구간을 이제 우리 민간이 이어 달리고 있다. 언젠가 다시 교대할 수 있도록 넘어지지 않도록 속도를 조절하며 달리는 일이 우리에게 사명처럼 주어졌다.

그것이 지금 한반도에 필요한 자세가 아니겠는지. 올리브 나무가 뿌리내릴 시간을 벌어주는 것, 그 사이 바통을 떨구지 않는 것이 우리의 숙제인 것이다. 서울에서 시작된 이 작은 레이스는 이렇게 평화의 순간을 만들어내고 있다.

서울의 달리기 풍경을 동경하며

본문 글에서 우리는 올리브 나무와 바통을 이야기했을 것이다. 평화의 세상을 유지하는 일은 단번에 완주할 수 있는 경주가 아니라 넘겨받고 건네주는 릴레이라는 생각이었다. 이번에는 그 바통이 도시 안에서 어떻게 움직이는지를 살펴보자.

서울의 달리기 풍경은 서울시 육상연맹이 무엇을 해야 하는지 또 서울·평양 릴레이 마라톤을 어떻게 구체화할 수 있는지를 잘 보여주고 있다. 2019년 가을이었나. 동아일보가 주최한 가운데 서울광장에서 출발한 서울 달리기대회에는 6세 어린이부터 90세 어르신까지 1만여 명이 함께 달렸다. 이거야말로 우리 육상연맹이 추구하는 우리 사회의 모습이 아니겠는가.

청계천과 한강, 종로와 을지로를 잇는 코스는 단순한 도심 질주가 아니었다. 서울이라는 도시가 가진 시간의 층위, 삶의 리듬을 그대로 품은 경로이지 않았나. 빠르게 지나가는 자동차의 도시가 아니라 두 발로 천천히 읽어 내려가는 도시였다. 달리기란 과정이 서울이란 공간을 그렇게 바꿔 놓은 것이다.

특히 눈에 띄는 장면은 2인 릴레이 10km 부문의 신설이다. 혼자가 아니라 둘이 함께 완주해야 기록이 성립된다는 점이 독특한 방식이다. 진정한 공동 참여로서의 스포츠 정신에 딱 알맞은 모습이었을 것이다.

전반 5km와 후반 5km를 나눠 달리되 두 사람 모두 끝까지 코스를 완주해야 한다. 여기에는 중요한 메시지가 있다. 속도보다 신뢰, 개인의 기록보다 하나로 연결되어 있다는 상징이 담겨 있다는 점이다. 서울·평양 릴레이 마라톤이 지향하는 가치와 정확히 겹치는 것이다.

연령 분포도 의미심장하지 않나. 20·30대 참가자가 70%에 가까워졌지만, 당시 최고령은 1929년생 90세 어르신이고, 최연소는 6세 아이이지 않았나. 달리기는 세대를 가르지 않는다. 통일 담론이 약해졌다고 말하지만, 실제로 사람들을 움직이게 하는 것은, 이런 몸의 경험이 아니겠는가. 함께 뛰고 숨을 고르고, 같은 결승선을 통과하는 경험은 어떤 말로 설명하는 것보다 오래 남는다고 한다.

서울시 육상연맹이 주목해야 할 지점이 몇 가지 여기에 있다. 첫째, 도시는 이미 좋은 교과서다. 청계천, 한강, 서울광장, 종로와 을지로 등등. 물론 서울시가 아니라 다른 도시여도 상관 없을 것이다.

이 공간들은 정치적 언어가 닿지 못하는 곳에서 시민을 하나로 묶는다. 서울·평양 릴레이 마라톤은 거창한 구호보다는 이런 생활 속의 경로에서 시작해야 하지 않을까. 우리는 서울 안은 물론 서울 밖에서 성공한 릴레이 경험이 있어야 평양을 이야기할 수 있지 않을까.

둘째, 릴레이라는 형식의 확장이다. 2인 릴레이는 관계의 시작일 뿐이다. 세대 릴레이, 가족 릴레이, 지역 릴레이로 확장할 수 있지 않겠는가. 어린이가 달린 뒤 청년이 이어받고, 중년과 노년이 마무리하는 구조도 생각해 볼 수 있다.

이것은 곧 한반도의 시간 구조를 상징한다. 우리가 통일을 말할 때 자주 빠뜨리는 것은 세대 간 교대다. 서울시 육상연맹은 달리기를 통해 그 교대를 자연스럽게 보여줄 수 있으리라고 생각한다.

셋째, 기록보다 참여다. 엘리트 선수들의 기록 경신은 대회의 품격을 높이지만, 릴레이 마라톤의 핵심은 완주다. 서울·평양 릴레이는 세계 기록을 노리는 대회가 아니다. 끊기지 않는 흐름을 만드는 행사다. 9.19 군사합의가 안전핀 역할을 했듯, 민간 차원의 릴레이는 긴장을 완충하는 완주 장치가 되지 않겠는가.

넷째, 젊은 세대와의 접점이다. 2030 세대는 풀코스 보다 10km와 하프를 선호한다. 짧지만 밀도 있는 경험을 원한다. 서울시 육상연맹은 이를 이해해야 한다. 통일도 마찬가지라고 생각한다.

완성된 미래를 약속하기보다 지금 여기서 참여할 수 있는 짧은 구간을 제시해야 한다. 서울·평양 릴레이는 언젠가가 아니라 지금 이번 구간을 달리게 만드는 방식이어야 한다는 것이다.

달리기의 가장 큰 장점은 설명이 필요 없다는 것이다. 정치적 입장을 묻지 않고, 이념을 요구하지도 않는다. 신발만 신으면 된다. 숨이 차면 걷고 힘이 남으면 뛴다는 것. 그렇게 각자의 속도로 같은 방향을 향해 뛴다는 점이 중요하다. 이것이 지금 남북관계에서 가장 요구되는 지점이라 생각하고 있다.

앞선 글에서 우리는 스포츠가 대단한 협상을 대신하지는 않지만, 협상이 가능하다는 감각을 회복시킨다고 썼다. 서울 달리기대회는 그 감각의 결실로 돌아오리라 생각한다. 서울시 육상연맹이 해야 할 일은 거창하지 않다. 이 도시에서 이미 검증된 방식을 더 넓게 더 멀리 이어가는 것이라고 보면 틀림없을 것이다.

서울에서 청계천을 따라 달리는 경험이 몸에 남아 있다면, 언젠가 대동강을 상상하는 일도 허황하지는 않다. 바통은 그렇게 현실에서 상상으로, 다시 현실로 넘어가는 것이 아니겠는가. 서울·평양 릴레이 마라톤은 그 첫 교대 지점이다. 우리는 아직 완주하지 못했다. 하지만 중요한 것은 멈추지 않고 바통을 놓치지 않는 일, 이 일을 시작하는 과정이다.

달리고 싶다, 백두산까지

달리고 싶다, 백두산까지. 이 문장은 구호가 아니라 어찌 보면 고백에 가깝다고 할 수 있다. 숨이 차오르는 순간에도 한 걸음 앞으로 더 내딛게 하고 싶은 마음의 방향이다. 전국에 수많은 마라톤 대회가 있지만, 통일이라는 이름을 정면에 내건 대회는 아주 드물다.

지방의 한 지역 마라톤 대회는 25년 이상 그 이름을 지켜왔다고 하는데 우리 역시 이번 기회에 통일을 기원하는 메시지를 내세우고 싶다. 2000년 6·15 남북정상회담을 기억하며 매년 5km를 달리는 사람들, 5킬로는 마라톤의 영역에서 비록 짧은 거리지만, 그 짧은 코스에 담긴 의미는 아주 길다.

3천여 명의 참가자들이 같은 날, 같은 장소에서 같은 목적을 위해 출발선을 넘는다는 것은 어떤 풍경보다 아름다운 풍경이 되지 않겠나. 이런 마라톤이야말로 기록을 겨루기보다 어떤 의미를 공유하고자 하는 것이다. 통일은 아직 오지 않았지만, 통일을 말하는 몸의 경험은 이미 시작되었다. 이것이 우리가 추진하는 마라톤 대회의 힘이 아니겠는가.

서울시 육상연맹이 준비하는 서울·평양 릴레이 마라톤도 같은 질문에서 출발한다. 우리는 왜 달리는가. 빠르기 위해서가 아니라 이어가기 위해서 달린다. 릴레이는 혼자의 성취가 아니라, 앞사람이 넘겨준 바통을 놓치지 않는 책임이다. 통일이 후세에게 책임으로 전해지는 것과 같은 이치가 아니겠는가. 다음 사람에게 건네기 전까지 멈추지 않는 약속이라 할 수 있을 것이다.

통일을 기원하며 달리는 통일 마라톤이 매해 5km를 택한 것도 우연이 아니다. 누구나 참여할 수 있는 거리가 아니겠는가. 아이도, 어른도, 처음 뛰는 사람도 함께할 수 있는 길이 바로 5킬로 마라톤이다.

통일 담론이 어려워질수록 우리는 더 쉬운 언어가 필요하다. 달리기는 바로 이것을 충족해주는 바로 그 언어라고 할 수 있다. 굳이 무엇을 설명하지 않아도 된다. 운동화를 신고 그냥 출발선에 서면 되는 과정이다.

서울·평양 릴레이 마라톤은 거대한 완주를 약속하지 않는다. 오늘의 정해진 구간을 달린다. 통일의 길이 더딘 것처럼 우리의 힘으로 할 수 있는 만큼 달리면 그만이다. 서울의 청계천과 한강을 잇는 구간, 도시의 심장을 가로지르는 짧은 거리에서 시작해 결승선에 이르는 거리다.

이 작은 반복이 쌓여 상상은 현실이 되리라고 본다. 작은 마라톤에서 시작해 어느 날 혹은 먼 훗날 역사의 한 지점에서 통일을 이루는 날, 얼마나 큰 감동의 물결이 밀려올 것인지 상상만으로도 가슴이 미어진다.

어떤 육상 대회든지 참가자 여러분께 전하고 싶은 말이 있다. 오늘 우리가 달리는 길은 지도를 바꾸는 길이 아니라, 마음의 방향을 바로잡는 길이라는 것을 기억해주길 바란다는 것. 비록 우리의 기록이 남지 않아도 괜찮다. 사진 한 장, 땀 한 방울이면 충분하지 않겠는지.

이런 글이 결코 무력하고 무가치한 것이 아님을 세상은, 세월은, 역사는 결국 증명할 날이 돌아오지 않겠는가. 훗날 지난날을 더듬어 볼 때 무엇보다 중요한 것은 함께 달렸다는 기억이며 이게 바로 의미며 가치가 아니겠는지.

서울시 육상연맹은 이 기억을 상상해 본다. 우리와 함께 땀흘리며 뛰었던 러너들의 꿈과 눈물, 감동을 상상해 보는 것이다. 경쟁의 스포츠를 넘어 연대와 접촉의 스포츠를 만든다. 서울·평양 릴레이 마라톤은 정치의 빈자리를 대신하지 않는다. 다만 정치가 다시 말할 수 있는 바닥을 다진다. 정치적 긴장이 크고 높아질수록 민간의 몸은 더 낮은 자세로 길을 낸다는 점을 잊어선 안 되는 것이다.

언제나 그렇듯 달리기 특히 마라톤은 지역에서 달린 5km의 의미가 그 지역에만 머물지 않는다. 해마다 반복되면서 다른 지역의 상상을 자극하며 불을 붙인다. 서울도 그 흐름 위에 서 있다. 서울에서 오늘의 달리기가 내일의 릴레이가 되고, 내일의 릴레이가 언젠가 백두산을 향한 상상으로 이어질 수도 있지 않겠나.

출발선에 서면 모두 같은 질문을 받는다. 왜 달리나요? 대답은 단순하다. 바통을 넘겨주기 위해서 달린다. 릴레이는 무엇보다 그런 의미가 크지 않은가. 오늘의 바통을 내일의 누군가에게 전달해주는 동작, 우리는 서울에서 평양까지라는 타이틀로 지금 그 첫걸음을 떼고 있는 것이다.

임진각에서 평양을 생각하며 달리는 상상

요즘 달리기는 하나의 문화가 되었다. 기록을 위한 경쟁을 넘어 삶의 리듬을 회복하는 방식이 되지 않았나 생각한다. 러닝 인구가 천만 명을 넘었다는 말은 이제 정말 과장(誇張)이 아니다.

새벽의 강변이나 저녁의 공원이나 도심의 인도 위에서 사람들은 각자의 속도로 달리는 것이다. 우리는 간혹 이런 모습들을 많이 목격하게 된다. 그런데 어떤 달리기는 속도보다 방향을 묻는 데 의미를 둔다. 임진각에서 열린 평화 통일 마라톤도 그러지 않았나.

군사분계선에서 몇 킬로미터 떨어진 곳이 바로 임진각 아니겠는가. 더는 앞쪽을 향해 북으로 갈 수 없는 자리가 바로 그곳이 아니겠는가. 그 한계선 앞에서 4천여 명의 시민이 신발 끈을 묶은 모습은 어떤 모습보다 장관이었다.

새벽 공기 속에서 몸을 풀고 번호표를 붙이며 각자의 사연을 가슴에 달고 달리는 사람들. 누군가는 회춘을 말한다. 누군가는 완주를 말한다. 모두가 가슴에 사연 하나 희망 하나씩을 품고 달린다. 어느 탈북민은 고향을 향해 달린다고 하지 않았나. 어느 대학생은 전공으로 배운 평화를 몸으로 느끼고 싶다고 했던가. 대답이 감동이다. 그 다양함이 바로 통일을 추구하며 걷는 이런 마라톤 대외의 얼굴이지 않겠는가.

코스는 다양하면서도 상징으로 가득했다. 통일대교를 건너 민간인통제선 북쪽으로 향했다가, 남북출입사무소 앞에서 되돌아온다. 이런 언어를 듣기만 해도 가슴이 뛰며 설레지 않는가.

하프코스, 8.15km 코스, 5km 코스 등 이런 숫자마다 의미가 걸린다. 숫자 하나하나에 아주 깊은 의미가 담겼다. 그러나 가장 큰 상징은 무엇인가. 바로 중간지점에서 되돌아오는 과정이었다. 더 갈 수 없다는 사실을 모두가 알면서도 그 지점까지는 함께 달려야 하지 않나. 그 경험이 사람들의 마음에 이런 질문을 남긴다.

언젠가는 더 갈 수 있을까?

서울시 육상연맹이 준비하는 서울·평양 릴레이 마라톤은 바로 이 질문에서 출발한다. 임진각에서 멈춘 발걸음을 상상 속에서라도 이어 보자는 제안이다. 한 번에 평양까지 달리겠다는 약속이 아니다. 릴레이처럼 구간을 나누고 바통을 넘기며, 의지를 이어 가자는 선언인 것이다.

임진각 마라톤에서 인상 깊었던 장면이 있다. 하프코스 반환점에서 개성 21km라는 팻말을 본 참가자의 말이다.

북한까지 내가 뛰어서도 갈 수 있구나.

그 깨달음은 지도 위의 거리를 몸으로 환산하는 순간에 생겨난다. 숫자는 감각이 되고, 감각이 의지가 된다. 서울·평양 릴레이 마라톤이 노리는 지점도 바로 여기에 있다. 통일을 추상에서 일상으로 옮기는 일이 바로 우리가 추구하는 서울 평양 릴레이 마라톤인 것이다.

이 대회에는 엘리트만 있지 않았다. 예비 부모가 함께 뛰었다. 아이를 키우는 이웃들이 나란히 달렸다. 중학교 교사는 외할머니의 고향을 떠올리며 숨을 골랐다. 세대와 배경이 다른 사람들이 같은 길 위에 섰다는 점이 매우 감명 깊게 다가온 것이다.

통일은 누구의 전유물이 아니라는 사실이 자연스럽게 드러난다. 서울은 늘 출발점이다. 정치와 경제의 중심이자 수많은 사람이 모이는 도시가 아닌가. 서울시 육상연맹이 이 도시에서 릴레이를 기획하는 이유는 그래서 너무나도 분명하다.

서울에서 시작된 움직임은 전국으로 퍼질 수 있고, 민간의 상상은 국경을 넘을 수도 있다. 임진각의 경험이 서울로 옮겨오고, 서울의 릴레이가 다시 임진각을 향해 마음을 보낼 때 우리는 끊어진 선을 조금씩 잇게 된다는 사실이다.

릴레이의 미덕은 포기하지 않는 인내에 있다. 한 사람이 힘들면 다음 사람이 이어받는다. 세대를 이어 원하는 역사의 길을 만들어낸 것처럼 말이다. 그래서 그런 자리는 속도가 달라도 괜찮다.

중요한 것은 늘 강조한 것처럼 바통을 놓지 않는 것이다. 지금의 남북관계가 어렵다고 해서 민간의 발걸음까지 멈출 이유는 없는 것이다. 오히려 이럴 때일수록 몸으로 하는 외교가 더 필요하지 않겠는가.

임진각에서 결승선을 통과한 사람들의 얼굴에는 비슷한 표정이 있었다. 땀과 숨 그리고 아쉬움 같은 감정이 표정에 매달려 있다. 더 달리고 싶었다는 마음이기도 하겠지. 그 마음이 바로 다음 대회의 출발선이 되는 것이다. 서울 · 평양 릴레이 마라톤은 그 마음을 제도화하려는 시도가 아니겠는가. 개인의 감회를 공동의 프로젝트로 바꾸는 작업이 바로 이런 프로젝트라고 본다.

언젠가 철책이 사라지고 반환점이 없어지는 날이 오기를 바란다. 그날 우리는 임진각이 아니라 개성에서 평양에서 또는 더 위 북쪽에서 출발선을 그릴 수 있을 것이다. 그러나 그날은 갑자기 오지는 않을 것이다. 오늘의 5km, 오늘의 8.15km, 오늘의 하프코스가 쌓여야 닿을 수 있는 상징적인 거리가 되리라.

임진각에서 달린 사람들은 이미 알고 있다. 통일은 선언으로 오지 않고, 걸음의 반복으로 다가온다는 것을 말이다. 서울시 육상연맹은 그 반복을 설계한다. 서울에서 평양까지 한 번이 아니라 릴레이로 말이다. 희망은 그렇게 현실이 되지 않겠는가.

제3장 달리기와 훈련법칙

달리기의 작은 법칙들

달리기에도 법칙이 있다. 그것은 거창한 이론이 아니다. 자연의 원리처럼 단순하지만, 꾸준히 실천하면 몸이 분명하게 반응하는 법칙이다. 먼저 떠올릴 수 있는 것은 뉴턴의 운동 법칙이다. 물체는 가만히 있으면 계속 가만히 있으려 하고, 움직이면 계속 움직이려 한다는 사실이다.

사람의 몸도 이와 다르지 않을 것이다. 오래 쉬면 계속 쉬고 싶고, 한번 움직이기 시작하면 몸은 점점 더 움직이려 하지 않겠는가. 그런데 달리기가 어려운 이유는 첫걸음 떼기가 힘들기 때문이다. 그러나 그 고비만 넘기면 달리기는 점점 자연스럽게 받아들일 수 있다.

그래서 중요한 것은 시작이다. 그리고 반복하는 것이다. 운동 효과가 나타나는 분기점은 생각보다 높지 않다. 일주일에 세 번, 30분 정도의 지구력 달리기면 충분하다고 한다. 하루에 겨우 30분이다. 생각에 따라서 그리 어렵지 않은 투자라 할 수 있다. 하지만 이 시간을 일상에서 떼어놓는 일은 결코 작지 않다. 우리는 늘 바쁘고, 해야 할 일은 끝이 없기 때문이다.

그렇기에 달리기는 시간이 남아서 하는 운동이 아니다. 시간을 만들어서 하는 선택이다. 일주일에 몇 번씩 하루 30~40분을 규칙적으로 달린다고 가정해보자. 처음 한 달은 몸이 낯설어하지 않겠는가. 그런데 두 달째에는 숨이 덜 차오른다. 석 달이 지나면 어느 날 문득 깨닫는다.

오늘은 달리지 않으면 뭔가 허전하다.

그리고 여섯 달쯤 되면 달리기는 습관을 넘어 생활이 된다는 점이다. 사람들은 이것을 중독이라고 부른다. 그러나 이것은 다른 중독과 달리 건강한 중독이다. 왜 우리는 달리고 나면 편안해질까.

달리기를 마치고 나면 몸은 피곤한데 마음은 이상하게 고요해진다. 그 이유 중 하나가 바로 베타 엔돌핀이라는 호르몬이다. 이 물질은 뇌에서 분비되어 통증을 줄이고 미묘한 진정 효과를 준다고 한다.

흔히 러너스 하이라고 부르는 상태다. 30분 이상 뛰었을 때 밀려오는 행복감 같은 것이다. 헤로인 혹은 모르핀을 투약했을 때와 비슷한 의식상태와도 비슷한 행복감이다. 다리와 팔이 가벼워지고 리듬감이 생기며 피로가 사라진다. 새로운 힘이 샘솟는 경지에 이르는 것이다.

이 순간을 경험한 사람은 안다. 달리기는 몸만 단련하는 운동이 아니라 마음을 정리하는 시간이기도 하다는 사실을 말이다. 하지만 무작정 달린다고 좋은 것은 아니다. 달리기에서 반드시 신경 써야 할 것이 하나 있다. 바로 맥박이다.

맥박은 심장이 보내는 신호다. 지금 몸이 어떤 상태인지 알려주는 가장 정직한 지표다. 심장을 튼튼하게 만들고 싶다면 평소보다 약간 높은 맥박을 유지해야 한다. 전문가들은 최대 맥박수의 70~80%를 운동 효과의 분기점이라고 말한다.

그렇다면 최대 맥박수는 어떻게 알 수 있을까. 계산은 간단하다. 220에서 자신의 나이를 빼면 된다. 예를 들어 35세라면 계산은 이렇게 된다. 220 − 35 = 185 이 숫자가 최대 맥박수다.

여기에서 70%를 적용해 보자.

185 × 0.7 = 약 130 즉, 운동할 때 맥박이 130 정도에 이르면 심장과 폐가 가장 효율적으로 강화되는 구간에 들어섰다고 볼 수 있다. 조금 더 올라가도 괜찮다. 하지만 지나치게 높아지는 것은 경계해야 한다. 운동은 몸을 키우기 위한 것이지 소모시키기 위한 것이 아니기 때문이다.

달리기를 오래 하고 싶다면 조금 부족하다 싶은 상태에서 멈출 줄 알아야 한다. 많은 초보 러너들이 실수하는 부분이 바로 이것이다. 첫날 의욕이 넘쳐 너무 빠르게 달리고 다음 날 몸살에 시달린다. 그러면 다시 며칠을 쉰다. 결국에 흐름이 끊기지 않겠는가 말이다.

달리기의 핵심은 강도가 아니라 지속성이다. 차라리 느리게 달려라. 대신 오래 달려라. 또 하나 기억해야 할 것이 있다. 달리기에서 가장 값진 투자는 시간이다. 특히 30분이라는 시간은 작아 보이지만 놀라운 힘을 지닌다고 볼 수 있다.

30분은 몸이 지방을 에너지로 사용하기 시작하는 시점이며, 심폐 기능이 본격적으로 자극받는 구간이다. 하루 30분은 우리의 삶을 바꾸기에는 충분한 시간이다. 하지만 핑계를 만들기에도 충분히 짧은 시간이기도 하다.

결국에는 선택의 문제라고 본다. 엘리트 선수만 달리기를 하는 시대는 지났다. 이제 달리기는 누구에게나 열린 운동이다. 나이와 직업, 체력과 상관없이 시작할 수 있다. 중요한 것은 완벽한 준비가 아니라 작은 실천이다.

오늘 30분을 달리면 내일의 몸이 달라진다. 한 달을 달리면 호흡이 달라진다. 여섯 달을 달리면 삶의 리듬이 달라진다. 그리고 어느 날 깨닫게 된다. 달리기가 나를 끌고 가는 것이 아니라 내가 더 나은 삶을 향해 달리고 있었다는 사실을 터득하게 된다.

뉴턴의 법칙은 여기서 다시 살아난다. 움직이는 사람은 계속 움직인다. 그러니 너무 오래 고민하지 말자. 신발 끈을 묶고 밖으로 나가자. 처음 몇 분은 힘들 것이다. 그러나 몸은 곧 기억해 낼 것이다. 우리가 본래 움직이도록 만들어진 존재라는 사실을 말이다. 달리기는 생각보다 거창하지 않은 것이다.

일주일에 세 번이면 충분하다. 하루 30분 달리면 충분하다. 그 꾸준함이 심장을 강하게 만들고 폐를 넓히고 마음을 고요하게 한다. 오늘의 30분이 모여 내일의 건강을 만든다. 그리고 그 건강이 결국 우리의 삶을 더 멀리 더 오래 달리게 할 것이다. 이런 장점이 많은 달리기를 멀리할 이유가 있겠는가.

기록을 단축하고 싶은 사람에게

마라톤을 뛰는 사람이라면 누구나 한 번쯤 이런 질문을 한다. 3시간 15분, 혹은 그 이상의 기록을 넘을 수 있을까? 대답은 아주 단순하다. 가능하다는 것이다. 그러나 우연히 되는 일은 아니다. 기록은 욕심이 아니라 계획에서 나오기 때문이다.

많은 러너들은 무엇보다 기록을 줄이고 싶어 한다. 어제보다 좀 더 빠르게 지난 대회보다 더 좀 더 나은 성적으로 결승선을 통과하고 싶지 않겠는가. 이것은 경쟁심이 아니라 성장에 대한 인간의 본능이다. 그런데 달리기는 정직하다. 노력한 만큼 결과가 따라온다는 점이다.

그래서 가장 먼저 필요한 것은 계획이라 할 수 있다. 마라톤 훈련 프로그램에는 몇 가지 중요한 포인트가 있다. 그것은 그리 복잡하지 않다. 하지만 끝까지 지키는 사람만이 그 기록을 바꿀 수 있다. 우리는 앞으로 그 원칙들을 하나씩 살펴볼 것이다. 그 시작은 아주 현실적인 문제에서 출발한다는 점이다.

바로 30킬로 미터의 벽이다. 42.195킬로 미터라는 거리는 누구에게나 길다. 누구에게나 넘기 힘든 산이며 가시밭길일 것이다. 초반에는 누구나 몸이 가벼울 것이다. 10킬로, 20킬로까지는 의외로 잘 달린다. 그러나 30킬로에 가까워질수록 상황은 달라진다. 다리가 무거워지고 호흡이 거칠어지기 때문이다. 내면의 마음속에서 작은 목소리가 들린다.

여기서 멈춰도 괜찮지 않을까?

그래서 많은 러너들이 그 지점에서 무너진다. 심지어 훈련 때도 30킬로를 넘기려 하지 않는다. 몸이 기억하는 한계가 그곳에 생겨버린 것이다. 결국 대회에서도 같은 일이 반복된다는 점이다. 이 벽을 넘기 위해 우리에게 필요한 것이, 바로 가벼운 장거리 달리기인 것이다. 원칙은 세 가지다.

첫째, 천천히 뛰어라.

느리게 달리는 것은 결코 후퇴가 아니다. 오히려 가장 과학적인 훈련이다. 속도를 낮추면 몸은 더 먼 거리를 견딜 수 있다. 근육과 심폐가 지구력을 배우기 시작한다. 기록을 줄이고 싶은 사람일수록 느린 달리기를 두려워하지 말아야 한다는 점이다.

둘째, 힘들면 멈추고 걸어라.

멈춘다는 것은 실패가 아니다. 걷기는 달리기에 일부다. 잠시 걸으며 호흡을 정리하면 몸은 다시 리듬을 찾는다. 중요한 것은 포기하지 않는 것이다. 달리다 걷고 다시 달리는 과정 안에서 우리는 장거리 체질로 바뀌는 것이다.

셋째, 경주 전에 경주 거리보다 더 많이 달려라.

이 원칙은 단순하지만 강력하다. 몸이 이미 경험한 거리는 두려움이 되지 않는다. 산을 넘으려면 산을 오르기 전에 그에 버금가는 혹독한 시련을 겪어봐야 한다. 훈련에서 42킬로에 가까운 거리 혹은 그 이상의 시간을 견뎌본 사람은 대회에서 절대 흔들리지 않는다. 30킬로의 벽도 더 이상 벽이 아닌 것이다. 이미 넘어본 언덕일 뿐이다.

이 세 가지는 초보자부터 상급자까지 모든 러너에게 적용되는 기본 법칙이다. 하지만 여기서 멈추면 안 된다. 진짜 변화는 자기만의 프로그램에서 시작된다. 남의 훈련계획표를 그대로 따라 하는 사람들이 많다. 기록이 좋은 친구의 계획표, 인터넷에서 본 프로그램, 유명 코치의 스케줄 등등. 이런 것은 물론 참고는 될 수 있을 것이다. 그러나 그대로 복사해서는 오래 가지 못한다. 몸이 다르고 생활이 다르기에 따라 하는 것은 오히려 화를 불러올 수도 있다.

달리기는 결국 자기 자신과의 약속이다. 스스로를 향해 자꾸 물어야 한다. 나는 왜 뛰는가? 1년 후 어떤 러너가 되고 싶은가? 목표가 분명해지면 훈련은 흔들리지 않는다. 단순히 완주가 목표인지 3시간 30분을 깨는 것이 목표인지, 아니면 더 큰 도전을 꿈꾸는지 스스로 알아야 한다는 것이다.

목표가 정해졌다면 이제 훈련 피라미드를 세울 차례다. 피라미드는 아래가 넓고 위로 갈수록 좁다. 달리기도 이와 같다. 가장 아래에는 기본 단계가 있다. 꾸준한 거리 훈련이다. 천천히 오래 달리는 시간이 여기 해당한다. 이 기반이 약하면 어떤 속도 훈련도 오래 버티지 못한 것이다.

그 위에는 언덕 훈련이 놓인다. 언덕은 러너를 강하게 만든다. 심장을 단련하고, 하체 근력을 키우며, 고통을 견디는 법을 가르친다. 평지에서 빨라지고 싶다면 먼저 언덕을 친구로 삼아야 하지 않겠는가.

마지막 꼭대기에는 스피드 훈련이 있다. 인터벌, 템포런 같은 훈련이 여기에 속한다. 속도는 하루아침에 만들어지지 않는다. 탄탄한 기본과 근력이 쌓인 뒤에야 비로소 의미를 가지는 것이다.

이 피라미드를 차근차근 쌓아 올릴 때 기록은 자연스럽게 줄어든다. 기억해야 할 것이 하나 있다. 기록 단축은 어느 날 갑자기 찾아오는 기적이 아니다. 반복된 평범한 훈련이 만들어낸 결과일 것이다. 오늘의 느린 달리기, 비 오는 날의 짧은 조깅, 포기하고 싶은 순간을 견딘 경험들이 모여 새로운 시간을 만들기 때문이다.

그리고 무엇보다 중요한 것은 조급해하지 않는 태도다. 몸은 정직하지만 동시에 신중하다. 충분한 시간을 주어야 변한다. 너무 빨리 결과를 요구하면 몸은 부상으로 답한다. 반대로 기다려 주면 놀라운 힘을 보여주는 것이다.

마라톤은 결국 자신을 알아가는 여정이다. 어디까지 갈 수 있는지, 무엇이 부족한지, 어떤 방법이 나에게 맞는지 배워가는 과정이 바로 마라톤이다. 3시간 30분의 벽도 언젠가는 지나온 길이 된다. 그날을 앞당기는 방법은 그리 특별하지 않은 것이다.

천천히 달린다. 필요하면 걷는다. 더 멀리 경험해야 한다. 그리고 남의 길이 아니라 자신의 길을 설계하라. 기록은 목표일 뿐이며 목적은 아니다. 목적은 더 강하고 단단한 러너가 되는 것이 아니겠는가. 오늘도 묵묵히 달리는 사람에게 마라톤은 반드시 보답할 것이다. 달리기는 가장 정직한 운동이다. 노력한 만큼 우리에게 혜택을 가져오는 것이다.

훈련 3단계 방법

마라톤 훈련은 의지만으로 완성되지 않는다. 체계적인 접근이 필요하다. 방향 없는 노력은 피로만 남기지만 단계가 있는 훈련은 기록과 자신감을 함께 키운다. 우리가 앞서 살펴본 훈련 피라미드는 바로 그 체계를 보여준다.

넓은 기초 위에 언덕을 쌓고 그 위에 스피드를 올린다. 이 세 단계가 균형을 이룰 때 러너는 비로소 한 단계 올라서는 것이다. 이 과정을 숙지하여 실천하면 누구나 훌륭한 러너의 반열에 오를 수가 있는 법이다.

첫째–기초훈련

훈련의 첫걸음은 언제나 기초훈련이다. 전체 훈련의 약 50%를 차지한다. 절반이라는 숫자가 말해주듯 가장 중요하다. 기초가 약하면 어떤 속도도 오래 유지할 수 없다. 마음이 급하고 욕심이 과대하면 체하게 마련이다. 체한 상태를 미리 방지하려면 몇 가지 규칙을 지키는 것이 현명한 방식이다. 기초훈련에는 몇 가지 핵심 항목이 있다.

1) 일일 달리기

이 달리기는 긴장을 풀고 몸을 깨우는 시간이다. 어렵게 뛰지 않는 게 핵심이다. 욕심을 내지 않고 쉽고 편안하게 달린다. 숨이 차지 않을 정도의 속도가 좋다. 대화를 나눌 수 있을 만큼 여유 있는 페이스라면 충분하다. 많은 러너들이 여기서 실수를 범한다. 매번 욕심이 들어가 열심히 뛰려 한다. 그러나 일일 달리기의 목적은 기록이 아니라 회복과 적응이란 점을 명심해야 한다.

2) 장거리 달리기

격주에 한 번이면 충분하다. 장거리는 몸뿐 아니라 마음을 단련한다. 긴 시간을 달리며 우리는 인내를 배운다. 마라톤 후반에 흔들리지 않는 힘은 바로 이 훈련에서 만들어지는 법이다. 페이스 훈련도 중요하다. 속도보다 안정감이 우선이다. 편안한 속도를 유지하며 일정하게 달리는 능력을 길러야 한다. 페이스 감각이 좋은 러너는 경기에서 쉽게 무너지지 않는다. 초반에 무리하지 않고 끝까지 자신의 리듬을 지키는 자세가 무엇보다 중요하다.

3) 자세 훈련

일주일에 두 번이면 충분하다. 올바른 자세는 에너지 소모를 줄이고 부상을 예방한다. 허리를 세우고 시선은 멀리 둔다. 어깨에 힘을 빼고 팔은 자연스럽게 흔든다. 작은 차이가 긴 거리에서 큰 결과를 만드는 법이다.

일일 달리기 속에 가속 훈련을 다섯 번 정도 포함시키는 것도 좋다. 짧게 속도를 올려 몸에 자극을 주는 것이다. 이는 근육을 깨우고 달리기의 탄력을 높인다. 그리고 경주 경험을 가져야 한다. 격주에 한 번 정도 실제 경주나 그에 준하는 훈련을 해보는 것이 좋다. 경주는 최고의 스승이다. 긴장 속에서 자신의 상태를 확인할 수 있기 때문이다. 이처럼 기초훈련은 화려하지 않다. 그러나 가장 강력하다. 러너의 체질을 바꾸는 시간이다.

둘째–언덕훈련

두 번째 단계는 언덕 훈련이다. 전체의 약 35%를 차지한다. 언덕은 러너를 겸손하게 만든다. 동시에 강하게 만든다. 스스로 강력한 체력을 위해 대비하는 과정이다. 이때 인내력도 기르게 된다.

방법은 아주 단순하다. 일주일에 한 번, 경사 10~15% 정도 되는 언덕을 선택한다. 길이는 150~200미터가 적당하다. 너무 길 필요는 없다. 중요한 것은 집중된 노력이다. 언덕을 오를 때는 80~85%의 힘을 사용한다. 전력 질주는 금물이다. 그러나 마음의 여유도 없다. 마음의 준비를 극대화한다. 대략 5킬로미터 경주 페이스를 떠올리면 된다. 숨은 차지만 통제 가능한 수준이라 할 수 있다.

언덕 사이에는 가볍게 조깅하며 회복하는 시간을 갖는다. 멈춰 서기보다는 천천히 움직이는 것이 좋다. 자동차의 시동을 끄지 않고 워밍업을 하는 상황과 비슷하다. 처음에는 언덕 네 개로 시작하라. 그리고 욕심내지 말아야 한다. 몸이 적응하면 여덟 개, 그러다가 열두 개까지 늘릴 수 있다. 어느 순간 언덕이 두렵지 않다면 당신은 이미 강해진 것이다.

언덕 훈련은 심폐 능력을 끌어올리고 하체 근력을 단단하게 만든다. 평지에서 속도가 붙는 이유도 여기에 있다. 언덕을 정복한 러너는 어떤 코스에서도 흔들리지 않는다. 이 훈련을 하는 목표도 여기에 있지 않을까.

셋째–스피드 훈련

마지막 단계는 스피드 훈련이다. 피라미드의 꼭대기에 해당한다. 러너들의 로망이며 꿈의 영역이다. 그러나 기초와 언덕이 준비되지 않았다면 서둘러 올라가서는 안 된다. 충분히 준비된 자만이 이 단계에 돌입할 수 있다.

스피드 훈련을 시작할 때는 장거리 달리기를 계속하되 전체 훈련 거리를 약 10% 정도 줄이면 좋을 것이다. 속도 훈련은 몸에 큰 부담을 주기 때문이다. 어떻든 여유 공간을 만들어야 한다. 일주일에 한 번 하던 언덕 훈련을 스피드 훈련으로 바꾸는 것도 좋은 방법이다. 인터벌이나 빠른 템포런(자기 최고기록보다 느린 속도) 처럼 속도에 집중하는 훈련을 실시한다. 그리고 횟수를 점차 늘린다. 처음부터 많은 반복을 하면 부상으로 이어질 수 있음을 상기해야 한다.

그리고 반드시 기억해야 할 원칙이 있다. 훈련 사이에는 휴식이 필요하다. 장거리와 스피드, 경주 사이에 충분히 쉬어야 몸이 성장한다. 휴식은 훈련의 반대가 아니다. 훈련의 일부로 받아들여야 한다.

스피드 훈련은 보통 최대 8주 정도 집중해서 진행한다. 이 기간 동안 몸은 놀라울 만큼 민감하게 반응한다. 다리가 가벼워지고 페이스가 자연스럽게 올라간다. 이전에는 버거웠던 속도가 편안해지는 순간이 온다. 앞의 구간이 주는 선물 같은 과정이며 결실이 되는 것이다.

이 세 단계의 핵심은 균형이다. 기초 없이 속도를 추구하면 오래 가지 못한다. 언덕 없이 기록을 바라면 한계에 부딪힌다. 휴식 없이 훈련하면 결국 멈추게 된다. 러너는 서두르지 않는 사람이다. 오늘의 한 걸음이 내일의 기록을 만든다는 사실을 알기 때문이다.

훈련은 우리를 시험하지만 동시에 우리를 성장시킨다. 반복되는 일일 달리기, 숨이 턱까지 차오르는 언덕, 다리가 불타는 듯한 스피드 훈련까지, 이 모든 시간이 쌓여 새로운 자신을 만든다. 자신의 달리기 즉 삶과 인생을 만드는 과정이다.

결국 마라톤은 특별한 비결이 아니라 기본을 지키는 사람에게 미소 짓게 한다. 기초를 단단히 하고 언덕을 넘어 속도를 더하라. 그러면 어느 날 결승선을 통과하며 깨닫게 될 것이다. 강해진 것은 기록이 아니라 바로 자기 자신이라는 사실을 말이다.

추운 날씨에 달리기

달리기는 시간과 장소는 가릴지언정 계절을 가리지 않는다. 그러나 많은 수의 러너들은 고개를 끄덕인다. 추운 날씨가 오히려 뛰기 좋다고 말이다. 전혀 뜻밖의 대답이 아닌가. 기온이 낮으면 몸에서 발생하는 열이 과도하게 쌓이지 않는다. 여름처럼 숨이 턱 막히지도 않는다.

땀으로 인한 체액 손실도 줄어든다. 차가운 공기를 가르며 달릴 때 느껴지는 상쾌함은 어떤 계절도 쉽게 따라오지 못한다. 겨울 아침에 맑은 공기를 들이마시며 첫발을 내딛는 순간 러너는 이미 절반의 보상을 받은 셈이 아니겠는가.

하지만 추위는 친구이면서 동시에 경계해야 할 상대다. 특히 기온이 10도 아래로 내려가면 체온 보호가 필수가 된다. 가장 먼저 신경 써야 할 곳은 머리와 손이라고 할 수 있다. 인체의 열은 머리를 통해 많이 빠져나가지 않는가. 모자 하나만 써도 체온 유지에 큰 도움이 된다는 것을, 우리는 이미 알고 있다. 손 역시 마찬가지 아니겠는가. 장갑을 착용하면 혈액순환이 안정되고 몸 전체가 덜 떨리는 것이다.

추운 날 달리다 보면 가끔 오한(惡寒)이 느껴진다. 이는 자연스러운 반응이다. 여기에 바람까지 더해지면 상황은 달라진다. 바람은 실제 기온보다 훨씬 낮은 체감온도를 만든다. 그래서 겨울 러닝에서 바람은 늘 변수가 되는 것이다.

옷 선택도 러너에게는 매우 중요하다. 가능하다면 모직 계열이나 보온성이 좋은 소재를 선택하라. 땀을 흡수하면서도 체온을 유지해 준다. 요즘은 기능성 소재도 많지만, 기본 원칙은 같다. 따뜻하면서도 통기성(通氣性)이 있어야 한다.

많은 사람들이 걱정하는 것 중의 하나가 바로 폐(肺)다. 찬 공기를 계속 들이마시면 폐가 얼어붙지 않을까 하는 생각이다. 그러나 달리는 동안 폐가 얼어붙는 일은 거의 없다. 우리 몸은 생각보다 너무 강한 특성이 있다.

문제는 목구멍이다. 차가운 공기가 계속 지나가면 목은 자극을 받는다. 따끔 거리거나 마른기침이 나기도 한다. 이를 막기 위해 스키 마스크나 큰 손수건으로 입과 코를 가리는 방법이 좋다. 공기가 한 번 따뜻해진 뒤 들어오므로 훨씬 편안하다고 한다.

겨울 러닝에서는 작은 신체 기관까지 세심하게 살펴야 한다. 특히 남성 러너라면 성기 보호를 잊지 말아야 한다. 낮은 온도에서는 동상이 서서히 진행될 수 있다. 통증이 늦게 나타나기 때문에 무시하기 쉽다. 마라톤 후 휴식할 때 갑작스러운 통증을 느끼는 경우도 있음을 간과해선 안 된다.

이를 예방하려면 몸에 밀착되는 내의를 착용하고, 삼각팬티처럼 지지력이 있는 속옷을 선택하는 것이 좋다. 필요하다면 여러 겹으로 입어 보온성을 높인다. 땀복이나 방풍 기능이 있는 하의도 도움이 된다고 한다.

비와 추위가 함께 오는 날은 더 까다롭다. 나일론 옷이 방수 처리가 되어 있어도 오래 달리면 결국 젖는다. 젖은 옷은 체온을 빠르게 떨어뜨리는 법이다. 가능하다면 고어텍스 같은 방수·투습 소재를 선택하는 것이 좋다. 가격이 조금 높더라도 몸을 지켜주는 투자가 현명한 태도 아니겠는가.

달릴 때의 방향도 생각해야 한다. 처음부터 바람을 등지고 뛰는 것은 피하는 것이 좋다. 갈 때는 편하지만 돌아올 때 문제가 생기는 경우가 많기 때문이다. 몸에서 난 땀이 식으며 얼음처럼 차가워질 수도 있다. 그래서 처음에는 바람을 정면으로 맞으며 달리고, 돌아올 때 바람을 등에 지는 방식이 안전하다고 할 수 있다.

영양 관리도 매우 중요하다. 겨울에는 콧속이 트거나 건조해지는 경우가 많기 때문이다. 이럴 때 비타민 C를 충분히 섭취하면 도움이 된다. 면역력 유지에도 아주 좋다. 작은 습관이 큰 차이를 만든다는 점을 잊지 말자. 추운 날씨에 달린다는 것은 단순한 운동 이상의 의미가 있는 법이다.

대부분에 사람들이 따뜻한 실내에 머무는 시간에 러너는 밖으로 나간다. 하안 입김을 내뿜으며 묵묵히 길을 이어 달린다. 그 시간은 자신과의 약속을 지키는 시간이다. 겨울 러닝에는 묘한 고요가 있다. 그래서 사람들 중에 많은 이가 겨울 달리기를 선호하는 줄도 모른다.

소리가 줄어든 거리 위로 맑게 열린 하늘을 상상해 보라. 또렷해진 호흡과 발걸음 하나하나가 더 선명하게 느껴지지 않겠는가. 그래서 어떤 러너들은 말하곤 한다. 기록은 봄에 좋아지고 실력은 겨울에 만들어진다고 말이다.

물론 무리해서는 안 된다. 몸이 보내는 신호를 매우 존중해야 한다. 손발 감각이 둔해지거나 떨림이 심해진다면 속도를 줄이고 몸을 따뜻하게 해야 한다. 러닝은 용기가 필요하지만 동시에 지혜가 필요한 법이다.

겨울을 꾸준히 달린 사람은 봄이 왔을 때 자신이 얼마나 강해졌는지 알게 된다. 차가운 공기를 견디며 쌓아 올린 시간은 결코 자신을 배신하지 않는다는 법을 깨닫게 된다. 결국에 중요한 것은 한 가지다. 몸을 보호하면서 달리는 것 말이다.

준비된 러너에게 추위는 절대 장애물이 아니다. 오히려 최고의 훈련장이 된다. 오늘도 밖이 춥다고 느껴진다면 이렇게 생각해 보자. 지금 이 온도는 나를 더 단단하게 만들 기회라고 생각하자.

모자를 쓰고 장갑을 끼고 목을 감싸라. 그리고 천천히 첫걸음을 앞을 향해 내딛어라. 차가운 공기 속에서 뛰기 시작하는 순간에 우리는 이미 어제보다 강한 러너가 되어 있을 것임을 확신할 수 있을 것이다.

더운 날씨에 달리기

더운 날은 누구나 달리기를 망설인다. 햇빛은 무겁고, 공기는 끈적하지 않나. 한 걸음 내딛기도 전에 땀이 먼저 흐르겠지. 그래서 많은 러너들이 여름을 훈련의 공백기로 만들어버린다.

그러나 역설적이게도 더위는 또 하나의 훌륭한 훈련장이 될 수 있다. 더위에 적응한 사람은 계절이 바뀌었을 때 훨씬 가볍게 달린다. 몸은 환경에 놀랄 만큼 빠르게 적응하는 기관이기 때문이다.

더운 날 달리기를 시작하면 가장 먼저 일어나는 변화는 혈액의 이동이다. 체온이 올라가면 몸은 열을 밖으로 내보내기 위해 혈액을 피부 표면으로 보낸다. 수천 개의 작은 모세혈관이 열리고 그 길을 따라 뜨거운 혈액이 퍼진다. 피부는 붉어지고 땀은 고인다. 몸을 식히기 위한 자연스러운 장치다.

하지만 이 과정에는 대가가 따르게 된다. 근육으로 가야 할 혈액 일부가 피부로 향한다는 점이다. 세포에 산소를 공급하고 노폐물을 제거해야 할 혈류가 줄어들면서 근육 능력도 떨어진다. 평소보다 속도가 나지 않는 이유가 바로 여기에 있다. 그런데 더운 날 기록이 좋지 않다고 해서 실망할 필요는 없다. 그것은 의지의 문제가 아니라 생리적 한계이기 때문이다.

훈련을 계속하면 몸은 조금씩 변하게 되는 것이다. 땀 분비가 더 빨라지고, 체온 상승도 완만해진다. 피부 아래에는 마치 작은 저장고처럼 수분이 준비된다. 낭비할 정도는 아니지만 필요할 때 즉시 열을 식힐 만큼 충분하다. 일종의 보호 본능이랄까. 이런 변화는 몇 달만 지나도 눈에 띈다. 숨이 덜 가쁘고 회복도 빨라진다. 더위가 더 이상 두려운 적이 아니라 관리 가능한 조건으로 바뀌는 순간이다.

그렇다고 해서 무리해서는 안 된다. 기온이 30도를 넘으면 누구에게나 불편하지 않겠는가. 이때는 속도를 낮춰야 한다. 달리기는 고집이 아니라 판단의 운동이다. 이럴 때는 천천히 뛰는 것이 오래 뛰는 방법이다.

열 훈련은 열 속에서 가장 잘 이루어진다. 어떤 러너들은 더위를 대비하기 위해 일부러 온도를 높인다. 날씨가 선선할 때도 옷을 한 겹 더 입고 달리며 몸을 따뜻하게 만든다. 처음에는 몇 분만 뛰어도 충분하다. 이후 점차 거리를 늘린다. 일주일에 두세 번이면 적당하다. 중요한 것은 꾸준함이지 과감함이 아닌 것이다.

수분 섭취는 더운 날 달리기의 핵심이다. 깨어 있는 동안에는 매시간 조금씩 물을 마시는 습관을 들여야 한다. 갈증을 느낄 때는 이미 늦은 경우가 많다. 몸은 신호를 보내기 전에 이미 수분을 잃고 있기 때문이다.

복장은 가능한 한 가볍게 한다. 몸이 열을 배출하려면 혈액이 자유롭게 근육과 피부 사이를 오가야 한다. 무거운 옷은 그 흐름을 방해한다. 덥고 습한 날에도 통풍이 잘되는 옷이 좋다. 그렇다고 아무것도 입지 않는 것이 능사는 아니다. 강한 햇빛은 피부를 지치게 만든다. 얇지만 피부를 덮어주는 옷이 오히려 도움이 되지 않겠는가.

구멍이 숭숭 뚫린 망사 소재는 훌륭한 선택이다. 공기를 통하게 하고, 적당히 수분을 머금는다. 땀이 증발하면서 몸을 식히는 데 큰 역할을 한다. 러너에게 옷은 장식이 아니라 장비라고 할 수 있을 것이다.

더운 날에는 평소보다 훨씬 많은 음료가 필요하다. 가장 흡수가 빠른 것은 찬물이다. 여기에 마그네슘과 칼슘이 들어 있는 전해질 음료를 더하면 좋다. 땀과 함께 빠져나가는 미네랄을 보충해주기 때문이다. 하루에 180~240밀리리터 정도의 물을 여러 번 나누어 마시면 부담이 없다. 한 번에 많이 마시는 것보다 훨씬 효과적이기 때문이다.

반대로 피해야 할 것도 있다. 커피와 알코올은 이뇨 작용을 한다. 들어온 양보다 나가는 양이 많아진다. 더운 날에는 작은 손실도 크게 느껴진다. 훈련 기간만큼은 절제가 필요하다.

더위 속에서 가장 큰 위험은 탈수라는 것이다.

입이 마르고 어지러우며 갑자기 힘이 빠진다면 이미 신호가 시작된 것이다. 장거리 달리기를 할 때는 뛰기 전부터 물을 마셔야 하고 달리는 동안에도 보충해야 한다. 물병을 들고 뛰거나 급수 지점을 정해두는 것도 좋은 방법이다. 준비된 러너는 위기를 만들지 않는다는 점이다.

흥미로운 사실은 더위가 근육을 단련시킨다는 점이다. 몸은 끊임없이 열을 식히려 하면서 동시에 움직여야 한다. 이중의 부담 속에서 근육은 더 효율적인 방식으로 에너지를 사용하게 된다. 그래서 여름을 잘 보낸 러너는 가을에 놀라운 성장을 경험하는 것이다.

그러나 무엇보다 중요한 것은 자기 몸의 목소리를 듣는 일이다. 기록보다 건강이 먼저이기 때문이다. 달리기는 하루로 끝나는 운동이 아니다. 오랫동안 이어가기 위한 습관이다. 더운 날 달리기는 아주 불편하다.

숨은 무겁고 옷은 금세 젖지 않는가. 그리고 발걸음은 평소보다 아주 느리겠지. 그럼에도 불구하고 그 길 위에 서는 사람만이 얻는 것이 있다. 인내와 조절 그리고 자신을 이해하는 감각이지. 달리기는 결국 환경과의 싸움이 아니라 자신과 싸움이고 자기 몸과 나누는 대화인 것이다.

추운 날에도 더운 날에도 몸은 다른 언어로 말을 건다. 그 언어를 잘 알아듣는 러너는 그렇지 못한 러너보다 더 잘 달리며 더 오래 달린다. 여름 한가운데를 통과하고 나면 깨닫게 되는 것이 있다. 더위는 장애물이 아니라 또 하나의 스승이었다는 사실을 말이다.

러닝 인구 천만 시대에

요즘 거리를 나서 보면 달리는 사람들이 눈에 띄게 늘었다. 새벽 공원을 가도 그렇고 한강 변을 걸어도 그렇다. 심지어 도심 골목을 지나도 러너들의 발걸음이 끊이지 않는 듯하다. 국내 러닝 인구는 약 천만 명으로 추산된다. 이렇듯 숫자만 보아도 하나의 거대한 달리기 문화가 형성되고 있음을 알 수 있다.

5km, 10km, 하프 코스 대회는 보통 한 달 전에 접수가 마감된다고 한다. 참가하고 싶어도 자리를 구하지 못하는 경우가 흔하다. 그만큼 달리기는 더 이상 특별한 사람들의 운동이 아니다. 누구나 시작할 수 있고, 누구나 즐길 수 있는 생활 운동이 되었다.

하지만 빛이 강해질수록 그림자도 짙어진다. 러닝 인구가 늘어나면서 부상 역시 함께 증가하고 있다. 달리기는 단순해 보이지만 몸 전체를 사용하는 운동이다. 특히 반복적인 충격이 쌓이기 때문에 작은 방심이 큰 부상으로 이어질 수 있는 것이다.

러너들이 가장 다치기 쉬운 부위는 어디일까. 바로 발과 발목이다. 우리의 체중을 온전히 받아내면서 동시에 앞으로 나아가게 하는 핵심 구조이기 때문이다. 주의해야 할 급성 외상에는 여러 가지가 있다.

발목 인대 손상, 발목 골절, 종아리 근육 파열 그리고 아킬레스 힘줄 파열이 대표적이다. 이러한 부상은 한순간에 발생한다. 대부분 괜찮겠지라는 생각에서 시작된다. 그러나 중장기적으로는 또 다른 문제가 기다리고 있다.

아킬레스건염이나 족저근막염 같은 만성 질환이 기다리고 있다. 처음에는 단순한 피로처럼 느껴지지만, 시간이 지날수록 통증이 깊어지고 회복도 더디다. 그래서 중요한 것은 치료보다 예방이라고 할 수 있다.

러닝 후 갑자기 발목 통증을 느꼈다면 가장 먼저 인대 손상을 의심해야 한다. 인대에 염좌가 생기는 것은 러너들에게 가장 흔한 사례다. 달리다가 발을 접질렀을 때 우리는 흔히 그냥 삐었다고 말한다. 그리고 며칠 쉬면 괜찮아질 거라 생각하지 않는가.

그러나 방치는 금물이다. 제대로 치료하지 않으면 관절이 불안정해지고 결국 만성 통증으로 이어질 수 있다. 필요하다면 전문적인 진료를 받아야 한다. 빠른 판단이 회복을 앞당긴다는 사실을 꼭 기억하자.

달리던 중 종아리에서 뚝하는 소리를 들었다면 더욱 주의해야 한다. 근육 파열이나 아킬레스 힘줄 파열일 가능성이 높다. 통증과 함께 멍이 들거나 붓는 증상이 나타나고 시간이 지날수록 심해진다. 특히 뒤꿈치를 제대로 들 수 없다면 지체하지 말고 병원을 방문해 전문의의 검사를 받아야 한다.

종아리 근육이 당길 때는 즉시 강도를 낮추고 아이스팩을 사용하는 것이 도움이 된다. 차가운 찜질은 염증을 줄이고 통증을 완화한다. 작은 조치처럼 보이지만 회복 속도를 크게 좌우하는 태도다.

달리기는 접근하기 쉬운 운동이다. 특별한 장비나 복잡한 기술이 필요하지 않다. 바로 그 점 때문에 위험도 숨어 있는 것이다. 사람들은 대개 준비 없이 시작하고, 욕심을 내어 달리는 거리를 늘린다. 그런데 알아야 할 것은 몸의 신호를 무시하면 부상은 시간문제라는 점이다.

그래서 러너에게 가장 먼저 필요한 것은 자기 몸에 맞는 장비다. 특히 러닝화는 단순한 신발이 아니다. 충격을 흡수하고 발의 균형을 잡아주는 보호장치다. 발 모양과 사이즈에 맞지 않는 신발은 작은 통증을 반복시키고 결국 큰 부상을 만드는 요인이 된다.

운동 전후 스트레칭 역시 반드시 습관이 되어야 한다. 스트레칭은 근육과 힘줄을 부드럽게 만들고 관절의 움직임을 안정시켜준다. 그런데 준비되지 않은 근육은 더 쉽게 손상당한다. 반대로 잘 풀린 근육은 더 오래 더 안전하게 달릴 수 있게 하는 것이다.

러닝 전에는 반드시 몸을 깨우는 스트레칭을 해야 한다. 그리고 러닝 후에는 꼭 긴장을 풀어주는 스트레칭을 하는 게 좋다. 이 단순한 과정이 러닝 수명을 결정한다 해도 과언이 아니다. 또 하나 기억할 점이 있다. 통증은 적이 아니라 신호다. 몸이 보내는 경고를 무시하지 말라. 하루 쉬는 것이, 두 달 쉬는 것보다는 훨씬 낫다는 점을 인식하라.

우리는 종종 꾸준함을 미덕으로 말한다. 근데 이게 맞는 말이긴 하다. 그러나 지혜 없는 꾸준함은 오히려 독이 된다는 점을 명심해야 한다. 때로는 멈추는 용기도 러너의 중요한 자질이 되는 것이다. 달리기의 목적은 오직 기록만이 아니다. 건강을 생각하며 아주 오래 달리는 것이다. 평생 달릴 수 있는 몸을 만드는 것이 가장 현명한 생활 태도인 것이다.

러닝 인구 천만 시대 아닌가. 이제 달리기는 하나의 유행을 넘어 삶의 방식이 되고 있다. 그렇다면 우리의 태도도 달라져야 한다. 무작정 뛰는 시대에서 건강하게 달리는 시대로 나아가야 한다는 말이다.

부상을 예방하는 일은 거창하지 않다. 몸에 맞는 장비를 갖추고, 스트레칭을 생활화하면서 통증을 무시하지 않는 것이다. 이 기본만 지켜도 대부분의 위험은 피할 수 있다. 기억하자. 가장 훌륭한 러너는 가장 빠른 사람이 아니라 가장 오래 달리는 사람이라는 것을 말이다.

오늘도 길 위에 나설 당신에게 이 한마디를 전하고 싶다. 서두르지 말라. 몸을 아끼며 달려라. 그래야 내일도 그다음 날도 다시 달릴 수 있을 것이다.

제4장 이재명 정부와 서울

이재명 정부의 달리기 기법

이재명 정부가 출범하면서 우리는 남북 관계에 큰 기대를 지녔다. 하지만 여전히 냉랭한 분위기를 편승하고 있다. 그리고 우리가 추진하고 있는 평양을 잇는 릴레이 마라톤은 아직 출발하지 않았다. 갈 길은 아주 멀고 험난하며 지루할 것이다.

그러나 출발선은 이미 그려져 있다. 그것은 도로 위의 흰 선이 아니라, 정치가 만들어야 할 신뢰의 선이라 할 수 있다. 우리가 선수가 되어 쥐고 달릴 바통은 가볍지 않다. 지난 수십 년의 적대, 불신, 오해가 응축된 무게인 것이다. 그래서 이 경주는 단거리도 속도전도 아니다. 멈추지 않고 이어가는 것이 목표인 장거리 릴레이기 때문이다.

2025년 6월 4일 출범한 이재명 정부의 기조는 무엇인가. 특히 외교·안보의 기조를 보면 국익 중심의 실용외교로 설정하지 않았나. 이는 구호가 아니라 방법론의 전환이다. 적대적 상호주의 즉 상대가 적대하면 나도 적대하는 방식에서 벗어나 먼저 완화의 제스처를 보내 반응을 유도하는 우호적 상호주의 전략으로의 이동한 것이다.

새 정부는 이 전환을 소리 없이 실행했다. 6월 12일 대북 확성기 방송을 중단했고, 7월 9일에는 북방한계선을 넘은 북한 주민 여섯 명을 해상으로 송환했다. 국가정보원이 반세기 동안 유지해온 대북 라디오 방송을 중단한 결정은 특히 상징적이었다. 말보다 행동이 앞섰다고 볼 수 있다.

이러한 조치들은 서울에서 첫 주자가 출발하며 바통을 움켜쥔 장면과 닮아 있다. 관중의 환호도 상대의 즉각적 반응도 없을 것이다. 그러나 출발은 분명하지 않은가. 그리고 그 방향은 대화라고 할 수 있다.

이재명 대통령은 2025년 광복절 경축사에서 그 방향을 언어로 실천하고자 했다. 북한 체제 존중, 흡수통일 불추구, 일체의 적대행위 배제를 강조했다. 이는 과거의 모호한 표현과 달리 명확한 원칙 선언이었다. 남북기본합의서에서 판문점 선언, 9·19 군사합의에 이르기까지 기존 합의의 정신을 계승하면서 즉시 이행 가능한 사안부터 실천하겠다는 약속도 덧붙였던 셈이다.

이 경축사는 축사가 아니라 마라톤에 비유하자면 코스 설명서에 가깝다. 먼 결승선을 약속하지 않는다. 대신 지금 달릴 구간을 제시한다. 군사적 긴장 완화, 우발적 충돌 방지, 신뢰 회복 등등. 엉킨 실타래일수록 차근차근 풀어야 한다는 표현에는 속도를 경계하는 인식이 담겨 있지 않나. 마라톤에서 무리한 페이스는 탈락으로 이어지지 않나 말이다. 우리는 종종 풀코스 마라톤에서 무리한 페이스를 하다가 무너진 장면을 수없이 목격하지 않았나.

그러나 평양의 반응은 냉담했다. 김여정 당 부부장은 여러 차례 담화를 통해 한국의 신호를 일축했다. 한미동맹에 대한 맹신, 계속되는 합동 군사훈련을 문제 삼으며 기존 정부와 다르지 않다고 비판했다. 이는 상대 주자가 아직 바통을 받을 준비가 되어 있지 않다는 신호다. 특히 경축사에서 한미 군사훈련에 대한 언급이 빠진 점은 북한에게 명분의 공백으로 읽혔을 가능성이 크다. 그 경축사를 우리는 환영한다. 8월 말 예정된 한미 정상회담을 앞둔 전략적 판단이었겠지만, 평양의 시계는 다르게 움직이기 때문이다.

그렇다고 해서 이 경주가 실패한 것은 아니다. 릴레이에서 중요한 것은 다음 주자를 설득하는 과정이다. 이를 위해 이재명 정부가 견지해야 할 원칙은 분명하다. 첫째, 북한 체제 존중과 적대행위 중단을 일관되게 증명해야 한다. 선언은 문서와 행동으로 반복될 때 신뢰가 된다.

둘째, 대화의 제도적 복원이 필요하다. 단절된 연락선을 복구하고, 적십자·군사·경제 채널을 단계적으로 재가동해야 한다. 대화는 이벤트가 아니라 구조라고 할 수 있다.

셋째, 한반도 비핵화와 평화체제를 병행하는 단계적 프레임워크가 요구된다.

동결, 감축, 폐기의 순서는 정치적 상호성 없이는 작동하지 않는다. 북한이 요구하는 체제 보장은 비핵화의 반대말이 아니라 조건이다. 평화체제 논의가 결여된 비핵화는 출발선 없는 경주와 같은 것이다.

넷째, 북미 관계 개선을 적극적으로 지원해야 한다. 서울은 더이상 수동적 전달자가 아니라 설계자가 되어야 한다. 한미 간 조율을 통해 비핵과 체제 보장을 균형 있게 묶는 모델을 제안하고, 국제적 지지를 확보해야 하는 것이다.

서울-평양 릴레이 마라톤은 상징이다. 그러나 상징은 현실을 견인할 때 힘을 가진다. 시민, 체육, 문화의 교류는 정치가 멈춘 구간을 이어 달릴 수 있는 것이다. 우리가 이 프로젝트를 추진하는 까닭이다. 바통을 넘기는 손이 정부에서 민간으로, 다시 정부로 이어질 때 경주는 계속된다. 완주는 장담할 수 없지만, 출발을 멈추면 결승선은 영원히 오지 않을 것이다. 따라서 남북 평화와 화해의 장은 아주 멀어질 수 있는 것이다.

지금의 남북 관계는 숨이 가쁜 구간이다. 그렇기에 페이스 조절이 필요하다. 조용한 실천, 절제된 언어 그리고 반복되는 신뢰의 축적이 필요하다. 이것이 이재명 정부가 선택한 달리기의 주법이다.

서울에서 시작된 이 달리기가 언젠가 평양의 주자에게 바통을 건네는 장면을 우리는 상상할 수 있다. 마라톤은 희망으로 뛰지 않는다. 훈련과 인내로 완주하는 것이다. 한반도의 평화도 이와 마찬가지다. 당연한 논리 아닌가.

빛났던 광복절 선언

서울에서 평양으로 이어지는 릴레이 마라톤을 준비하는 일은 생각보다 많은 인내를 요구한다. 노선을 긋는 일보다 어려운 것은 상대가 그 노선을 인정하지 않을 가능성을 받아들이는 일이다. 언제나 중차대한 일일수록 돌발상황에 대응하는 능력을 갖추어야 하지 않겠는가. 출발선에 섰다고 해서 상대가 동시에 출발해 주리라는 보장은 없기 때문이다. 지금의 남북관계가 바로 그렇다는 것이다.

이재명 대통령 8·15광복절 축사

이재명 정부가 출범한 이후 내놓은 새로운 대북정책의 기조는 분명하다. 대화와 협력, 체제 존중, 흡수통일 불추구 등등. 확성기 방송 중단에 이어 북방한계선을 넘은 북한 주민 송환을 과감히 이루었다. 그리고 대북 라디오 방송 중단은 말이 아닌 행동으로 보낸 신호였던 것이다. 또한 2025년 광복절 경축사는 그 행동들을 하나의 원칙으로 묶어낸 선언이나 다를 바 없었다. 서울은 조용히 첫 주자로 나선 셈이 아닌가.

그러나 평양의 반응은 예상보다 거칠었다. 김여정 부부장은 8월 18일 담화에서 이재명 대통령의 경축사를 기만적인 평화 제스처로 규정했다. 북측은 우리의 선의의 태도조차 애써 부인하려 하는 것이다. 새 정부의 정책을 흡수통일 망상에 기초한 위선이라 몰아붙이지 않았는가.

대통령 개인을 향해 미국의 충성스러운 하수인이라는 표현까지 서슴지 않았다. 이는 단순한 감정적 반발이 아니었다. 뼈에 새길 수 있는 골언(骨言)이었다. 남북관계를 더이상 민족 내부의 문제로 보지 않고, 국가 대 국가의 적대관계로 재정의하려는 분명한 의도가 담겨 있었다.

김여정은 마주 앉을 일도 없다며 말의 포문을 열었다. 그리고 논의할 문제도 없다고까지 완강한 선을 그었다. 남북관계의 단초(緞綃)를 선수(先手)를 써가며 애써 외면한 셈이다. 나아가 남한을 북한 헌법상 적대국으로 명시해야 한다는 주장까지 꺼냈다.

이는 대화 차단을 넘어서 향후 군사적 긴장 고조나 외교적 고립 전략을 정당화하기 위한 사전 정지 작업으로 보인다. 바통을 건네려는 손을 외면하고 트랙 자체를 끊어버리겠다는 선언에 가깝지 않은가. 이는 국제적 교류의 규범에도 결례를 넘어 아주 무례한 행위로 받아들여지는 것이다.

이 반응은 세 가지 함의를 갖는다. 첫째, 내부 결속이다. 외부의 위협을 강조함으로써 체제의 정당성을 강화하려는 오래된 방식이다. 둘째, 대화의 명분 차단이다. 남측의 평화 제안마저 위선(僞善)으로 규정함으로써 향후 도발의 책임을 상대에게 전가하려는 계산이 깔려 있다.

셋째, 남한을 미국의 대리인으로 규정함으로써 국제적 대결 구도를 고착화하려는 선전 전략이다. 이러한 반응은 선전적 성격이 강하거나 새 정부의 정책을 의도적으로 오인하고 있거나 혹은 이해하지 않으려는 선택일 가능성이 크다고 하겠다.

서울의 대응은 신중해야 한다. 무대응은 담화의 열기를 식힐 수 있지만, 국내 비판과 추가 도발의 가능성을 남기기 때문이다. 선별적 반박은 비하 표현을 넘어서 평화 의지를 강조함으로써 국제적 지지를 확보할 수 있다.

전면 반박은 논리적 우위를 확보할 수 있으나 남북관계를 다시 극단의 대결 국면으로 밀어 넣을 위험이 있다. 마라톤에서 상대의 페이스에 휘말리면 완주가 어려운 것과 유사하다고 할 것이다.

결국, 지금의 남북 상황은 접점 없는 평행선이다. 이재명 대통령은 신뢰와 존중을 바탕으로 한 단계적 접근을 시도했지만, 북한은 이를 체제 생존을 위협하는 전략적 기만으로 해석하지 않았겠는가.

이 구조적 충돌은 향후 남북관계의 중요한 분기점이 될 것이다. 그렇기에 일관성이 중요하다. 한 번 건넨 바통을 다시 거두는 순간 경주는 끝난다. 우리는 출발선을 출발해 차질없이 결승선에 당도해야 한다.

남북 간 직접 대화의 전망은 그리 밝지 않다. 평양은 서울과 마주 앉는 것을 거부하고 있지 않은가. 그러나 북한의 외교는 언제나 단선적이지만은 않았다. 북미 대화가 재개된다면, 남북 대화는 우회적으로 복원될 가능성이 크다.

북한은 미국과의 협상을 통해 명분과 체면을 확보하려고 할 것이다. 그런 다음 남측과의 접촉으로 이동해 온 전례가 있기 때문이다. 이재명 정부 역시 이 구조를 인식하고, 9·19 군사합의 복원과 같은 강력한 선제 조치를 통해 간접 경로를 준비하고 있을 것이다.

서울시 육상연맹이 준비하는 서울·평양 릴레이 마라톤은 그래서 의미가 있다. 정치가 멈춘 구간을 시민과 주민이 이어가는 상징적 경주라고 할 수 있다.

눈에 훤히 보이는 외교가 바로 서울 평양 릴레이 마라톤 경주가 아니겠는가. 상대가 아직 바통을 받을 준비가 되지 않았더라도 우리는 출발을 멈추지 않을 것이다. 릴레이 마라톤은 상대를 이기기 위한 경기가 아니지 않은가. 함께 완주하기 위한 약속이 바로 서울 평양 릴레이 마라톤 경주다.

지금은 상징적으로 보면 숨이 몹시 찬 구간이다. 그러나 달리기를 멈추지 않는 한 다음 교대 지점은 반드시 온다는 점이다. 남북관계도 이와 마찬가지다. 적대적 언어가 오갈수록 더 낮은 자세로 페이스를 유지해야 한다. 바통을 떨어뜨리지 않는 것, 그것이 바로 지금 서울이 해야 할 일이다. 서울시 육상연맹이 주인이 되어 완성해야 할 일이라고 생각한다. 우리의 완주(完走)는 아직 멀었다. 그러나 경주는 계속되고 있는 것이다.

비공식 숨은 통로의 역할

우리는 거리낌 없이 바통을 내밀고 있다. 하지만 김정은 정권이 어떻게 반응할지 아직 결론을 내리기에는 이르다는 판단이다. 설령 상대가 등을 돌린다고 해도 우리는 계속 교류의 팔을 내밀 것이다.

이재명 정부가 출범 이래 북측과 조용히 우호적 제스처를 쌓아 올리고 있지 않나. 우호의 신호가 평양에 닿을지도 미지수고, 설령 평양에 닿는다 쳐도 날선 말로 되돌아올지 아무도 모른다. 김여정 부부장의 담화를 통해 냉정하게 분석해보면 단호히 차단할 것이라 우려가 앞서는 것도 사실이다.

우리의 호의를 그들은 기만적 평화 제스처라고 매도하고 있지 않은가. 흡수통일 망상이라 우기며 우호의 제스처를 완전히 차단하고 있다. 김여정의 언어는 손을 내미는 방식이 아니라, 문을 닫는 방식으로 채택되었다. 그 문장들 속에서 우리와 쉽사리 대화의 목표에 안착하기는 어려울 것이다.

이 반응은 단순한 반박을 넘어선다. 남북을 민족 내부의 관계가 아니라 국가 간 적대관계로 살벌하게 규정하려는 시도이며 선언이라 할 수 있다. 마주 앉을 일도 없다는 말은 협상의 부정이 아니겠나. 적대국 명시는 긴장을 고착화하는 멘트라 할 수 있다.

김여정의 말의 수위가 곧 남북 정책의 방향을 예고하는 그림이다. 그 예고는 군사적 대치의 강화와 외교적 고립을 일상화하는 것으로 받아들여진다. 우리의 판단이나 해석이 틀리기 바라고 오해이기를 바라지만 그럴 가능성은 희박할 것이다.

그럼에도 이 장면을 단순한 태도로 읽을 수는 없다. 강경한 언어는 내부 결속을 위한 장치이기도 하기 때문이다. 평화 제안마저 위선으로 규정하는 저들의 태도는 대화의 문을 닫는 동시에 향후 비난받을만한 행동의 명분마저 확보할 심산일지 모른다.

남측을 미국의 대리인으로 호명하는 방식은 외세 종속 프레임을 강화해 국제적 대결 구도를 고착시키려는 계산이 깔려 있다. 선전 선동의 방식이며 매 사건에 대응하는 저들의 방식이 분명하다.

이재명 정부를 대변한 서울의 선택지는 많지 않다. 즉 서울시 육상연맹이 아무리 현 정부의 힘을 등에 업는다고 하더라도 북측의 무대응 강도를 녹일 공간을 확보하기 어려울 것이다.

북측의 무대응은 남북 관계의 공백에 많은 물을 끼얹는다. 북의 이러한 행동은 남북 관계의 호전에 무한한 공백을 남길 수 있다. 북측은 자기에게 불리한 부분은 선별적으로 반박하는 태도를 지니기 때문이다.

그들의 비하에도 불구하고 우리는 국제 관계의 원칙을 강조하며 국제적 신뢰를 쌓을 수 있다. 하지만 북측의 노골적인 외면은 결코 쉬운 상황은 아니라는 점이다. 그들은 나름의 논리를 내세워 반박하려고 한다.

우리가 자칫 그들의 행동에 부화뇌동해서 똑같이 적대적인 행동을 한다면 양측 관계는 더 깊은 대결의 장으로 몰린다. 마라톤에서 상대의 급가속에 맞서 속도를 올리면 결승선은 멀어지는 것처럼 남북 관계 역시 페이스 관리가 따른다고 할 것이다.

이 지점에서 서울시 육상연맹이 구상하는 서울 · 평양 릴레이 마라톤은 하나의 상징이 된다. 릴레이는 혼자의 완주가 아니라 연결의 경기라는 점이다. 다음 주자가 준비되지 않았더라도 첫 주자는 자신의 구간을 성실히 달린다. 바통을 쥔 손의 열기가 식지 않게 하는 일이 바로 책임이다. 남측과 북측은 이 대회를 시작함에 있어서 바통을 내려놓지 않는 것이 신뢰의 최소 조건이라 할 수 있다.

이재명 정부의 접근은 그 최소 조건을 지키는 데 있다. 체제 존중을 말하고 흡수통일을 부정하며 즉시 가능한 조치부터 실행하고자 하지 않나. 이런 전략은 이재명 정부의 장점이며 칭찬받을 만한 전략이라 할 수 있다.

확성기를 멈추고서 남측에 있는 장기 수감자를 돌려보낼 채비를 하지 않았나. 말보다 행동이 앞서는 정책이 지금의 막힌 남북 관계를 뚫을 수 있는 수단인 것이다. 상대가 우리의 이런 전략을 설령 기만으로 읽었을지라도 우리의 진심이 담긴 기록은 영원히 기록에 남지 않겠는가. 기록은 시간이 지나면 빛을 발하고 긍정적인 방향을 잡아주는 구실을 하지 않나.

남북 간 직접 대화의 전망은 지금으로선 어둡다. 그러나 외교는 앞에서도 언급했던 것처럼 일방이나 직선이 아니다. 북미 대화의 재개가 우회로를 만들 수 있다. 우리끼리의 노력을 더하면 훨씬 우회의 거리가 짧아질 것이라고 믿는다.

북측은 체면과 명분을 아주 중시한다. 그들은 국제적 무대에서 관심을 얻으려고 하며, 국제무대에서 균형을 회복하고자 한다. 남측과의 접촉으로 이동하는 경로는 과거에도 반복되었다. 우리는 그 경로를 대비해야 한다. 공식 채널이 닫혀 있을수록 비공식의 숨은 통로는 더 중요해지는 법이다. 따라서 서울시 육상연맹의 역할과 명분을 아무리 강조해도 지나치지 않을 것이다.

릴레이 마라톤의 교대 지점은 눈에 보이지 않을 때가 많다. 코너를 돌아야 나타나기 때문이다. 그때를 대비해 주자는 호흡을 고르고, 일정하게 속도를 유지할 필요가 있다. 지금은 앞서 말한 것처럼 호흡이 차오르는 구간이다.

그러나 멈추지 않는 한 반드시 선수의 교대는 오지 않나. 선수 체인지 바통은 던지는 물건이 아니라 건네는 물건이다. 던지면 부서지고 건네면 이어진다. 남북 관계야말로 이 바통처럼 소중히 다루어져야 한다.

적대적 언어의 소음 속에서도 달리기는 계속된다. 서울에서 시작한 발걸음은 평양을 향해 직선으로 빠르게 가지 않을지 모른다. 굽이치고 돌아가면서 멈칫할지도 모른다. 그럼에도 출발의 의미는 사라지지 않을 것이다. 완주를 약속하지 않는 대신 중단하지 않겠다는 약속이 필요하다. 그것이 지금 우리가 할 수 있는 가장 현실적인 평화라 할 수 있을 것이다.

9·19군사합의 복원과 확성기 멈춤

우리의 희망을 품은 릴레이 바통은 아직 공중에 있다. 평양은 우리에게 아직 손을 내밀지 않았다. 우리는 속도를 높여 달리고 싶은데 상황이 녹록치 않다. 김여정의 매몰찬 담화는 남북의 열린 창문을 닫는 언어였다.

기만술, 우리와 마주 앉을 일이 없음을 선언하지 않았나. 남북을 민족 내부의 문제로 두지 않고 국가 간 적대관계로 고정하겠다는 선언에 가깝다. 헌법의 문장까지 거론되는 순간에 대화는 기술이 아니라 사상의 문제가 된다.

그래서 지금 남북 사이의 직접 대화는 쉽지 않다. 그러나 외교는 늘 다층적인 것이다. 방법은 항상 있다는 말이다. 북미 대화의 재개는 딱딱한 국면을 피해 부드러운 우회적 관문을 열고 들어가는 방식이다.

평양은 늘 국제적 명분과 체면을 중시한다. 북측은 미국과의 무대에서 균형을 회복하고자 한다. 이후 서울로 시선을 옮기는 패턴은 낯설지 않을 것이다. 직접 접촉을 피하면서도 고립을 피하는 전략이고 그사이 나름의 틈이라는 여유가 생긴다.

이재명 정부는 그 여지를 계산하고 있다. 이재명 대통령은 분명히 말보다 행동을 앞세웠다. 9·19 군사합의의 복원을 꺼내 들고 곧바로 확성기를 멈췄다. 즉시 가능한 조치부터 실행하지 않았나. 통일부와 외교부는 북미 대화의 흐름에 맞춘 연계 전략을 준비한다. 제3국의 통로, 국제기구의 완충, 비공식 채널의 유지 등등 말이다. 우리 역시 민간인 출구로 충분히 가치 있는 과정을 만들고 있다.

이 장면을 서울시 육상연맹의 시선으로 보면 더 분명해진다. 서울·평양 릴레이 마라톤은 한 번에 완주하는 경기가 아니다. 구간을 나누고 선수 교대를 설계하고 날씨를 읽어야 한다. 상대 팀이 출발선에 서지 않았다고 해서 우리 팀이 연습을 멈추지 않는다. 이게 남북관계를 향한 민간인의 책무다. 항상 페이스를 유지하며 달리면서 교대 지점을 준비한다. 바통은 던지는 것이 아니라 상대의 손에 잘 건네는 것이다.

한편, 베이징의 톈안먼 망루는 다른 풍경을 보여줬다. 2025년 9월 3일, 전승절 80주년 행사에서 김정은 국무위원장은 국제무대의 중앙에 섰다. 시진핑 주석의 왼편 푸틴 대통령과 나란히 말이다. 세계의 역사에 아주 중요한 장면이었다.

시진핑, 푸틴, 김정은 국무위원장의 세 가지 시선이 인류를 향한 이들의 메시지였다. 북한 김정은 국무위원장은 자신의 존재감을 충분히 과시했다. 북중 관계는 그때 견고해졌고 신뢰를 잃은 부분이 다시 복원되었다. 열병식의 중심에 선 장면은 전략적 품위와 위상을 연출했다. 이게 바로 김정은 국무위원장식 대외관계인 것이다. 우리는 이런 점을 사전에 인식해서 매사의 만남과 이런 행사를 준비할 필요가 있다.

곧이어 열린 북중 정상회담에서 혈맹이라는 말이 언급되었다. 자주권 존중, 외세 간섭 반대, 지역 안정이란 표현은 절제의 형식을 띠었지만 이들이 추구하고자 하는 방향은 공유되지 않았나 싶다.

중요한 것은 이들이 직설적으로 말하지 않은 것들이다. 말의 사이에 존재하는 행간의 언어들 말이다. 즉 비핵화는 언급되지 않았다. 이것은 결코 누락이 아니라 이들의 회담 전략이며 작전이었다.

그 메시지야말로 아주 강력한 것이다. 핵을 협상의 전제가 아닌 체제 안정의 수단으로 고착하려는 의지가 읽히지 않나. 사실 이들의 핵은 체제 안정을 위한 것이지 핵으로 상대방을 공격하겠다는 수단이 아니다. 북중러의 공동 등장은 반서방 연대의 시각적인 모습이었다. 이는 동북아 구도에 파장을 예고한 그림이 되었다.

이 흐름이 협상의 프레임을 바꾸지 않을 수 없을 것이다. 한국과 미국이 붙들어온 비핵화의 문법은 약해질 수밖에 없는 것이다. 그래서 더 정교한 대응이 필요하다. 과도한 반응은 상대의 프레임을 강화한다.

필요한 것은 자율적으로 작동하는 전략이다. 그리고 외교적 전술의 방법을 무시할 수는 없다. 즉 다자외교로 균형을 잡아야 하고 실질적인 협력으로 신뢰를 쌓아야 하는 것이다. 비핵과 평화를 동시에 추진하는 메시지를 국제사회에 재설계해야 한다. 이게 궁극적으로 우리가 바라는 방향이며 전략이라 할 수 있다.

다시 릴레이로 돌아가 보자. 원래 경기라는 것은 강팀이 상대의 페이스에 휘말려 들지 않는다. 자신의 구간을 정확히 달린다. 교대의 순간을 예측하고 바통의 감촉을 유지하고자 한다. 지금 서울의 역할은 그 온도 즉 감촉을 지키는 일이다. 평양이 등을 돌렸다고 해서 바통을 내려놓지 않아야 한다는 점이다. 북미의 구간이 시작되면 남북의 구간은 다시 열린다는 점을 명심할 필요가 있다.

남북 대화의 전망은 단선적이지 않고 복잡하다. 국제 환경에 따라 조금씩 열린다. 그때 남측은 명분과 실익을 함께 준비해야 한다. 인내와 준비 그리고 일관성을 말이다. 이것이 외교의 체력이다. 마라톤의 기본도 이와 같다. 숨이 차는 구간에서 호흡을 고르고 다음 교대를 기다리며 결승점을 향한다.

서울에서 출발한 발걸음은 평양을 향해 곧장 가지 않을지 모른다. 아주 멀리 우회로 돌아갈 수도 있다. 그러나 앞에서도 언급했듯이 출발의 의미는 남는다. 완주를 약속하지 않는 대신에 중단하지 않겠다고 약속한다. 바통은 여전히 우리 손에 있다. 언젠가 교대할 순간을 우리는 기다리고 있다. 그때를 위해 우리는 오늘도 이렇게 달리며 호흡을 가다듬는 것이다.

이재명 대통령이 보여준 지난 8·15 경축사는 구호가 아니라 설계도에 가깝다는 생각이 든다. 이재명 대통령의 연설은 남북관계를 감정의 문제를 배제하고 구조적 문제로 다루지 않았나. 먼저 이런 이 대통령의 태도에 축하부터 보내고자 한다.

첫째, 내부의 신뢰를 복원하자. 둘째, 외부적 외교를 병행하자. 그리고 이 두 개의 축을 고착시키자. 이는 남북관계에 있어서 단기적 성과보다 중·장기적 전환을 겨냥한 점에서 오랜만에 실행을 전제로 한 연설이지 않았나 생각한다.

정책은 방향보다 순서가 중요하지 않을까. 먼저 적대적 관계를 멈추고 신뢰를 쌓아야 한다. 그리고 그 위에서 대화를 복원해야 한다. 이것은 단순해 보이지만 실제로는 고도의 전략을 요구하는 방식이다.

북한의 체제를 존중하되 도발을 억제하고 대화는 하면서도 비핵화의 목표를 잃지 않는 균형이 필요하다는 점이다. 이것을 반응형 외교에서 설계형 외교로의 전환이라고 하는데 바로 남북관계의 발전은 여기에서 시작된다고 본다.

이 구상을 서울시 육상연맹의 눈으로 보면 이해가 아주 빠를 것이다. 서울·평양 릴레이 마라톤은 무작정 달린다고 완주할 수 없다. 구간을 나누고 교대 지점을 정하고 선수의 컨디션도 고려해야 한다. 상대가 달리지 않는다고 해서 경기를 포기하지도 않는다. 중요한 것은 바통을 쥔 손을 내려놓지 않는 일이다.

우리가 늘 강조하고 있는 우호적 상호주의는 바로 그 교대 기술이다. 과거의 강대강, 맞불식 대응은 균형과 페이스를 무너뜨렸다. 이제는 작은 양보로 다음 구간을 여는 전략이 필요한 시점이다. 전근대적인 적대적 상호주의를 폐기하고, 우호적 상호주의로 전환하자는 제안은 최적의 이상론이 아니라 협상을 재개하기 위한 최소한의 조건이라 할 수 있다.

2018년 3월, 김정은 국무위원장은 우리를 향해 분명한 조건을 제시했다. 대북 적대시 정책의 철회 그리고 체제를 안전하게 보장하라. 바로 이러한 두 개의 축이었다. 같은 해 6월 12일 싱가포르 북미 공동성명에는 그 약속이 문장으로 남았다.

그 결과 미국은 북한의 안전보장을 약속했고 북한은 한반도의 완전한 비핵화를 형식상 약속하지 않았나. 그러나 지켜진 것은 아직까지 없다는 점이다. 그런데도 이 합의는 여전히 유효한 출발선이다. 이를 부정하는 순간 레이스는 다시 제자리로 돌아갈 것이다.

이재명 정부가 이 지점을 협상의 출발점으로 수용한다면, 북한을 테이블로 끌어낼 개연성은 커진다고 볼 수 있다. 이는 굴복이 아니라 설계인 것이다. 체제 보장과 비핵화를 맞교환하는 구조를 다시 세우는 일이다. 서울에서 이 프레임을 설계하고 워싱턴과 조율하여 국제사회의 지지를 얻어낼 수 있다면 한국은 중재자가 아니라 전략적 디자이너가 된다는 점이다.

외교는 혼자 뛰는 종목이 아니다. 한미동맹은 기본 페이스다. 그러나 중국과 러시아라는 다른 레인도 동시에 봐야 한다. 미·중·남·북 4자 회담을 통한 평화체제 전환은 단기간에 완성되지 않는다. 하지만 목표로 설정하는 순간 레이스의 방향은 달라진다. 정전에서 평화로 관리에서 전환으로 옮겨가는 것이다.

국내 정치 역시 중요하다. 릴레이는 하나의 팀 스포츠다. 초당적 합의와 국민적 공감대 없이는 교대가 흔들린다. 그리고 외교의 안정성은 내부적 합의에서 나온다. 조급함을 경계하고 일관성을 유지하는 것이 장기간 레이스의 기본이라 할 수 있다.

이제 시선은 다시 평양으로 옮겨간다. 김정은 국무위원장에게도 선택의 시간이 다가온 것이라 할 수 있다. 지도자에게는 언제든 결정의 순간이 온다는 것을 기억할 필요가 있다. 소탐대실의 유혹을 넘어서야 한다. 단기적 체면보다 장기적 체제 보장을 고려해야 한다. 고립된 핵보유국의 상징성보다 평화조약의 실익을 생각해야 한다. 김정은 국무위원장 입장에서는 통 큰 결단이 위험해 보일 수도 있지만, 사실은 가장 안전한 선택일 수 있는 것이다.

서울·평양 릴레이 마라톤은 이제 시작이며 결코 소득 없이 끝나지 않을 것이다. 막을 내리는 것은 모든 소명을 완성할 때나 가능한 일이지 않나. 지금은 이 프로젝트를 교두보에 올리는 일이 중요하다. 이게 지금 상황에서 우리의 사명이다.

손을 잡고 뛰기 시작하면 우리의 목적지가 자연스럽게 다가온다. 지금은 우리가 교대 지점을 향해 달리는 구간이라 할 수 있다. 상대가 비록 손을 내밀지 않아도 우리는 바통을 준비하고 있다. 정책은 선언이 중요한 게 아니라 반복이 중요하다. 지속성이 오래 유지되어야 한다는 것이다. 오늘의 한 걸음이 내일의 접촉을 만든다. 바통은 여전히 우리의 손에 있다. 남과 북의 주민들 사이에서 이러한 레이스는 오래 계속될 것이다.

제5장 러너 5단계

러너의 5단계

제1단계 — 초보자, 멈춰 있던 삶이 움직이기 시작할 때

러닝의 첫 단계는 기록도 속도도 아니다. 습관을 바꾸는 일이다. 그래서 가장 어렵다고 말한다. 초보자 단계의 핵심은 단 하나다. 옛 습관을 버려라. 그런데 말은 간단하지만, 오랫동안 지속한 자기의 삶을 흔드는 일이기에 쉽지 않다.

무엇이든 시작은 불안하다.

엄청난 변화의 순간을 결심해야 한다. 그 결심으로부터 러너의 순간은 시작된다. 마음만 가지고 있다고 다 되는 게 아니다. 행동으로 옮겨야 한다. 게으르고 나태한 상태에서 자신의 몸가짐이나 마음가짐을 변화시키는 첫 번째 과정이 바로 초보자 단계라고 할 수 있다.

달리기를 결심한 순간부터 갈등이 생긴다. 아침에 한 시간 더 자고 싶은 마음이 들지 않겠나. 퇴근 후 소파에 눕고 싶은 유혹은 또 어떻게 한단 말인가.

내일 하지 뭐.

이런 자기 합리화가 망설이게 한다. 몸보다 마음이 먼저 저항하는 것이다. 그동안 유지해 온 생활방식을 바꾸어야 하기 때문이다. 그토록 견고하게 유지해 온 습관을 하루아침에 바꾼다는 게 얼마나 가능하겠는지. 참 어려운 영역이 아니겠는가.

장애물도 생긴다. 함께 놀던 친구들과의 리듬이 어긋난다. 왜 그렇게까지

해? 라는 말을 듣기도 한다. 누구와의 약속시간이 달리기 시간과 겹치면 고민이 깊어진다. 이때 중요한 선택이 있다. 혼자 버티느냐 아니면 새로운 환경을 찾느냐의 갈림길에 서는 것이다.

가능하다면 새로운 러닝 친구를 만나라. 같은 목표를 가진 사람들과의 만남은 생각보다 큰 힘이 된다. 장기적으로 모일 수 있는 그룹을 찾는 것이 무엇보다 좋을 것이다. 주말마다 함께 걷고, 가볍게 뛰고, 끝나고 커피 한 잔 나누는 모임이면 충분하지 않겠는가.

그리고 여유가 생기면 옛 친구들을 설득해 보자. 같이 한 바퀴만 걸어보자는 가벼운 말로 시작하면 된다. 달리기는 혼자 하는 운동이지만, 시작은 함께할수록 쉽다. 특히 함께하는 달리기는 협력하는 마음이 발동하면 에너지가 상승한다.

초보자들이 흔히 빠지는 함정이 있다. 빨리 효과를 보고 싶어 하는 마음이다. 체중 변화, 체력 향상, 정신적 개운함을 단기간에 얻고 싶어진다. 그런데 욕심이 앞서면 몸이 지친다. 초보자 단계에서는 성과를 기대하지 않는 것이 오히려 성과라고 할 수 있다. 오늘의 목표는 단 하나 나갔다 오는 것이면 충분하다.

그래서 우리는 이렇게 권한다. 하루 30분에서 40분, 이틀에 한 번이면 충분하다고 말이다. 부담감을 안고 꼭 뛰지 않아도 된다. 빠르게 걷고 숨이 차면 조깅으로 바꾸면서 다시 걷는다. 중요한 것은 리듬이란 사실이다. 심장이 놀라지 않게 관절이 겁먹지 않게 리듬을 타는 것이다. 이 단계에서는 몸을 설득하는 시간이 또한 필요한 법이다.

대부분에 초보자들은 이 과정을 여러 번 반복한다. 시작했다가 멈추고 다시 시작했다가 또 그만둔다. 그런데 이것은 실패가 아니다. 몸이 배우는 과정이라고 보면 된다. 어느 날 문득 예전보다 숨이 덜 차고 다리가 덜 무겁다는 걸 느끼게 된다. 바로 이 순간이 전환점이 되는 것이다.

진전이 보이면 욕구가 생긴다. 내일도 해볼까? 라는 생각이 든다. 이때 새로운 세상이 열린다. 아침 공기의 냄새가 다르게 느껴진다. 또 밤에 거리가 낯설지 않다. 달리기는 이동이 아니라 하나의 경험이 되는 것이다.

서서히 몸이 길들여지는 것, 이게 진짜 달리기 효과가 아니겠는가. 혈액과 산소의 순환이 힘차게 느껴진다. 심장은 규칙을 찾는다. 그리고 호흡은 나름의 견디는 법도 배운다. 이때 초보자는 조용히 다음 단계로 이동한다. 아직 빠르지 않아도 된다.

아직 멀리 가지 않아도 된다. 이미 중요한 변화는 몸속에서 일어나고 있지 않겠나. 움직이기 시작했다는 것. 그것만으로도 초보자는 충분히 성공했다. 이제 당신은 2단계인 조거로 가는 문 앞에 마주해 있는 셈이다.

제2단계 ― 조거(jogger), 새로운 세계로 들어서다

초보자가 달리기에 몸을 맡기기 시작하면 어느 순간 새로운 문턱을 넘는다. 이거야말로 당연한 이치 아니겠는가. 2단계 조거의 단계가 바로 그런 단계다. 이 단계는 단순히 더 오래 달리는 시기가 아니다. 우리가 추구하는 영역 즉 달리기가 낯선 의무에서 익숙한 즐거움으로 바뀌는 시기인 것이다.

2단계 조거로 발전하는 사람들은 종종 이렇게 말하는 경험을 하게 된다.

요즘 왜 이렇게 달리고 싶지?

이 질문 속에는 이미 답이 들어 있다. 달리기가 습관을 넘어 작은 중독이 되었기 때문이다. 중독이라니? 그러나 걱정할 필요는 없다. 이것은 몸과 마음이 건강해지고 있다는 신호이기 때문이다. 중독 중에서도 아주 좋은 중독이라 할 수 있지 않겠는가.

조거들에게 가장 큰 변화는 스스로에 대한 만족감이다. 기록이 뛰어나지 않아도 괜찮다는 점이다. 남보다 빠르지 않아도 괜찮다. 어제보다 오늘 조금 더 편하게 달렸다면 그것으로 충분하다는 점이다. 달리기를 마친 뒤 느껴지는 잔잔한 성취감은 여러분의 하루를 단단하게 만들 것이다.

이 시기부터 사람들은 달리기의 이점을 또렷하게 이해한다. 먼저 잠자리에서부터 보상이 주어진다. 첫째, 잠이 깊어진다. 둘째, 스트레스가 줄어든다. 셋째, 식사가 맛있어진다. 넷째, 생각이 맑아진다. 이렇듯 달리기는 아낌없는 보상을 제공한다. 그래서 하루라도 뛰지 않으면 묘한 죄의식이 든다는 점이다. 이런 죄의식에 빠지는 것 또한 대단한 경험이 아니겠는지.

오늘 왜 쉬었지?

이런 마음이 고개를 든다. 초보자 때는 달리는 시간이 지루하게 느껴지곤 했지만, 조거에게 지루함은 점점 사라지고 있다. 발걸음이 리듬을 만들고, 그 리듬이 생각을 정리해 준다. 우리는 뛰면서 이런 작은 변화를 느낀다. 조거들은 대개 거창한 계획을 세우지 않는다. 뛰고 싶을 때 뛴다. 시간이 허락할 때 나간다. 이것이 조거의 자유다. 건강한 자가 느낄 수 있는 최고의 자유! 이제 당신은 달리기가 생활 속으로 자연스럽게 스며든 영웅이다.

그러면서도 배우려는 태도는 또한 커진다. 경험 많은 러너들의 이야기에 귀를 기울인다. 책과 잡지를 찾아보고 싶다. 장비에 남다른 관심을 갖기도 한다. 어떤 신발이 좋은지 호흡은 어떻게 해야 하는지 스트레칭은 무엇이 다른지 궁금해진다. 달리기는 이제 하나의 작은 학문처럼 느껴지기까지 한다. 엄청난 변화가 찾아온 것이다.

하지만 이 단계에는 한 가지 주의할 점이 있다. 자기 능력보다 다른 사람의 속도에 맞추려는 경향을 경계해야 한다. 옆 사람이 빠르면 무리하게 따라가고 싶어진다. 더 멀리 더 빨리 뛰어야 할 것 같은 압박도 생긴다. 그러나 달리기, 마라톤은 비교의 운동이 아니다. 자신의 호흡을 잃는 순간 즐거움도 사라지는 운동이다.

조거들은 혼자 뛰는 것보다 함께 달리는 그룹을 좋아한다. 우리는 간혹 강변을 달리는 경쾌한 무리를 볼 때가 있다. 같은 방향으로 경쟁하지 않고 달리는 사람들과의 연대감은 예상보다 깊다. 출발선에 함께 서고 같은 바람을 맞으며, 같은 결승선을 향한다는 사실만으로도 그들은 마음이 가까워지게 된다.

여기서 흥미로운 점은 태도의 변화다. 초보자들은 그룹 속에서 튀지 않으려고 애쓴다. 그러나 조거들은 조금은 다르다. 자신의 존재를 드러내고 싶어 한다. 앞줄에 서 보고 싶고 기록도 남기고 싶은 것이다. 이것은 성장의 자연스러운 표현이라 할 수 있다.

마라톤을 향한 어떤 조거들은 달력에 10km라고 적어 놓는다고 한다. 미국 유명한 선수의 이야기처럼 이 10km는 단순히 거리상의 10킬로가 아니다. 그 표시는 단순한 숫자가 아니라는 뜻이다. 내일 다시 운동화를 신게 만드는 징검다리의 숫자라고 한다. 몸이 받아들이며 준비하는 열정, 작은 목표가 다음 행동을 이끈다는 것이다.

조거는 아직 경쟁을 위해 달리지 않는다. 하지만 경쟁에 대한 감각은 서서히 자란다. 누군가를 이기기 위해서가 아니라 어제의 나를 넘어서기 위해서 달린다. 여전히 자신과 싸움을 염두에 두고 달리는 것, 이것이 건강한 경쟁이라 할 수 있다.

물론 멈추는 날도 있다. 부상이 찾아오기도 하겠지. 비바람이 길을 막기도 하지 않을까. 함께 뛰던 파트너가 사정으로 나오지 못할 수도 있고. 그럴 때 조거는 잠시 휴식을 취한다. 중요한 것은 대부분 다시 돌아온다는 사실이다. 그는 달리기의 기쁨을 이미 알기 때문이다.

조거 단계는 화려하지 않다. 그러나 화려하지 않은 대신에 매우 중요하다. 이 시기를 지나며 사람은 깨닫는다. 달리기는 특별한 사람이 하는 운동이 아니라는 점을 말이다. 누구나 마음을 먹으면 계속할 수 있는 운동이라는 것을 말이다.

오늘도 운동화를 묶고 밖으로 나서는 순간 조거는 또 한 걸음 성장하고 있다. 우리가 비록 그럴싸한 선수는 아니라도, 이미 러너의 길 위에 서 있다. 이 믿음 하나만으로 누구보다 만족하고 미래를 기대할 수 있는 대단한 선수가 되어 있을 것이다.

제3단계 — 경쟁자

달리기를 계속하다 보면 어느 순간 경쟁이 주요한 원동력이 되는 단계에 들어선다. 우리는 이런 단계를 본능적으로 기대하고 있는지도 모른다. 인간에게는 본능적인 경쟁심이 있기 때문이다.

처음에는 그 존재를 잘 느끼지 못하지만, 일정한 거리와 시간을 꾸준히 쌓아가다 보면 그 심리가 자연스럽게 표면으로 떠오른다. 이런 과정이 아주 자연스러운 인지상정의 과정이라 할 수 있지. 중요한 것은 이 경쟁심을 어떻게 다루느냐의 문제다. 잘 통제하면 강력한 동기가 되고, 잘 통제하지 못하면 달리기 자체를 흔드는 불안이 되는 것이다.

경쟁은 훈련을 자극한다. 러너는 더 이상 막연히 달리지 않는다. 그는 목표가 생기고, 그 목표에 맞추어 계획을 세운다. 기록을 아주 단축하고 싶고, 어제의 자신을 이기고 싶을 것이다. 그리고 때로는 눈앞의 경쟁자를 넘어서는 꿈마저 꾸게 된다. 바로 그 순간 러너는 참가자에서 경쟁자로 바뀌는 것이다.

이 단계에 들어서면 더 빨리 달려야 한다는 생각이 마음속에서 자라기 시작한다. 처음에는 그냥 작은 욕망이라 생각할 뿐이다. 그러나 반복되는 훈련 속에서 그것은 점차 강박에 가까운 열망으로 변하게 되는 것이지. 경쟁심은 아주 자극적이게 된다. 기록이 조금만 단축되어도 큰 보상을 받은 듯한 기쁨을 느낀다. 그 기쁨은 다시 훈련량을 늘리게 하고, 러너를 트랙으로 도로로 산길로 불러내는 것이다.

자연스럽게 삶의 많은 부분이 달리기를 중심으로 재편된다. 훈련 방법을 공부하고 준비운동에 더 많은 시간을 들인다. 하물며 영양과 회복에도 신경을 쓴다. 신발 하나를 고르는 일에도 진지해진다. 또한 호흡과 보폭까지 점검한다.

어느새 자신이 이 분야의 작은 전문가가 되어 있음을 발견한다. 새로운 훈련 기술이 등장하면 직접 시도해 보려고 한다. 인터벌과 템포 런, 장거리 주행을 조합하며 자신만의 방식을 만들어 간다.

하지만 이 과정은 언제나 조화롭지만은 않다. 서로 다른 훈련법이 충돌하기도 하고, 몸의 신호와 욕망이 엇갈릴 때도 있다. 그럼에도 경쟁심은 러너를 멈추게 하지 않는다. 오히려 더 앞으로 밀어붙인다. 문제는 이때부터 달리기의 목적이 서서히 흐려질 수 있다는 점이다. 달리는 기쁨보다 기록이 앞서게 되고, 호흡의 리듬보다 순위가 중요하다고 생각해버리는 것이다.

기록이 좋은 친구에게서 들은 방법을 무작정 따라 하기도 한다. 혼자 새벽길을 달리다가도 더 빠른 사람을 찾기 위해 작은 러닝 그룹에 참여할 수도 있다. 함께 달리는 시간은 즐겁지만, 마음속에서는 또 다른 경주가 시작되는 것이다. 훈련마저 경쟁이 되는 순간이다. 페이스는 점점 빨라지고, 러너는 자신을 이기기 위한 속도로 스스로 몰아붙이는 것이다.

그러다 보면 한계를 잊는다. 아직 준비되지 않은 몸으로부터 더 많은 것을 요구한다. 달리고 나면 당연히 휴식이 필요하지만, 경쟁에 사로잡힌 러너는 자신의 몸이 금세 회복될 것이라고 믿을 것이다. 그래서 결국 휴식은 뒤로 밀리고 훈련 계획표만 앞으로 나오는 것이다.

몸보다 먼저 신호를 보내는 것은 자신의 마음이다. 밤에 쉽게 잠들지 못하고, 사소한 일에도 신경이 예민해진다. 이런 자신을 자기 몸이 먼저 깨달아버린다. 가족이나 친구에게 날카롭게 반응하기도 한다.

달리기는 삶을 풍요롭게 해야 하지만, 때로는 주변 사람들을 힘들게 만드는 원인이 된다. 그 사실을 깨닫는 순간 러너는 잠시 멈칫하지만, 경쟁의 흐름은 쉽게 끊어지지 않는다. 그 열망에서 잠시라도 멈추기가 쉽지 않을 것이다.

결국 무리한 압박은 대가를 요구한다. 부상이 찾아오고 병을 앓거나 피로가 누적된다. 몸이 더 이상 협조하지 않을 때 러너는 묘한 배신감을 느낀다. 결국 자기 자신에게 느끼는 배신감이랄 수 있지.

누구보다 노력했는데 결과가 따라주지 않는다고 생각한다. 특출나게 되고 싶었지만, 몸이 말을 듣지 않는다. 몇 년을 달렸음에도 기록이 정체된 것처럼 보일 때, 능률은 사라지고 목표는 멀어지는 듯하다. 소위 달리기의 갱년기가 되는 것처럼 느끼게 된다.

그럼에도 어떤 러너는 문제를 안은 채 다시 달린다. 이거야말로 또한 멈출 수 없는 본능발동인 것이다. 그는 멈추는 것이 곧 패배라고 믿기 때문이다. 그러나 경쟁은 단순히 속도를 겨루는 일이 아니다. 그것을 조화시키는 능력이야말로 더 높은 단계로 가는 조건이다. 우리는 경쟁과 회복, 노력과 절제, 열망과 평온 사이의 균형을 배워야 한다.

우리 몸속에는 아직 사용해 보지 못한 강인함이 숨어 있다. 경주는 그것을 끌어올리는 계기가 된다. 중요한 것은 그 강인함이 파괴가 아니라 성장을 향하도록 방향을 잡는 일이다. 경쟁은 러너를 몰아세우는 채찍이 아니라, 미지의 가능성을 열어 주는 개척자의 역할을 해야 한다.

좌절과 고통 역시 이 단계에서 피할 수 없는 경험이다. 그러나 그것들은 실패의 증거가 아니라 한계를 인식하게 하는 스승이다. 어디까지 갈 수 있는지, 어디에서 멈춰야 하는지를 배우게 한다. 실패를 통해 러너는 자신을 다시 설계하고, 이전보다 더 단단한 모습으로 출발선에 서는 셈이다.

결국 경쟁은 타인을 넘어서는 일이 아니라 어제의 자신을 넘어서는 과정이다. 그 사실을 깨닫는 순간 달리기는 다시 본래의 의미를 되찾는다. 기록은 여전히 중요하지만, 전부는 아니라는 사실을 깨닫는다. 이런 깨달음 앞에서 러너는 더 높은 곳을 바라보면서도 자신의 리듬을 잃지 않는다.

제3단계의 러너는 안다. 경쟁은 위험하지만 동시에 가장 강력한 성장의 도구라는 것을 말이다. 잘 다루어진 경쟁은 우리 안에 잠든 힘을 깨우고, 더 넓은 세계로 나아 가도록 한다. 그리고 그 길 위에서 우리는 비로소 묻게 된다. 얼마나 빠른가가 아니라 얼마나 멀리 갈 수 있는가를 말이다. 이게 마라톤이며 인생이라 할 수 있지 않겠는가. 멋진 인생, 멋진 마라톤 인생 말이다.

제4단계 — 선수(the athlete)

드디어 선수의 단계가 되었다. 달리기를 오래 지속한 사람에게 어느 순간 새로운 경지가 열리게 된다. 바로 선수의 단계에 접어드는 희열을 느낀다. 경쟁에 사로잡혀 기록과 트로피를 좇던 시기를 지나 비로소 선수의 단계에 들어서는 것이다. 이 단계에서 중요한 것은 남보다 앞서는 일이 아니라 자기 잠재력을 실현하는 과정이다.

선수는 경쟁을 두려워하지 않는다. 그러나 경쟁에 지배당하지도 않는다. 이미 스스로를 통제하는 법을 배웠기 때문이다. 한때는 경쟁만이 동기의 전부였지만, 이제 그것은 수많은 동기 가운데 하나일 뿐이다. 달리는 이유도 훨씬 깊어지고 단단해지게 된다.

선수에게 나이는 큰 문제가 아니다. 성적이나 장소 또한 본질이 아니다. 평평한 코스인지, 날씨가 이상적인지, 강력한 경쟁자가 있는지에 마음을 빼앗기지 않는다는 점이다. 그런 조건들은 경기의 외형일 뿐이다. 선수는 노력의 양보다 질을 더 중요하게 여긴다. 얼마나 오래 달렸는가보다 어떻게 달렸는가를 묻는다는 점이다.

그래서 선수에게 승리는 단순하다. 자신의 잠재력에 가까운 달리기를 했다면 그것이 곧 승리라는 것이다. 순위가 기대에 미치지 못해도 절대 흔들리지 않는다. 반대로 등수가 높아도 최선을 다하지 못했다면 만족하지 않는다. 이미 경쟁을 자기 것으로 만들었기 때문이다.

선수는 자신의 한계와 능력을 정확히 이해한다. 어디까지 밀어붙일 수 있는지, 어디에서 멈춰야 하는지를 안다는 점이다. 그러나 단순히 그 앞에만 머무르지 않는다. 늘 그 경계를 조금씩 넘어서는 방법을 찾는다는 것이다. 무엇이 중요한지, 무엇을 해야 하는지 분명히 알고 있기 때문이다.

이 단계에 이르면 러닝은 단순한 운동을 넘어선다. 그것은 자신만의 예술이 된다. 보폭과 호흡, 리듬과 속도는 마치 한 편의 작품처럼 조율된다. 최상의 상태, 달리기의 최면상태 같은 상황이 펼쳐진다. 같은 거리를 달리는데도 매번 다른 의미를 발견한다. 몸이 만들어내는 움직임 속에서 스스로를 표현하는 것이다.

선수 역시 경쟁을 찾는다. 하지만 더 나은 성적이나 더 높은 등수에 집착하지 않는다. 가능한 한 최선을 다해 뛰는 것, 그것이 선수의 유일한 목표다. 단 한 번의 눈부신 기록보다 완만하지만, 지속적인 성장을 더 가치 있게 여긴다. 급격한 상승은 때로 우연일 수도 있지만, 꾸준한 발전은 실력의 증거이기 때문이다.

물론 성장의 속도가 더뎌 보일 때도 있다. 차이점은 그럴 때 선수는 조급해하지 않는다는 점이다. 훈련을 점검하고 계획을 조정하며 몸과 마음의 균형을 다시 맞춘다는 점이 중요하다. 멈추는 것이 아니라 방향을 다듬는 것이다.

선수는 또한 배움에 신중하다. 넘쳐나는 정보 속에서 현실적 가치가 있는 것만 골라 읽는다. 그리고 그것을 새로운 도전에 활용한다. 남의 방식을 그대로 모방하지 않고 자신에게 맞게 변형한다. 경험과 지식을 자신의 것으로 만드는 능력, 이게 바로 선수의 힘이다.

계획 역시 이 단계의 중요한 축이다. 많은 선수들이 목표와 경주 계획을 대개 6개월에서 9개월 앞서 세운다고 한다. 충분한 시간을 두고 몸을 준비시키고, 훈련의 흐름을 설계한다는 점이다. 그러나 계획이 곧 고정된 운명은 아니다. 선수는 끊임없이 자신을 평가하며, 필요하다면 매주 목표를 수정한다. 유연함이야말로 긴 여정을 가능하게 하는 원동력이기 때문이다.

무엇보다 중요한 것은 자기 몸과의 조화다. 몸이 보내는 신호를 듣고, 피로와 회복의 리듬을 존중한다. 어떤 선수들은 마음속에 작은 노트를 지니고 산다고 말한다. 달리기의 신이 되는 느낌일 것이다.

그날의 컨디션이나 훈련에서 느낀 점, 작은 깨달음까지 차곡차곡 기록한다. 글로 쓰지 않더라도 기억 속에 또렷이 남긴다. 그 노트는 누구에게도 보이지 않지만, 선수의 길을 밝혀주는 지도와 같다. 이 단계에 오른 사람들은 마음의 노트를 간직하는 경우가 대부분이라 할 수 있다.

이 선수에게 성공은 타인의 잣대로 측정되지 않는다. 오직 자신의 기준으로만 판단한다. 그래서 매 경험의 긍정적인 면을 발견하려 한다. 실패한 경기에서도 배움을 찾고, 예상보다 느린 기록에서도 의미를 읽어내는 것이다. 이러한 태도는 결국 발전으로 이어진다. 긍정을 선택하는 사람만이 다음 단계로 나아갈 힘을 얻는다는 점이다.

흥미롭게도 일정 수준의 성공을 거둔 뒤 달리기를 내려놓는 사람들도 있다. 연습량을 줄이고, 다른 삶의 균형을 선택한다. 겉으로 보면 후퇴처럼 보일지 모르지만, 그것 역시 성장의 한 형태라고 볼 수 있다. 달리기에 매달리지 않아도 될 만큼 스스로 완성했기 때문일 것이다.

그리고 바로 그 지점에서 또 하나의 문이 열린다. 마지막 러너의 단계로 들어가는 문이 열리는 것이다. 선수의 단계가 자기 잠재력을 실현하는 과정이라면, 그다음 단계는 달리기와 삶이 완전히 하나가 되는 경지일 것이다. 모든 선수들이 바라는 경지가 바로 이 대목이 아닐까.

제4단계의 선수는 이미 알고 있다. 달리기의 본질은 남을 이기는 데 있지 않다는 것을 말이다. 그것은 자신을 이해하고 한계를 뛰어넘으며 끝내는 자기 삶을 아름답게 만드는 여정이 되는 것이다.

그래서 오늘도 선수는 묵묵히 달린다. 누구의 환호가 없어도 비록 트로피가 없어도 괜찮다는 점이다. 자신의 가능성에 조금 더 가까워졌다는 사실이 매우 중요하다. 바로 그것이 가장 확실한 승리이기 때문이다.

제5단계 — 러너(the runner)

　우리는 이제 마침내 그리던 마지막 단계에 이른다. 러너의 단계가 바로 우리가 염원했던 최종 단계다. 이곳은 단순히 달리기를 오래 한 사람들이 도달하는 자리가 아니다. 앞선 모든 단계의 장점을 자연스럽게 섞어낸 경지라고 할 수 있다. 초보자의 설렘, 조거의 즐거움, 경쟁자의 열정, 선수의 절제와 통찰이 한 사람 안에서 조화를 이루는 완성의 단계인 것이다.

　러너에게 달리기는 더 이상 특별한 일이 아니다. 그것은 의식주처럼 아주 자연스럽다. 아침에 일어나 물을 마시듯이 바람을 느끼듯이 몸이 길을 향하는 것이다. 그렇다고 달리기에 매여 사는 것도 아니다. 며칠 달리지 못한다고 해서 불안해하지 않는다. 삶 전체가 흔들리지 않기 때문이다. 일 년 가운데 몇 날을 쉬더라도 러너는 이미 달리는 사람이다. 그 쉼조차도 러너의 과정이랄 수 있는 것이지.

　이 단계에서 가장 중요한 가치는 행복이다. 기록이나 순위도 또 타인의 평가도 아니다. 달리는 동안 느껴지는 충만함, 몸과 마음이 하나로 이어지는 평온함이 러너를 지탱한다. 과거의 치열한 경쟁 시절로 잠시 돌아가는 듯한 순간이 있을 수는 있다. 그러나 그것은 어디까지나 일시적인 것이다. 러너는 곧 본래의 균형을 회복하고 만다.

　흥미로운 점은 러너에게 달리기가 삶의 중심이 아니라는 사실이다. 오히려 삶 속에 자연스럽게 스며든다. 가족과 시간을 보내고 함께 일도 하고 친구를 만나고 다시 길 위에 선다. 달리기와 인생이 서로를 방해하지 않는다는 점이 핵심이다. 이러한 두 세계가 조화롭게 공존한다는 점을 기억할 필요가 있다.

　러너는 연습이 긍정적이라는 사실을 잘 안다. 꾸준한 훈련이 몸을 단단하게 하고 정신을 맑게 한다는 것도 이제 경험으로 배웠다. 하지만 연습해야 한다는 의무감이 그를 밖으로 밀어내지는 않는다. 달리고 싶다는 내면의 목소리가 더 큰데 이는 강요가 아니라 선택인 것이다.

이 선택 속에서 러너는 깊은 만족을 얻는다. 달리기는 단순한 운동을 넘어 하나의 생활 방식이 된다. 활동적인 삶이 자연스럽게 이어지고, 몸은 그 리듬에 맞춰 점점 더 건강해진다. 하루를 보내는 태도까지 달라지는 것이다. 걷는 자세가 달라지고 숨 쉬는 방식이 달라지며 세상을 바라보는 시선도 한결 여유롭게 변한다.

그리고 러너들은 서로 교류한다. 함께 달리며 웃고 경험을 나누며 새로운 길을 소개한다. 그러나 동시에 혼자 달리는 시간도 매우 소중히 여긴다. 고독 속에서 자신의 심리적 반응을 관찰하며, 마음 깊은 곳에서 올라오는 생각들을 만난다. 그 시간은 일종의 명상과도 같은 시간이 될 것이다. 발걸음이 이어질수록 마음은 고요해지면서 고요한 평화가 찾아오는 것이다.

이 단계에 이르면 몸을 대하는 태도 또한 성숙해진다. 러너는 자신의 몸을 위해 좋은 자세를 만든다. 힘과 지구력, 균형 잡힌 자세, 능력 향상을 위한 훈련이 무리 없이 어우러지는 과정이다. 어느 하나에 치우치지 않는다. 오랫동안 달리기 위해서는 조화가 필수임을 알기 때문이다.

물론 러너도 부상을 피할 수는 없다. 달리는 사람에게 통증은 낯선 손님이 아니다. 그러나 러너는 당황하지 않는다. 경험을 통해서 참아도 되는 통증과 멈춰야 하는 신호를 구별할 줄 알기 때문이다. 그래서 쉬어야 할 때는 기꺼이 휴식한다. 그리고 회복되면 다시 길 위로 돌아온다. 이렇듯 문제 후의 복귀는 언제나 담담하며 자연스럽다.

러너의 가장 큰 특징은 균형 감각이다. 러너는 운동과 경쟁, 훈련과 휴식, 사교와 고독 사이에서 중심을 잃지 않는다는 점이다. 앞선 단계들이 때론 극단으로 치달았다면 러너는 그 모든 요소를 적절히 배합할 줄 안다. 그래서 삶이 한층 안정되고 깊어지는 법이다.

또 하나 눈여겨볼 점은 독창성이다. 러너는 남의 방식을 그대로 따르지 않는다. 자신에게 맞는 속도와 거리 그리고 훈련법과 휴식법을 스스로 만들어간다.

이 과정에서 긍정적인 태도를 잃지 않는 법을 추구한다. 작은 발전에도 기뻐하면서 예상치 못한 후퇴에서도 의미를 찾는 방법을 추구하는 것이다.

결국 이러한 균형과 창조성은 우리의 달리기 인생을 풍요롭게 만든다. 처음 달리기를 시작할 때 기대하지 않았던 일들이 마치 훈장처럼 우리에게 주어지는 것이다. 러너는 더 이상 어디론가 도달하기 위해 달리지 않는다. 달리는 그 자체가 이미 목적이며 기쁨이란 점이다. 길 위에서 흘린 땀은 성취의 증표가 아니라 살아 있다는 감각의 결실이라고 할 수 있다.

돌이켜보면 우리는 모두 어떤 단계에서 출발했다. 처음 구경을 하는 인생처럼 불안 속에 첫걸음을 떼던 초보자이지 않았는가. 그러다가 어느 순간 달리기의 재미에 빠진 조거가 되지 않았겠는가. 그리고 오직 기록을 좇던 경쟁자였고, 자기 잠재력을 다듬던 선수이지 않았던가. 그리고 마침내 우리는 깨닫는다. 달리기는 끝이 없는 여정이라는 사실을 말이다.

이렇듯 지금까지의 과정을 살펴보면 러너의 단계는 완성이 아니라 또 다른 시작임을 알 수 있다. 삶이 계속되는 한 우리는 이렇게 계속 달릴 것이다. 빠를 때도 있고 느릴 때도 있겠지만 중요한 것은 멈추지 않는 마음인 것이다.

오늘 막힘 없이 뻗어 나간 길 위에 서 있는 당신이 바로 그 러너다. 바람을 가르며 나아가는 발걸음 속에서 삶은 더욱 넓어지고 깊어진다. 자유와 평화의 세계, 달리기가 우리를 어디로 데려가는가보다 더 중요한 것은 그 여정이 우리를 얼마나 충만하게 만드는가 하는 점이다.

그래서 러너는 결국 알게 된다. 정직한 길, 길과 함께 잘 달린 하루가 곧잘 살아낸 하루라는 것을 말이다. 그리고 그 사실만으로도 이미 충분히 행복하다는 것을 말이다. 이 사실을 깨닫는다면 당신의 인생은 위대하며 충분히 성공한 삶이다. 마음껏 박수를 받아도 전혀 부족함이 없는 찬란한 인생인 것이다. 당신의 인생에 혹은 우리의 인생에 신의 축복까지 보태지기를 바랄 뿐이다.

제6장 무모한 윤석열, 정동영 통일부 장관 입장

잠든 한밤중의 역사

　북한의 말은 낮이 아니라 밤에 나온다고 할 정도로 자고 일어나면 북의 실세가 막말을 퍼붓고 있다. 김여정 부부장의 최근 담화도 그랬다. 전쟁이 그랬던 것처럼 모두 잠든 한밤중에 발표되지 않았나.

　발표 시점은 아주 계산되어 있었던 것으로 보인다. 한일 정상 공동 발표가 나온 지 불과 여섯 시간 만이었다. 한반도의 완전한 비핵화에 협력하겠다는 문장이 국제 뉴스로 퍼지자마자, 북한은 그 문장을 겨냥해 반응했다. 그것도 매우 거친 언어로 말이다. 남북관계는 요즘 그야말로 살얼음판이다.

　김여정은 한중·한일 정상회담을 두고 해외 청탁질이라고 표현했다. 외교를 청탁으로 격하시키고, 정상외교의 의미를 의도적으로 깎아내리지 않았나. 그러면서 남북관계 개선은 개꿈이며 망상이라고 못박았다. 단순한 감정적 반발이라기보다 분명한 메시지를 담은 담화였던 것이다.

　북한의 의도는 비교적 분명하다. 첫째, 한국이 국제무대에서 북한 문제를 언급하는 것 자체를 견제하고 차단하려는 것이다. 비핵화, 남북관계 개선이라는 단어가 한중·한일 정상회담의 테이블에 오르는 순간, 북한은 그것을 외부 개입으로 규정한다.

　그들은 남북문제는 남과 북만의 문제라는 오래된 논리를 다시 꺼내 든다. 그러나 그 속내는 사뭇 다르다. 남북문제가 국제적 틀 안에서 다뤄지는 것을 원천적으로 차단하려는 것이다.

　둘째, 무인기 침투 문제를 전면에 내세운 것도 같은 맥락이다. 김여정은 이 사안을 집요하게 물고 늘어졌다. 사과하라, 재발 방지를 약속하라, 그렇지 않으면 대가를 치를 것이라고 경고한다.

　아주 엄포를 놓고 있지 않은가. 표면적으로는 군사적 사안이지만, 실제로는 정치적 지렛대라 할 수 있다. 이 문제를 쥐고 흔들면서 남측의 외교적 행보 전체를 압박하려는 속셈인 것이다. 우리는 이런 숨은 의도를 잘 알아차려서 대응해야 한다.

셋째, 내부 결속용 메시지다. 김여정 담화의 어휘는 유난히 공격적이고 조롱에 가깝다. 한심하다, 개꿈, 망상 같은 표현은 원래 국제무대의 외교 문서에서는 보기 드문 수사다. 이런 언어는 외부를 향한 설득이 아니라 내부를 향한 결속용 언어라고 예단할 수 있다. 대외 긴장을 부각하면서 지도부의 강경함을 강조하는 방식이다.

이 점에서 담화가 한밤중에 발표된 것도 우연이 아니다. 북한은 중요한 메시지를 속보가 아닌 충격으로 전달할 때 주로 야간 발표를 택해왔다. 주목도를 높이고 다음 날 하루 온종일 담화가 뉴스의 중심에 머물게 하는 효과까지 노리는 것이다. 이번에도 그 전략은 그대로 적용됐고 그 의도 역시 적중되지 않았나.

남측의 반응은 비교적 신중했다. 통일부는 조사 결과를 지켜본 뒤 상응한 조치를 취하겠다고 하지 않았는가. 청와대는 과거 북한의 무인기 침투 사례 등을 함께 고려해야 한다며 균형 잡힌 접근을 강조했다.

2020년 서해 공무원 피격 사건 당시 북한이 유감을 표명한 사례도 언급됐다. 즉, 즉각적인 맞대응보다는 상황 관리에 방점을 찍은 것이다. 이 대목에서 우리는 현실을 직시해야 한다. 지금의 남북관계는 대화 대 단절의 문제가 아니라, 관리 대 방치의 문제에 가깝다.

북한은 이미 적대적 두 국가론을 공식화했고, 당국 간 관계 개선 가능성을 스스로 낮추고 있기 때문이다. 이런 상황에서 정상외교만으로 남북관계가 풀릴 것이라 기대하는 건 그리 쉽지는 않을 것이다.

그렇다고 경색된 남북관계의 국면에 손을 놓을 수는 없다. 바로 이 지점에서 민간 차원의 역할이 다시 중요해진다. 정부가 국제무대에서 움직일수록 북한은 더 날을 세운다. 지금껏 보면 항상 이런 궤적을 그려오지 않았나.

그러나 민간의 움직임에는 상대적으로 덜 반응한다. 정치적 체면이 덜 걸리고, 체제 위협으로 해석될 여지도 적기 때문이다. 서울·평양 릴레이 마라톤이 갖는 의미도 여기에 있다. 이것은 비핵화를 요구하는 외교도 아니고 체제를 비판하는 정치 행동도 아니다.

사람의 몸과 마음으로 이어지는 행위다. 달리는 행위는 별다른 설명이 필요 없다. 달리는 그 모습 자체로 피부로 느끼며 눈에 들어오지 않아. 그러니 별다른 해석의 여지도 적다. 그래서 오히려 북한이 완전히 부정하기 어려운 영역이라 할 수 있다.

김여정 담화는 분명 강경하다. 그의 컨셉은 강경함 자체가 된다. 이것은 동시에 그만큼 북한이 외부 환경에 민감하게 반응하고 있다는 증거이기도 하다. 아무 일도 없다면, 아무 말도 하지 않을 것이다. 밤을 새워 담화를 내놓았다는 사실 자체가 지금의 외교 환경이 북한한테 불편하다는 뜻이다. 향후 이런 문제는 수없이 불거질 것이다.

우리는 이 불편함을 더 키울 필요도 과도하게 자극할 필요도 없다. 다만 그 불편한 틈을 읽어야 한다. 사람들이 쉽게 느끼지 못한 불편함의 정곡을 우리는 끊임없이 찾아 대비해야 하는 것이다.

정치가 막힐수록 사람의 길을 넓히는 수단과 방법이 필요하다. 외교가 경색될수록 인도주의와 민간 교류의 언어를 꺼내는 것이 중요하다. 그것이 지금 우리가 할 수 있는 가장 현실적인 선택이 아니겠는가.

남북관계는 언제나 말과 행동이 엇갈려 왔다. 강경한 말 뒤에 조심스러운 계산이 있었고, 거친 담화 뒤에 늘 실무적 채널은 남아 있었다. 이게 어떻게 보면 북한식 외교일지 모른다. 자신들의 체면을 떨어뜨리지 않으면서도 남측에 요구할 수 있는 것은 과감히 요구하는 은근한 방법, 그런데 정말로 중요한 것은 그 계산과 틈을 읽는 능력이다.

김여정의 말은 닫혀 있다. 그러나 모든 문이 닫혀 있을 때도 창문은 남아 있었다. 우리가 찾아내 열고 들어가야 할 창문 말이다. 남북 역사에서 보면 과거가 그랬고, 지금도 크게 다르지 않은 것 같다.

우리가 해야 할 일은 저들의 고함에 맞서 고함을 치는 것이 아니라, 고함이 닿지 않는 길을 조용히 닦고 준비하는 일이다. 민간의 길은 언제나 그렇게 시작되었다. 우리는 묵묵히 바람을 맞으며 목표를 향해 달려나가면 되는 것이다.

정동영 통일부 장관의 입장

필자는 남북관계에서 우리가 뱉은 말 한마디가 얼마나 무거운 결과를 낳는지 지적했다. 그리고 정치의 언어가 막힐수록 민간의 언어가 왜 더 중요해지는지를 이야기했다. 남북 간 민감한 사항마다 불거지는 김여정 부부장의 담화와 그에 대한 우리 정부 내부의 엇갈린 반응은 그 연장선 위에 놓여 있다. 상황은 좀 달라질 수도 있지만, 구조는 지난 경험에 비추어 낯설지 않다. 남북관계는 늘 이렇게 말의 온도와 해석의 간극 속에서 흔들려온 게 사실이다.

정동영 통일부 장관은 드론 살포 문제에 있어서 조사 결과가 나오는 대로 상응한 조치를 취하겠노라고 말했다. 사실상 정부 차원의 사과 가능성을 열어둔 발언이 아니겠는가. 2020년 서해 공무원 피격 사건 당시 김정은 위원장이 사과와 유감 표명을 했던 전례를 끌어온 셈이다. 대화가 살아 있었던 시기의 기억을 다시 불러내며 이번에도 그와 비슷한 국면으로 이어질 수 있지 않겠느냐는 기대를 가져본다.

반면 위성락 국가안보실장의 말은 결이 달랐다. 차분하고 담담하게, 냉정하고 냉철하게 대처해야 한다. 그는 희망적 사고를 경계했고, 지금은 대화의 계기를 논할 단계가 아니라 사실관계를 파악할 단계라고 선을 그었다. 남북의 첨예한 사건에 있어서 서두르지 않을 것이란 분석이다. 북한이 과거 우리 쪽으로 무인기를 보낸 사례 역시 정전협정 위반이라는 점을 상기시키며 균형을 강조하지 않았나.

제31대, 제44대 통일부 장관 정동영

이 두 발언 사이의 간격은 단순한 개인적 의견 차이가 아니다. 정부 내부에 공존하는 두 개의 시선 즉 관계 개선의 가능성을 열어두려는 시선과 안보 현실을 우선 관리하려는 시선이 동시에 드러난 장면이다.

흔히 말하는 자주파와 동맹파의 이견이라는 해석이 여기서 나온다. 그러나 현장에서 이 상황을 바라보는 우리 같은 민간의 눈에는 그것이 이념의 문제라기보다 속도와 방향의 문제로 보이는 것이다.

서울·평양 릴레이 마라톤을 준비하는 서울시 육상연맹의 입장에서 보면, 이런 미묘한 온도차 하나하나가 모두 현실적인 변수다. 정치적 발언은 하루 만에 뉴스로 사라질 수 있지만, 그 여파는 민간 현장에 아주 오래 남는다.

한쪽에서 사과도 가능하다는 신호를 보내면, 다른 쪽에서는 아직 그 단계가 아니라고 선을 긋는다. 이 엇박자가 북한을 더 예민하게 만들 수도 있지 않겠는지. 반대로 민간 교류의 숨통을 조금 넓힐 수도 있다는 사실을 간과해선 안 될 것이다. 문제는 그 어느 쪽으로 작용할지 아무도 확신할 수 없다는 점이다.

김여정의 담화는 여전히 거칠다. 조한(朝韓) 관계 개선은 개꿈이라는 표현에는 협상의 여지를 원천 봉쇄하려는 태도가 담겨 있다. 그러나 동시에 사과와 재발 방지를 집요하게 요구한다는 점에서 북한이 이 사안을 그냥 흘려보낼 생각이 없다는 것도 분명해지는 것이다. 무인기 문제를 하나의 고리로 삼아 남측의 태도 변화를 시험하고 있다는 예측도 해볼 수 있을 것이다.

이런 국면에서 가장 우려되는 것은 군사·정치적 사안이 민간 교류까지 한꺼번에 얼어붙게 만드는 상황이다. 과거에도 비슷한 장면을 우리는 수없이 겪지 않았나. 당국 간 긴장이 고조되면 가장 먼저 멈추는 것이 무엇인가? 바로 사람의 왕래였지 않은가. 체육, 문화, 인도적 교류는 언제나 가장 약한 고리였다. 그러기 때문에 가장 쉽게 희생되는 영역이기도 했다고 볼 수 있다.

그래서 우리는 더 조심스러울 수밖에 없는 것이다. 서울시 육상연맹이 준비하는 릴레이 마라톤은 정치적 선언이 아니다. 누구의 책임을 묻는 행사도 아니고, 사과를 요구하는 자리는 더더욱 아니다. 그저 같은 하늘 아래에서 같은 거리만큼을 자연스럽게 달리자는 제안이다. 그러나 남북관계의 현실 속에서는 이 단순한 제안조차 정치적 해석의 대상이 되지 않은가. 이게 가장 마음 아픈 대목이 아닐까 싶다.

정동영 장관의 발언이든 위성락 안보실장의 발언이든, 우리에게 중요한 것은 그 말이 어디로 향하느냐다. 말이 부딪히고, 메시지가 엇갈릴수록 민간은 더 낮은 자세를 취해야 한다. 우리는 정부의 외교를 대신할 수도 없고, 안보 판단을 내릴 위치에 있지도 않다. 다만 정치의 파도가 너무 거세게 밀려올 때, 그 파도가 사람까지 삼키지 않도록 완충 역할을 해야 한다는 점이다.

지금의 상황은 분명 쉽지 않다. 북한은 날을 세우고 있고, 우리 정부 내부에서도 신중론과 가능성이 교차하고 있다. 그러나 그렇기 때문에 오히려 민간 교류의 언어는 더 간결해야 한다. 변명도, 해석도, 정치적 수사도 없이 달리자는 말만 남겨야 한다. 달리는 사람에게는 국적도, 이념도 잠시 내려놓을 수 있는 시간이 존재한다. 숨이 차면 상대의 체제를 논할 여유도 없기 때문이다. 오직 다음 발걸음만 생각하게 되는 것이다.

우리는 잘 되기를 바란다. 막연한 낙관이 아니라 오래된 경험에서 나온 바람이다. 남북관계는 언제나 위기 속에서 작은 틈이 열렸고, 그 틈은 대개 민간에서 먼저 발견되었다. 지금 정부의 발언이 엇갈리는 것처럼 보일지라도, 그 사이 어딘가에는 분명히 관리와 연결의 여지가 남아 있다.

서울·평양 릴레이 마라톤은 그 여지를 시험하는 일이다. 그러나 성공을 장담할 수는 없다. 오히려 실패할 가능성을 더 많이 계산해야 하는 일이다. 그럼에도 불구하고 준비를 멈추지 않는 이유는 누군가는 그 가능성을 끝까지 붙들고 있어야 하기 때문이다. 정치가 냉정해질수록 민간은 더 차분해야 한다. 말이 거칠어질수록 몸의 언어는 더 단순해져야 한다는 말이다.

지금 이순간에도 남북 사이에는 수많은 말이 오가고 있다. 그 말들 가운데

일부는 상처를 남기고 일부는 문을 닫고 만다. 우리는 그 말들 사이에서 말이 아닌 길을 만들고 싶은 것이다. 잘 되기를 바라는 마음 하나로 아주 조심스럽게 말이다. 그리고 절대 포기하지 않기를 바라면서 말이다. 이것이 지금 서울시 육상연맹이 이 상황을 바라보는 솔직한 시선이라 할 수 있다.

무모한 윤석열

앞선 글에서 나는 말의 온도 즉 말의 태도와 행동의 무게가 남북관계를 어떻게 흔드는지 살펴보았다. 그리고 그 틈에서 민간이 감당해야 할 몫인 불안과 책임을 이야기했다. 이번 무인기 논란은 그 불안을 한층 더 증폭시키는 사건이다.

문제는 충돌 그 자체보다도 무엇이 사실이고 누가 책임자인지 아직 아무도 분명히 말하지 못한다는 데 있다. 명쾌한 답변이 필요한 영역이지만 그다지 수월하게 풀릴지는 의문이다. 북한은 지난해 9월과 2026년 1월에 한국이 무인기를 침투시켰고 이를 격추했다고 주장했다. 우리 국방부는 즉각 사실무근이라 선을 긋지 않았는가. 안규백 국방부 장관은 무인기를 운용한 사실이 없고 우리 군이 보유한 기종도 아니라고 소상히 밝혔다. 정부는 정말 아무런 연관이 없어 보인다.

이재명 대통령까지 나서 만약 민간 무인기라면 한반도 평화와 안보를 위협하는 중대 범죄라며, 군·경 합동 수사를 지시하지 않았나. 정부의 공식 입장은 명확해 보였다. 군도 아니고 국가 차원의 작전도 아니라는 것이다. 그렇다면 행위의 주체는 민간이란 결론에 도달할 수 있다.

우리 측에서 북의 분위기를 살피며 신중히 대처했다. 그러나 돌아온 것은 설명이 아니라 막말과 위협이었다. 이슈가 있고 바로 그다음 날 김여정 부부장은 본질은 행위자가 군부냐 민간이냐에 있지 않다며 반박했다. 윤가든 이가든 우리에겐 똑같은 도발이라고 몰아붙이지 않았는가.

며칠 뒤에는 남북관계 개선에 대한 기대를 개꿈과 망상이라 깎아내렸다. 사과와 재발 방지가 없으면 똑같이 비례해서 대응하고 입장을 발표하는 데 머무르지 않겠다고 위협했다. 북한은 언제나 그렇듯 사안의 맥락보다 효과를 택했다. 그들은 철저히 이런 예민한 상황이 닥치면 이를 최대한 활용한다. 자기들 방식으로 해석하고 대응하여 김정은 정권을 옹호하고 강화한다. 논쟁의 초점을 사실에서 감정으로 돌변한다. 그리고 책임을 초월해 강력한 압박으로 전환한다.

이런 김정은 방식, 김여정 방식의 북측 대응을 두고 국내 반응은 엇갈렸다. 구체적 사실 확인도 없이 북한 비위를 맞추려 했다는 비판이 나오지 않았나. 정부가 대화를 염두에 두고 성급하게 몸을 낮췄다는 시각이다.

그러나 이 비판 역시 사태의 본질을 온전히 짚고 있다고 보긴 어렵다. 정작 중요한 것은 이번 무인기 사태의 실체가 아직 안갯속이라는 점이다. 조잡하다고 평가되지만, 이동 경로와 시점을 보면 분명 어떤 의도를 가진 행동이었다. 단순한 해프닝으로 치부하기엔 석연치 않은 대목이 너무 많다는 점이다.

대북 정보 수집은 정권과 무관하게 비밀리에 이뤄지는 경우가 적지 않다. 만약 군이 직접 나서지 않고 민간을 사주하거나 묵인한 형태였다면 이야기는 훨씬 복잡해진다. 전후 사정을 모두 공개하기 어려운 영역이라는 것도 현실이다.

그렇다고 해서 의혹을 덮어둘 수는 없는 노릇이다. 북한은 2014년 이후 확인된 것만 해도 최소 열 차례 이상 무인기 도발을 감행해왔다. 하지만 자신들의 행위에 대해서는 단 한 번도 책임을 인정하지 않는다. 북한의 몽리는 정말 알아주는 몽리다. 간혹 북의 눈치를 보다가 국민적 체면을 손상한 경우가 어디 한두 번이었나. 언제나 저들은 남측의 날조나 모략극으로 치부하지 않았나.

특검 공소장에 담긴 내용은 사태를 더 무겁게 만든다. 윤석열 전 대통령이 안보 위기를 조성해 계엄 선포 요건을 만들기 위해 평양 무인기 침투 작전을 지시했다는 혐의다. 결국 사실로 드러나지 않았나. 이는 단순한 외교적 마찰이 아니라 헌정 질서와 군 통수 체계의 문제로 번질 사안이다. 사실로 드러났는데도 그 실체에 대해 명확한 기록이나 발표는 여전히 나오지 않고 있는 실정이다.

그리고 이 문제는 아직 재판 중인 사안이다. 남북의 문제는 어떤 의혹만으로 단정할 수는 없을 것이다. 그렇다고 북한의 과거 도발이 정당화되는 것도 아니다. 잘못은 잘못이고 책임은 또한 분명히 가려져야 한다고 본다.

새해 벽두부터 세계는 어지럽고 세상 또한 혼란스럽다. 중·일 갈등이 한반도 주변의 긴장과 압박을 키우지 않나. 북한의 군비 확장은 더욱 노골적으로 가고 있지 않나. 미사일과 무인기, 위성까지 군사 기술의 경계가 빠르게 허물어지고 있다.

이건 정말 보이지 않는 전쟁이라 할만하다. 이런 상황에서 우리는 어떤가. 내부에서는 자중지란이 끊이지 않는다. 국방비 집행의 구멍, 무인기 대응 체계의 허술함, 책임을 미루는 말들이 겹겹이 쌓인다. 안보와 국방을 둘러싼 불신이 불처럼 번질 기세다. 저거 한번 불타기 시작하면 걷잡을 수 없을 텐데 말이다.

이럴수록 군은 정치의 소모품이 되어서는 안 된다. 국가는 마지막 보루로서의 군을 지켜야 하고 군 역시 스스로 명예와 전문성을 지켜야 하지 않을까. 무인기 논란이 사실이든 아니든 군이 상처받고 무시당하는 구조가 반복된다면 그 피해는 고스란히 국민에게 돌아올 것이다. 저잣거리 민심이 거칠어지는 이유도 바로 여기에 있다. 불안은 설명되지 않을 때 커지고 침묵은 의혹을 부르며 불화로 돌아온다.

서울·평양 릴레이 마라톤을 준비하는 우리의 시선에서 보면, 이 사태는 더욱 복합적이라 할 수 있다. 한쪽에서는 군사적 충돌 가능성이 거론되고 다른 한쪽에서는 민간 교류의 여지를 찾겠다는 말이 나온다. 그러나 무인기 하나가 던져놓은 파장은 모든 시도를 조심스럽게 만들도록 한다. 정치와 군사가 흔들릴수록 민간은 더 낮게 아주 더 천천히 움직여야 하지 않겠는가.

그럼에도 불구하고, 우리는 묻고 싶은 게 있다. 이렇게까지 서로를 몰아붙여야만 하는가. 사실을 가리고 책임을 따지는 과정이 꼭 필요하다. 하지만 그 과정이 또 다른 위기를 부르는 방식이어서는 곤란하다. 무인기는 하늘을 날지만, 그 그림자는 땅 위의 사람들에게 드리운다. 군인도 민간인도 남과 북의 평범한 사람들도 그 그림자 아래 있는 것이다.

이번 사태가 어떻게 결론 날지는 아직 알 수 없다. 다만 분명한 것은 안보를 정치의 도구로 쓰는 순간 모두가 위험해진다는 사실이다. 군이 정치적 계산에 흔들리고 민간이 그 여파를 감당해야 하는 구조는 더이상 반복되어서는 안 될 것이다. 우리가 바라는 것은 단순하다. 사실은 사실대로 밝히고 책임은 책임대로 묻되 그 과정에서 또 다른 불씨를 만들지 않아야 한다는 것이다.

불안한 시대일수록 기본으로 돌아가야 한다. 군은 군답게 정치는 정치답게 민간은 민간답게 제 역할을 해야 한다. 그래야만 함께 달릴 수 있다. 멈추지 않고 넘어지지 않고 목적지까지 달려야 한다. 이 혼란의 국면을 지나며 우리가 다시 그런 출발선에 설 수 있기를 바란다.

통일 여론조사와 릴레이 마라톤

분단민족, 분단국가일수록 구성원들의 여론은 아주 중요하다. 우리는 이미 분단 70년을 넘어선 민족이다. 세계 유일의 분단국 오명도 안고 있다. 그런 탓에 분단 자체, 남북문제에 대해 이제 지칠 대로 지친 면도 있고 감각이 무뎌진 측면도 있다.

그래서 여론은 언제나 늦게 오는 것도 같지만 한 번 방향을 잡으면 오래 간다. 민주평화통일자문회의가 발표한 2025년 4분기 국민 통일여론조사는 지금 우리의 위치를 비교적 담담하게 보여준다. 격앙도 없고 환상도 없다. 대신 조심스러운 동의와 느린 기대 그리고 쉽게 꺼지지 않는 불안이 함께 담겨 있는 듯하다.

응답자의 56.8%가 정부가 제시한 대북정책 방향에 공감한다고 답했다. 전쟁 걱정 없는 한반도, 평화공존의 새 시대, 남북 공동성장 같은 의미들이 관심을 끌어당긴다. 표현은 다르지만 결국 하나의 문장으로 모인다. 싸우지 말자는 것이다.

그리고 가능하다면 함께 살아보자는 것이다. 반대가 35.1%라는 수치도 가볍게 볼 수는 없지만, 과거에 비하면 공감의 비중이 분명히 커졌다. 통일 담론이 다시 일상 언어로 돌아오고 있다는 신호로 읽힌다. 이거야말로 좋은 현상이고 기대하는 바가 크다.

특히 눈에 띄는 대목은 통일 지향의 평화적 두 국가 관계 논의다. 응답자의 55.5%가 공감한다고 답했다. 이 말은 사실 오래전부터 존재해왔다. 다만 공개적으로 말하기 어려웠을 뿐이지 않나.

통일을 말하지 않으면 배신처럼 보이고 두 국가를 말하면 분단을 고착화한다는 비난을 받던 시절이 길었다. 이제는 조금 달라졌지 않았을까. 먼저 적대부터 풀고 평화공존을 이루며 그 위에서 통일을 이야기하자는 접근에 국민 절반

이상이 고개를 끄덕인 것이라 할 수 있다.

이 변화는 단순한 태도 변화가 아니다. 현실 인식의 결과다. 당장 내일 통일이 올 것이라 믿는 사람은 많지 않다. 조사에서도 훤히 드러난다. 2026년 남북관계 전망에 대해 변화 없을 것이라는 응답이 49.4%로 가장 많았다. 좋아질 것은 34.3%, 나빠질 것은 13.6%였다. 기대는 있지만 과도하지 않다. 절망도 있지만 압도적이지는 않다. 이 수치는 지금 한국 사회가 통일을 대하는 감정의 평균값에 가깝다고 볼 수 있다.

그래서일까. 민주평통이 앞으로 중점적으로 추진해야 할 활동으로 가장 많이 꼽힌 것은 국민의 더 나은 삶을 여는 평화 정착이었다. 통일 이전에 삶이 중요하다. 삶이 안정되고 버텨줘야 통일 얘기도 나눌 수 있지 않나.

거창한 민족 서사보다 오늘의 안전, 내일의 일상을 말한다. 그다음이 국제사회와 공감하는 K-평화 네트워크 구축, 미래세대가 그리는 평화통일 디자인 등이다. 통일을 더이상 과거의 과제로만 두지 않고 현재와 미래의 문제로 옮겨 놓으려는 흐름이 읽히고 있다.

정부 정책을 둘러싼 사회적 대화에 참여할 때 가장 중요한 기준으로 공정성과 투명성이 꼽힌 것도 의미심장하다. 35.7%가 이를 1순위로 선택했다. 정치적 편향 없는 의제 구성이 그다음이다. 국민은 더이상 남북관계를 규정하는 회담이나 선언 등을 믿지 않으려고 한다. 과정이 보이지 않으면 결과도 신뢰하지 않는다. 남북관계는 특히 그렇다. 작은 밀실 합의가 큰 후폭풍을 불러왔던 경험을 우리는 여러 번 겪지 않았나.

통일의 필요성에 대해서는 68%가 필요하다고 답했다. 다소 하락했지만, 이 수치면 여전히 높은 수치다. 통일이 필요한 이유로 경제 발전과 전쟁 위협 해소가 거의 같은 비중으로 꼽혔다. 이 역시 현실적이라 할 수 있다. 이념이나 감정보다 생존과 안전이 앞선다. 통일은 더 잘살기 위한 수단이자 덜 불안하기 위한 선택으로 인식되고 있다.

이 여론조사를 읽으며 나는 앞서 써온 글들이 떠올랐다. 무인기 논란, 거친 담화, 사과 요구와 위협 그리고 그 사이에서 갈피를 잡지 못하는 민간의 불안 등등. 그 모든 혼란 속에서도 국민 다수는 극단으로 가지 않았다. 나는 이 점에 있어서 국민 여러분을 매우 존경한다. 싸우자는 쪽도 아니고 모든 걸 덮자는 쪽도 아니다. 적대를 줄이고, 평화를 관리하면서 가능하면 다음 단계로 가보자는 태도다. 일종의 긍정적 미래 비전의 행동이다.

서울·평양 릴레이 마라톤을 준비하는 입장에서 이 여론은 특히 무겁게 다가온다. 우리가 하려는 일은 정치 협상이 아니다. 군사적 합의도 아니다. 사람의 몸으로 이어보자는 시도인 것이다. 그러나 이런 시도는 늘 시대의 공기 즉 분위기 위에 놓인다. 여론이 완전히 등을 돌린 상황에서는 한 발짝도 앞으로 나아가기 어렵다. 다행히 지금의 공기는 완전한 냉기도 무책임한 낙관도 아니다. 조심스럽지만 가능성을 남겨둔 온도를 느낀다고 표현할 수 있을 것이다.

통일 지향의 평화적 두 국가 관계라는 말은 어쩌면 이 마라톤의 철학과도 닮아있다. 당장 결승선을 하나로 만들겠다는 게 아니다. 먼저 같은 방향으로 달릴 수 있는지 서로를 적으로 보지 않고 같은 길 위에 설 수 있는지 확인하는 과정이다. 그 과정이 길어질 수도 있고 가다 멈출 수도 있다. 하지만 출발 자체를 부정하지는 말자는 것이다.

여론은 우리에게 강제적으로 명령하지 않는다. 다만 허용선을 제시해준다. 이번 조사 결과는 이렇게 말한다. 국민은 전쟁을 원하지 않아. 동시에 공허한 구호도 원하지 않아. 투명한 과정, 공정한 논의 그리고 삶에 도움이 되는 평화를 원한다. 통일은 그다음 이야기야, 이렇게 말하고 있다.

그래서 이 숫자들은 차갑지 않다. 오히려 절제된 희망에 가깝다고 하겠다. 지금은 크게 외칠 때가 아니라 조용히 준비할 때라는 신호처럼 보인다. 말의 속도를 줄이고 행동의 무게를 살피며 불필요한 자극을 피하는 것이 필요하다. 그것이 지금 시대가 요구하는 통일의 문법일지 모른다.

우리에게 통일은 여전히 멀다. 하지만 평화는 관리할 수 있다. 그리고 그 관리에 대한 국민적 동의는 아직 살아 있다. 이 여론조사는 그 사실을 조용히 확인해준다. 그래서 나는 이 결과를 비관도 낙관도 아닌 하나의 출발선으로 받아들인다. 마치 서울 평양 릴레이 마라톤 출발선처럼 말이다. 다시 달릴 수 있는 최소한의 여건은 아직 남아 있다는 신호로 읽히는 것이다.

전단살포, 드론 침공 사과해야

남북관계가 얼어붙은 지 제법 시간이 흐르지 않았나. 세월이란 정말 속절없이 흘러간다. 새해가 오고 정상들의 신년 메시지가 발표되었어도 거기서 대화의 실마리를 찾기는 어려울 것이다.

말[言]은 있지만, 말의 방향은 가늠하기 어렵다. 분명 어떤 손짓은 있었는데 한 발짝 나가는 발걸음은 느껴지지 않는다. 함구의 세월이 답답함을 보여준다. 이 긴 침묵은 때로 전쟁보다 사람을 지치게 만들지 않나.

이재명 대통령이 지난해 12월 3일, 비상계엄 1주년을 맞아 열린 외신 기자회견에서 조심스럽게 말을 꺼내지 않았나. 윤석열 정권 시절 벌어진 대북 전단 살포와 드론 침공 같은 일들에 대해 사과해야 하지 않을까 생각한다고 하지 않았나. 우리 국민은 이 대목을 가장 인상 깊게 받아들이지 않았을까.

그러나 그 말 뒤에는 망설임이 따라붙었다. 종북몰이라는 상징과 이념 대립이 다시 불붙을까 걱정돼 쉽게 말하지 못하고 있다는 고백이지 않았을까. 그 솔직함이 오히려 지금 남북관계의 현실을 잘 보여주고 있다. 사과는 필요하지만, 사과조차 정치적 용기가 되어버린 시대라고 할 수 있다.

그러나 대화가 끊긴 데에는 일종의 원인이 있다. 그리고 그 원인에 책임 있는 쪽이 먼저 손을 내미는 것이 순서라고 본다. 불순한 적대 행위는 분명히 지난 정권에서 벌어지지 않았나. 그렇다면 그것에 대한 사과는 정통성을 가진 현재의 정부 수반이 하면 된다. 그것은 굴복이 아니라 정당성이다. 내란을 청산하듯 적대의 잔재를 청산하는 일이 바로 현재 정부의 책임이다.

해방 이후 남북관계가 가장 부드럽게 흐르던 시기는 2000년 6월이었다. 김대중 대통령이 평양을 찾아 김정일 국방위원장을 만났고, 6.15 공동선언이 나왔다. 인내와 일관성, 그리고 상대를 적이 아닌 협상 상대로 대했던 햇볕정책의 결과였다. 그때 남북은 적어도 서로의 존재를 부정하지 않았던 것이다.

2018년에는 문재인 대통령이 김정은 국무위원장을 만났다. 평양 능라도 5.1 경기장에서 15만 시민 앞에 선 장면은 아직도 많은 사람의 기억에 똑똑히 남아 있지 않나. 문 대통령은 그 자리에서 전쟁의 공포를 제거하기 위한 구체적 조치, 즉 9.19 군사합의를 천명했다. 물론 구조상 말이 앞서고 행동이 뒤따를 수밖에 없을 것이다. 그 짧은 시간 동안 한반도에는 확실히 다른 공기가 흐르지 않았나 생각하게 된다.

반대로 쿠데타 정권과 내란 정권 시기에는 북측도 거칠었다. 1968년 1.21 청와대 습격 사건은 남한 정상에 대한 최초의 직접적 암살 시도였던 것이다. 그러나 이 사건에 대해 김일성 주석은 훗날 7.4 남북공동성명을 협상하던 자리에서 극단주의자들이 군사적 모험을 감행했다고 사과의 뜻을 밝혔다. 대체로 김일성의 이러한 행동에 대해 긍정적으로 받아들였다.

이후 관련 책임자들을 문책했다는 말도 덧붙였다. 그는 우리가 박정희를 죽인다고 남조선이 없어지겠소, 라는 말까지 남기지 않았나. 이 발언은 북측 역시 무력 충돌의 한계를 인식하고 있었음을 잘 보여주는 대목이다.

1983년 미얀마 아웅산 묘소 폭탄테러는 다른 차원의 비극이었다. 전두환 정권을 겨냥했지만, 희생자는 장관과 수행원들이었다. 당시 아깝고 아까운 17명이 목숨을 잃었다. 북한은 이 사건에 대해 끝내 사과하지 않았다. 이 침묵은 오랫동안 남북관계의 깊은 상처로 남아 있다. 아마 북측의 사과는 영원히 나오지 않을 것이다.

그러다 2020년, 김정은 위원장은 소연평도에서 발생한 해양수산부 공무원 피격 사건에 대해 이례적인 메시지를 보냈다. 문재인 대통령과 대한민국 국민에게 실망을 준 점에 대해 매우 미안하게 생각한다. 외신들은 이를 매우 드문 사과라고 평가했다. 사과는 늘 늦게 오지만, 그 한마디가 관계의 방향을 바꿀 수 있다는 사실을 보여준 훌륭한 장면이었다.

칭찬은 사람을 머무르게 하고 사과는 망설이지 않고 손을 내밀게 한다. 이런 수식어가 나올 정도로 놀라운 사과라고 할 수 있다. 지금 남북 관계도 다르지 않다. 지금 필요한 것은 거창한 선언이 아니라 끊어진 대화의 실을 다시 묶는 작은 움직임이다. 누가 먼저 잘못했는지를 따지는 일보다 누가 먼저 멈출 수 있는지를 묻는 일이 더 중요하다고 할 수 있다.

서울에서 평양까지 이어 달리는 릴레이 마라톤을 준비하는 서울시 육상연맹의 입장에서 보면 이 모든 이야기는 남의 일이 아니다. 마라톤은 속도의 경기가 아니라 지속의 경기가 아니겠는가. 혼자 달릴 수도 없고 반드시 상대에게 바통을 넘겨야 한다. 넘어질 수도 있고 숨이 찰 수도 있다. 그때 필요한 것이 변명이 아니라 손짓이다. 여기까지 왔다, 이제 네가 이어 달려 달라는 신호이다.

남북 관계도 그렇다. 사과는 절대 패배가 아니다. 다음 주자를 향해 바통을 건네는 행위다. 정치가 하지 못하는 일을 민간이 체육이 사람들이 이어받을 수 있도록 길을 여는 일이다. 우리가 서울에서 출발해 평양을 향해 달리려는 이유도 여기에 있다. 완주를 약속할 수는 없지만, 출발선에 다시 서보자는 제안은 당연한 태도다.

경색된 남북관계를 한 번에 풀 수는 없지 않나. 그러나 한 걸음은 내디딜 수 있지 않은가. 사과라는 한마디 유감이라는 표현 하나가 그 출발선이 될 수 있음을 기억할 필요가 있을 것이다. 그 길 위에서 사람은 다시 사람을 만난다.

하물며 남측 북측 주민들이야 말해 무엇하겠나. 그리고 만남은 언제나 새로운 감정을 만들어낸다. 우리는 그 가능성을 아직 포기하지 않았다. 서울 평양 릴레이 마라톤처럼 우리의 노력은 계속되어야 한다.

제7장 스피드 훈련법과 최상의 선수

스피드 훈련의 역사

달리기는 단순해 보이지만, 더 빠르게 달리기 위한 인간의 노력은 결코 단순하지 않은 것으로 보인다. 오늘날 러너들이 당연하게 받아들이는 훈련 방식도 오랜 시행착오 끝에 만들어진 것이다. 스피드 훈련의 역사를 들여다보면, 러너들이 어떻게 속도의 한계를 넓혀왔는지 분명히 보인다.

1900년대 초 장거리 러너들의 훈련은 비교적 직선적이었다. 빨리 달리고 싶다면 실제 경주처럼 달리면 된다고 믿었다. 그래서 그들은 모의 경주를 실시했다. 전속력으로 달리고, 지치면 쉬었다. 다시 전력을 다해 달리고 또 멈췄다. 지금 기준으로 보면 다소 거칠고 비체계적인 방식이지만 당시로서는 가장 현실적인 훈련이었던 것 같다.

이 방법에는 분명 장점이 있었다. 경기 상황에 대한 감각을 키울 수 있었고, 고통을 견디는 능력도 길러졌다. 그러나 한계 역시 분명히 보인다. 전력 질주는 몸에 큰 부담을 줬고, 회복에는 시간이 필요하지 않았나. 훈련의 지속성이 떨어지고 부상의 위험이 높았던 듯하다. 그래서 러너들은 점점 더 효율적인 방법을 찾기 시작했다.

변화는 1920년대 중반에 찾아왔다. 코치와 선수들은 장거리를 한 번에 달리는 대신 여러 개의 짧은 구간으로 나누기 시작했다. 그리고 각 구간을 실제 경기 속도보다 더 빠르게 달렸다. 구간 사이에는 충분한 휴식을 넣었다고 한다.

그런데 바로 이 방식이 놀라운 결과를 가져왔다. 짧은 거리에서 빠른 속도를 반복하자 심폐 능력이 향상되었다. 또한 근육은 고속 움직임에 아주 익숙해졌다. 무엇보다 중요한 것은 속도에 대한 두려움이 줄어든다는 점이었다. 빠른 페이스가 더 이상 낯설지 않았던 것이다.

러너들은 깨달았다. 속도는 타고나는 것이 아니라 훈련으로 만들어진다는 사실을 말이다. 시간이 지나면서 사람들은 한 가지 생각에 도달했다. 전력에 가까운 모의 경주의 장점과 구간 훈련의 효율을 합칠 수는 없을까? 그렇게 탄생한 것이 바로 파틀렉(Fartlek)이다.

파틀렉은 스웨덴어로 스피드 놀이라는 뜻을 가진다. 이름부터 엄격함보다는 자유를 떠올리게 한다. 이 훈련의 핵심은 정해진 틀에 얽매이지 않는다는 점이다. 러너는 자신의 감각에 따라 속도를 올렸다가 내리고 지형과 컨디션에 맞춰 리듬을 바꿀 수 있다.

예를 들어 저 멀리 보이는 나무까지 빠르게 달리고, 그다음에는 숨이 고를 때까지 천천히 조깅하는 방식이다. 평지가 끝나고 길이 완만해지면 다시 속도를 낸다. 이 과정을 누가 지시하지 않아도 되는 것이다. 몸이 신호를 보내고 러너는 그 신호에 반응하면 되는 것이다.

그래서 파틀렉은 아주 흥미로운 훈련 방식이다. 반복적이지 않고 창조적이지 않은가. 달리기가 다시 놀이가 되는 순간인 것이다. 하지만 자유롭다고 해서 무질서한 것은 아니다. 파틀렉에는 중요한 전제가 있다. 자신의 능력을 정확히 아는 것이다. 너무 빠르면 훈련이 아니라 무리가 따르고, 너무 느리면 효과가 줄어든다는 사실이다. 결국 파틀렉은 자신과의 솔직한 대화를 요구하는 훈련인 것이다.

이 기본 형태에서 조금 더 발전한 방식이 언덕 파틀렉이다. 이름 그대로 언덕을 활용하는 방식이다. 먼저 부담 없는 속도로 달리기 시작한다. 몸이 충분히 풀릴 때까지 리듬을 유지한다. 그러다 언덕이 나타나면 속도를 최고로 끌어올린다. 보폭은 자연스럽게 줄이고, 팔의 움직임을 크게 가져간다. 숨이 차더라도 꼭대기를 넘을 때까지 힘껏 밀어붙인다.

정상에 오르면 곧바로 속도를 늦춘다. 천천히 조깅하면서 호흡을 정리한다. 심장이 진정되고 다리에 힘이 돌아오면 다시 원래 페이스로 달린다. 그리고 다음 언덕을 향해 나아가는 것이다. 이 과정은 단순하지만, 효과는 아주 분명하다. 언덕은 자연스러운 저항을 제공하는 수단이 되는 것이다.

근력과 심폐 능력을 동시에 자극한다. 평지에서의 스피드는 물론이고 레이스 후반의 버티는 힘까지 길러준다. 그렇다고 모든 러너에게 파틀렉이 적합한 것이 아니다. 초보자에게는 다소 부담스럽다는 점이다. 속도 변화에 몸이 준비되지 않았기 때문이다. 기본 체력이 부족한 상태에서 이런 훈련을 하면 피로만 쌓일 수 있다는 점을 명심할 필요가 있다.

먼저 필요한 것은 꾸준한 거리 훈련이다. 일정한 페이스로 달릴 수 있는 능력, 호흡을 안정적으로 유지하는 힘 그리고 회복하는 습관을 기른다. 이런 기초가 쌓인 뒤에야 스피드 훈련은 의미를 갖는다는 점이다.

반면 베테랑 러너들에게 파틀렉은 훌륭한 자극이 된다. 반복되는 훈련에서 벗어나 몸과 마음에 새로운 긴장을 주는 것이다. 기록이 정체된 시기에 특히 도움이 된다. 속도 변화는 몸을 다시 깨어나게 하기 때문이다.

스피드 훈련의 역사는 한 가지 사실을 말해준다. 달리기는 늘 진화해왔다는 것이다. 더 빠르게 더 효율적으로 더 오래 달리기 위해 러너들은 방법을 바꾸어왔다. 그러나 어떤 방식이든 결국 중심은 같다. 자신의 몸을 이해하고, 한 걸음씩 확장해 나가는 일이 매우 중요하다는 사실이다.

파틀렉이 놀이라는 이름을 가진 것은 우연이 아닐 것이다. 가장 좋은 훈련은 억지로 하는 훈련이 아니라 다시 달리고 싶어지는 훈련이기 때문이다. 속도는 숫자로 측정되지만, 그것을 만들어내는 힘은 기쁨이나 즐거움에서 나온다. 달리는 일이 다시 재미있어질 때 러너는 자신도 모르는 사이 더 빨라져 있음을 깨닫게 되는 것이다.

스피드 훈련 준비운동

스피드 훈련은 달리기에서 가장 강렬한 영역이다. 짧은 시간에 심장이 빠르게 뛰고, 근육은 한계에 가까운 힘을 사용한다. 그래서 무엇보다 중요한 것이 준비라고 할 수 있다. 몸을 올바르게 풀지 않은 채 속도에 뛰어드는 것은 아주 무모하다. 즉 문을 열지 않고 집 안으로 들어가려는 것과 같다는 것이다. 결국 어딘가 부딪히게 되지 않겠는가.

풀리지 않은 근육은 위험하다. 차갑고 굳은 근육은 탄력이 떨어지고 작은 충격에도 쉽게 손상된다. 특히 기온이 낮은 날에는 몸이 생각보다 더 긴장되어 있다. 겉으로는 괜찮아 보여도 내부는 아직 달릴 준비가 되어 있지 않은 것이다.

이럴 때 가장 먼저 해야 할 일은 걷기다. 5분에서 10분 정도 천천히 걷는다. 단순한 동작이지만 효과는 분명하다. 심장이 서서히 박동을 높이고, 혈액이 온몸으로 퍼진다. 관절이 움직임에 익숙해지고 몸은 이제 활동을 시작한다는 신호를 받는다.

걷기 다음에는 조깅이다. 10분에서 20분 정도 아주 부담 없는 속도로 달린다. 숨이 차지 않아야 한다. 옆 사람과 대화할 수 있을 정도의 여유가 좋다. 이 단계에서 중요한 것은 속도가 아니라 온도다. 근육이 따뜻해지고 몸이 가벼워지는 느낌이 들면 제대로 진행되고 있다는 것이다.

그다음은 스트레칭이다. 달리기 전 스트레칭은 근육의 길이를 확보하고 움직임의 범위를 넓혀준다. 허벅지, 종아리, 햄스트링, 엉덩이 그리고 발목까지 고르게 풀어준다. 반동을 주기보다는 천천히 늘려야 한다. 스트레칭은 절대 경쟁이 아니다. 유연함은 밀어붙인다고 얻어지지 않는다.

이제 몸은 어느 정도 준비됐다. 하지만 곧바로 전력 질주로 들어가서는 안 된다. 속도는 계단처럼 올라가야 한다. 먼저 조금 빠르게 달린다. 그리고 점진적으로 속도를 늘려간다. 몇 차례 가속을 통해 몸으로 하여금 빠른 움직임을 미리 경험하게 한다. 이후 다시 속도를 줄인다. 이런 과정은 신경계를 깨운다. 다리와 팔이 서로 협력하게 되고 보폭과 리듬이 가지런히 정돈되는 것이다.

스피드 훈련은 단번에 시작하는 것이 아니라 이렇게 서서히 문을 열며 들어가는 것이다.

또 하나 잊지 말아야 할 것은 휴식이다. 빠르게 달린 뒤에는 반드시 충분히 쉬어야 한다. 숨이 어느 정도 고르고 심박수가 안정될 때까지 기다려야 한다. 휴식은 절대 낭비가 아니다. 다음 질주를 위한 준비라는 점이다.

이후 3분에서 5분 정도 다시 조깅한다. 몸의 긴장을 풀면서도 움직임을 유지하는 시간이다. 그리고 나서야 비로소 본격적인 스피드 훈련에 들어간다. 준비운동은 종종 가볍게 여겨진다. 많은 러너들이 빨리 본 훈련을 시작하고 싶어 하기 때문이다.

그러나 경험 많은 러너들은 안다. 준비운동의 질이 그날 훈련의 질을 결정한다는 사실을 말이다. 잘 풀린 몸은 더 빠르게 반응하고, 부상 위험은 확연히 줄어든다. 결국 준비운동은 시간을 들일 가치가 있는 투자라고 할 수 있다.

스피드 훈련 마무리 운동

우리가 반드시 잊지 말아야 할 것은 훈련이 끝났다고 해서 모든 것이 끝난 것은 아니라는 사실이다. 오히려 마지막 과정이 다음 훈련을 좌우하기 때문이다. 마무리 운동은 준비운동만큼 아주 중요한 법이다. 강도 높은 달리기를 갑자기 멈추면 몸은 혼란에 빠지지 않겠는가.

빠르게 흐르던 혈액이 정체되고, 근육 속에는 유산이 쌓인다. 그 결과 다음 날 다리는 돌처럼 뻣뻣해진다. 작은 계단을 내려가는 일조차 부담스러워질 수 있다. 그래서 훈련 후에는 계속 움직여야 하는 것이다.

마지막 소구간을 마쳤다면 곧바로 멈추지 말고 10분 정도 천천히 조깅한다. 속도는 중요하지 않다. 회복이 목적이기 때문이다. 이 조깅은 근육 속 노폐물이 자연스럽게 빠져나가도록 돕는다. 심박수도 이제 서서히 내려오게 된다.

그다음에는 5분에서 10분 정도 빠른 걸음으로 걷는다. 조깅보다 더 느리지만, 완전히 멈추지는 않는 속도다. 몸은 안정 단계로 진입하고 호흡은 한층 편안해진다. 마지막으로 10분 정도 아주 천천히 걷는다. 이 시간은 몸이 원래 상태로 돌아가는 통로라 할 수 있다. 체온이 과하게 떨어지지 않도록 유지하면서 긴장을 풀어주는 게 중요하다.

이 과정을 거치면 다음 날 몸이 훨씬 가볍다. 이런 과정을 꾸준히 거치게 되면 회복이 빠른 러너는 꾸준히 달릴 수 있는 것이다. 결국 기록을 만드는 것은 강력한 하루가 아니라 꾸준히 지속하는 여러 날이다. 준비운동과 마무리 운동에는 공통점이 있다. 둘 다 서두르지 않는다는 것이다. 달리기는 속도의 운동이지만 좋은 러너는 언제 느려져야 하는지도 알아야 한다는 점이다.

스피드 훈련의 본질은 단순히 빠르게 달리는 데 있지 않다. 자신의 몸을 이해하고 존중하는 데 있다. 몸이 열리는 시간을 충분히 주고 다시 닫히는 시간도 충분히 허락해주어야 한다. 러너에게 가장 위험한 생각은 이 정도는 괜찮겠지라는 방심이다.

반대로 가장 현명한 태도는 기본을 지키는 것이다. 걷기와 조깅, 스트레칭, 점진적 가속, 충분한 휴식 그리고 차분한 마무리 등등. 이 단순한 흐름이 몸을 보호하고 성장을 돕는다. 결국 스피드 훈련은 속도 이전에 균형의 문제라고 할 수 있다. 빠름과 느림, 긴장과 이완, 시작과 끝이 조화를 이룰 때 러너는 오래 달릴 수 있는 것이다.

오늘 훈련을 마쳤다면 잠시 돌아보자. 그러면서 이렇게 물어보자. 나는 오늘 제대로 준비했는가. 그리고 충분히 정리했는가. 이 두 질문에 자신 있게 그렇다고 말할 수 있다면, 이미 당신은 좋은 훈련을 한 것이다.

스피드 훈련의 부상의 원인

달리기를 오래 한 사람일수록 한 가지 사실을 분명히 알게 된다. 부상은 특별한 순간에 찾아오지 않는다는 것이다. 대부분은 작은 무리에서 시작된다. 그리고 그 무리는 대개 욕심에서 비롯된다는 점이다.

선수들의 부상을 살펴보면 첫째 원인은 주간 거리를 갑자기 늘리는 것이다. 몸은 서서히 강해진다. 그러나 마음은 늘 앞서간다. 이 정도는 괜찮겠지라는 생각으로 거리를 늘린다. 어제보다 조금 더, 지난주보다 조금 더 달린다.

문제는 몸이 그 변화를 따라가지 못할 때 발생한다. 달리기에서 증가는 언제나 점진적이어야 한다. 거리는 축적의 결과이지 욕심의 결과가 아니다. 욕심이나 과욕은 금물이다. 절제할 수 있어야 한다.

두 번째 원인은 스피드 훈련이다. 스피드 훈련은 효과가 아주 크다. 기록을 줄이고 러닝 경제성을 높인다. 하지만 그만큼 부담도 크다. 근육과 관절, 인대에 강한 충격이 반복되는 것이다. 준비되지 않은 몸한테 스피드는 공격과 같다.

그중에서도 가장 흔한 실수는 준비운동과 마무리 운동을 소홀히 하는 것이다. 몸이 풀리지 않은 상태에서 빠르게 달리면 근육은 갑작스러운 긴장을 견디지 못한다. 작은 파열이 생기고 통증이 시작된다. 반대로 훈련 후 갑자기 멈추면 피로 물질이 근육에 남는다. 다음 날의 뻣뻣함은 단순한 피곤함이 아니라 회복 실패의 신호일 수 있다.

준비와 정리는 훈련의 일부다. 그것을 건너뛰는 순간 부상은 이미 시작된다. 또 하나의 원인은 가벼운 달리기의 날에 무리하는 것이다. 쉬운 달리기는 말 그대로 쉬워야 한다. 그러나 많은 러너들이 이날에도 속도를 올린다. 몸이 괜찮다고 느끼기 때문이다. 하지만 회복 달리기를 힘들게 만드는 순간, 몸은 쉴 시간을 잃는다는 점이다.

훈련은 강약의 리듬이다. 강한 날이 있다면 반드시 약한 날이 있어야 한다. 이 균형이 무너지면 부상은 시간문제다. 단거리 질주 역시 주의해야 한다. 절대 최고 속도로 달리지 말라는 말은 단순한 경고가 아니다. 최고 속도는 신체에 가장 큰 부담을 준다. 특히 햄스트링과 종아리는 순간적인 폭발력을 견디다 손상되기 쉽다는 점을 잊어서는 안 될 것이다.

훈련에서 필요한 것은 최고 속도가 아니라 통제된 속도다. 조금 여유를 남기는 것이 오래 달리는 비결이다. 스피드 훈련 기간도 중요하다. 너무 오래 지속하면 몸은 지치게 마련이다. 보통 10주를 넘기지 않는 것이 좋다. 일정 기간 집중했다면 다시 기본 훈련으로 돌아가야 한다. 빠름과 느림을 오가는 흐름이 몸을 성장시킨다는 점을 기억하자.

장거리 달리기, 경주, 스피드 훈련을 한꺼번에 많이 하는 것도 위험하다. 열심히 하는 것은 미덕이지만, 과하면 독이 된다. 몸은 하나인데 요구는 셋이 되기 때문이다. 좋은 방법은 주말마다 변화를 주는 것이다. 한 주말에는 천천히 장거리를 달린다. 다음 주말에는 가벼운 달리기로 몸을 회복시킨다. 이렇게 숨을 고르는 시간이 있어야 다음 도약이 가능한 법이다.

욕심은 또 다른 함정이다. 기본 단계를 충분히 밟지 않고 언덕 훈련이나 고강도 프로그램으로 뛰어넘으려 할 때 사고가 발생한다. 달리기에는 반드시 순서가 있다. 기초가 쌓이고 나서 강도를 높여야 하는 것이다.

단계를 건너뛰는 것은 시간을 아끼는 것이 아니라 미래의 시간을 빼앗는 일이다. 부상으로 몇 주, 때로는 몇 달을 쉬게 될 수도 있기 때문이다. 그리고 반드시 기억해야 할 한 가지가 있다. 기분이 좋지 않은 날에는 스피드 훈련을 하지 말라는 것이다.

몸은 아주 정직하다. 피곤하거나 컨디션이 떨어진 날에는 미묘한 신호를 보낸다. 다리가 무겁고, 호흡이 거칠고, 집중이 흐트러진다. 이런 날 억지로 훈련하면 자세가 무너지고 결국 부상으로 이어지게 된다.

하루 쉰다고 실력이 줄어들지 않는다. 오히려 회복한 뒤의 훈련이 훨씬 효과적이라 할 수 있다. 훌륭한 러너는 언제 달려야 하는 것뿐만 아니라 언제 멈춰야 하는지도 안다. 부상 예방의 핵심은 이렇듯 거창하지 않은 것이다.

천천히 증가시키고 준비운동과 마무리를 철저히 한다. 쉬운 날은 쉽게 달리고, 최고 속도를 탐하지 않는 것이 중요하다. 훈련 기간을 조절하고, 단계를 지키며, 몸 상태를 존중하는 것이다.

달리기는 인내의 스포츠다. 오늘의 절제가 내일의 지속성을 만든다. 결국 가장 빠른 길은 멀리 가는 길이다. 부상 없이 꾸준히 달리는 사람만이 진짜 속도를 얻는다. 그리고 자신의 목표를 이룰 수가 있는 법이다.

5km·10km 러너를 위한 달리기 꿀팁

우리는 달리기를 너무 사랑한다. 달리기를 시작하는 많은 이들이 가장 먼저 도전하는 거리는 5km와 10km다. 너무 짧지도 않고 그렇다고 쉽게 볼 수도 없는 거리다. 이 구간은 러너의 기본기를 만들어 준다. 그래서 준비 방법이 아주 중요하다. 수영하러 바다에 들어가기 전의 준비운동처럼 필수적이며 중요한 절차라 할 수 있다.

추천하고 싶은 가장 단순하면서도 효과적인 방법이 있다. 처음 2km를 달리는 것이다. 속도는 아주 편안해야 한다. 숨이 차오르지만 대화가 완전히 끊기지 않을 정도면 충분하다는 점이다. 그런 다음 200~400미터를 걷는다는 점이다.

이때 걷기는 단순한 휴식이 아니다. 숨을 고르고 긴장을 풀어주는 시간이다. 심박수는 서서히 내려가고, 근육은 다시 탄력을 찾을 것이다. 중요한 것은 멈추지 않는다는 점이다. 쉬다가 몸이 식어 버리면 다시 달릴 때 부담이 커지기 때문이다. 그러니 반드시 빠른 걸음으로 움직여야 한다. 그리고 몸이 정리되었다고 느껴지면 다시 달리는 것이다.

이 과정을 필요할 때마다 반복하라. 달리기와 걷기를 자연스럽게 이어가는 훈련은 지구력을 키우는 데 매우 효과적이다. 많은 초보 러너들이 끝까지 달려야 한다는 생각 때문에 초반에 무리를 하게 된다. 그러나 오히려 달리기와 걷기의 병행 방식이 더 멀리 더 안정적으로 가게 만든다는 점을 사람들은 간과하고 있는 것이다.

달리기는 끊어 달릴 때 배우는 스포츠이기도 하다. 특히 10km를 준비하는 러너라면 페이스 감각을 익혀야 한다. 초반 1km에서 속도를 과하게 올리면 후반이 무너진다. 가장 좋은 전략은 처음 2~3km를 조금 느리게 시작하는 것이다. 몸이 완전히 깨어난 뒤에 리듬을 올려도 늦지 않는 것이다.

기억하라. 기록은 초반이 아니라 마지막 3km에서 결정된다. 호흡도 중요하다. 많은 러너들이 숨을 참고 힘껏 달린다. 그러면 빨리 달리려는 욕심만큼 금방 지친다. 일정한 리듬을 만들어라. 예를 들어 세 걸음에 들이마시고 두 걸음에 내쉬는 방식처럼 자신에게 맞는 패턴을 찾으면 훨씬 편안해지게 되지 않겠는가.

시선은 멀리 둬야 한다. 발밑만 보면 몸이 구부정해지고 호흡이 좁아진다. 가슴을 펴고 15~20미터 앞을 바라보라. 자세 하나만 바뀌어도 피로가 크게 줄어든다. 또 하나의 꿀팁은 속도를 올리는 날과 편하게 달리는 날을 구분하는 것이다. 매번 열심히 달릴 필요는 없다. 오히려 대부분의 훈련은 여유 있게 해야 한다. 그래야 중요한 날에 힘을 낼 수 있는 것이다.

주 3회 정도 달리는 것이 이상적이다. 하루는 편안하게 하루는 조금 길게 그리고 하루는 약간 빠르게 말이다. 이 단순한 구조만 지켜도 몸은 꾸준히 발전한다. 신발도 가볍게 넘길 문제가 아니다. 쿠션이 충분하고 발에 맞는 러닝화를 신어라. 새 신발은 반드시 짧은 거리에서 먼저 길들여야 한다. 대회 당일 처음 신는 신발은 작은 모험이 아니라 큰 위험이라 할 수 있다.

수분 섭취 역시 중요하다. 갈증을 느끼기 전에 조금씩 마시는 습관을 들여라. 특히 10km 이상을 준비한다면 달리기 전 한 컵의 물이 몸의 반응을 크게 바꾼다. 그리고 스트레칭은 필수적으로 동반되어야 한다. 달리기 전에는 가볍게 움직이며 근육을 깨우고, 달린 후에는 천천히 늘려 주어야 한다. 그러면 회복 속도가 달라지는 법이다.

무엇보다 잊지 말아야 할 것은 자기 속도를 존중하는 것이다. 옆 사람을 따라가다 보면 호흡이 흐트러지고 리듬이 깨진다. 달리기는 남과 비교의 스포츠가 아니라 자기 훈련 축적의 스포츠다. 어제의 나보다 조금 나아지면 그것으로 충분하다는 점이다.

때로는 누군가와 함께 달려라. 대화가 오가는 속도는 대개 무리가 없는 속도다. 혼자 달릴 때보다 거리가 더 쉽게 늘어난다. 반대로 가끔은 혼자 달리는 시간도 필요하다. 자신의 호흡과 발걸음을 듣게 되기 때문이다.

훈련을 이어가다 보면 어느 순간 변화가 온다. 2km가 힘들던 사람이 5km를 편안하게 달린다. 놀라운 훈련 반복의 결과다. 숨이 차오르던 언덕도 어느새 지나간다. 그 언덕을 지날 때 러너는 깨닫는다. 달리기는 재능보다 습관이라는 것을 말이다.

그리고 가장 중요한 팁이 하나 더 있다. 조금 아쉽게 끝내라. 운동은 누누이 말하지만 욕심을 부려서는 안 된다는 점을 기억하자. 완전히 지칠 때까지 달리지 말라. 조금 더 뛸 수 있었는데, 라는 느낌으로 마치면 다음 훈련이 기다려진다. 이게 바로 달리기를 오래 즐기는 사람들의 공통된 비결이다.

5km와 10km는 단순한 거리가 아니다. 러너로 성장하는 관문으로 충분한 거리다. 달리기와 걷기를 현명하게 반복하고, 몸의 신호에 귀를 기울인다. 이런 과정을 꾸준히 이어가라. 어느 날 당신은 출발선에 서 있는 자신을 발견하게 될 것이다. 그리고 알게 되리라. 이미 당신은 충분히 준비되어 있다는 사실을 말이다.

최고점 운동(몸이 가장 빛나는 순간)

마라톤에서 가장 중요한 것은 단순히 많이 달리는 것이 아니다. 최고의 몸상태, 즉 최고점을 만드는 일이다. 어떤 선수든지 훈련의 목적은 결국 이 한순간을 향한다. 이런 상태를 위해 스피드 훈련을 마쳤을 때 몸과 마음이 가장 선명한 상태에 도달하도록 계획하는 것이 그것이 진짜 준비다.

많은 러너들이 훈련량을 늘리는 데 집중한다. 하지만 기록을 만드는 것은 양이 아니라 타이밍이다. 아무리 강한 훈련도 시기를 놓치면 피로만 남는다. 반대로 적절한 시점에 컨디션이 올라오면 몸은 놀라울 만큼 가볍게 느껴진다.

보통 최고점 전략은 10km나 그 이하의 경주에 많이 적용되지만, 하프마라톤에도 충분히 활용할 수 있다. 기본 원칙은 단순하다. 경주 약 2주 전에 최고점이 오도록 훈련 계획을 세우는 것이다.

이 시기에는 자신의 몸상태를 세밀하게 평가해야 한다. 피로가 쌓였는지 회복이 충분한지 속도가 자연스럽게 올라오는지 점검한다. 필요하다면 과감히 조정해야 한다. 계획은 고정된 것이 아니라 살아 움직이는 지도와 같은 것이다.

하프 이하 경주를 준비할 때 유용한 최고점 원칙이 있다. 먼저 14일마다 장거리 달리기를 시행하는 것이다. 장거리는 몸의 기반을 단단히 만들어준다. 그리고 그 사이사이에 스피드 훈련을 배치하면 최상의 준비가 된다. 스피드 훈련은 단순히 빠르게 달리는 연습이 아니다. 몸속에 남아 있는 노폐물을 제거하고 신진대사를 활성화하는 과정이다.

최고점에 가까워질수록 훈련은 더 정교해진다. 예를 들어 10km 경주를 준비한다면 약 10일 전 하나의 도전을 해볼 수 있다. 400미터를 20번 반복하는 훈련이다. 쉽지 않지만, 몸을 한 단계 끌어올리는 강력한 자극이 되는 과정이니 빠뜨리지 말아야 한다.

그 이후에는 과감하게 거리를 줄인다. 남은 기간 동안 달리는 총거리를 절반 정도로 낮추는 것이다. 많은 러너들이 이 단계에서 불안해한다. 내가 이렇게 적게 뛰어도 될까? 그러나 반드시 기억하라. 최고점은 훈련을 더 하는 것이 아니라 피로를 덜어내며 완성된다는 사실을 말이다.

경주 약 4일 전에는 마지막 점검이 필요하다. 400미터를 8번, 실제 경주 페이스로 달린다. 이 훈련은 몸한테 신호를 준다. 이 속도가 우리가 달릴 리듬이다. 몸은 놀라울 정도로 그 감각을 기억하고 있다.

경주 하루 전에는 완전히 쉬어야 한다고 생각하는 사람들이 많다. 그러나 오히려 가볍게 뛰는 편이 낫다. 짧고 편안한 조깅은 근육을 부드럽게 움직이게 하고 혈액순환을 돕는다. 덜 피곤하고 몸이 조금 살아난 느낌을 받게 된다.

최고점은 훈련만으로 완성되지 않는다. 식사와 수분 역시 중요한 축이다. 경주 전 식사는 기본적으로 균형 잡힌 식단이 가장 좋다. 갑작스럽게 메뉴를 바꾸지 말라. 몸에 익숙한 음식이 가장 안전하다. 영양 결핍을 보충하려다가 새로운 음식을 시도하는 것은 작은 모험이 아니라 위험이 될 수 있는 것이다.

소화가 어려운 음식은 피해야 한다. 우유와 치즈 같은 유제품, 단백질이 과한 음식, 기름진 요리는 위에 부담을 준다. 섬유질이 지나치게 많은 음식도 마찬가지다. 장 활동이 활발해지면 경주 중 불편함을 겪을 수 있기 때문이다.

또 하나 기억할 점이 있다. 경주 12시간에서 18시간 전에 먹은 음식은 대부분 에너지로 바로 쓰이지 않는다. 그러니 과식할 필요가 없다는 것이다. 단단한 음식은 줄이고 전체 섭취량도 적절히 조절하라. 무엇보다 경주 도중 화장실을 찾는 상황은 반드시 피해야 하지 않겠는가.

수분 섭취는 선택이 아니라 필수다. 경주 전날에는 매시간 약 200ml의 물이나 전해질 음료를 마시는 것이 좋다. 이렇게 하면 하루 3~4리터 정도가 된다. 몸속 수분 저장고가 채워지면 근육은 훨씬 안정적으로 움직일 수 있는 것이다.

단, 한꺼번에 많이 마시지 말라. 조금씩 나누어 마셔야 흡수율이 높다. 최고

점이란 거창한 개념처럼 보이지만 결국은 균형이다. 훈련과 휴식을 반복하고, 자극과 회복을 반복한다. 그러면서 긴장과 안정 사이에서 가장 조화로운 지점을 찾는 일이다.

이 시기에 몸은 매우 정직해진다. 무리하면 즉시 신호를 보내고, 잘 돌보면 가볍게 반응한다. 그래서 최고점을 준비하는 과정은 자신을 더 깊이 이해하는 시간이다. 어느 날 달리기를 시작했을 때 발걸음이 유난히 가볍게 느껴지는 순간이 온다. 호흡은 가지런하고, 시선은 고요하게 멀리 뻗는다. 속도를 조금 올려도 두렵지 않게 느껴진다. 바로 그때가 몸이 가장 빛나는 순간인 것이다.

마라톤은 결국 그 하루를 위해 존재한다. 출발선에 서는 순간, 지난 훈련이 조용히 말해 줄 것이다. 이제 준비가 되었다고 말이다. 최고의 기록은 특별한 사람에게만 허락되는 것이 아니다. 자신의 몸을 이해하고, 타이밍을 맞추는 것, 균형을 지킨 러너라면 누구나 그 지점에 도달할 수 있기 때문이다.

최고점은 우연히 찾아오지 않는다. 차분히 준비한 사람에게만 조용히 문을 열어주는 것이다. 이것이 최고점을 준비한 자에게 주는 훈장 같은 것이다. 최고점 운동은 바로 몸을 최고의 상태로 만드는 최고조 운동이다. 꼭 이 매뉴얼을 통해 당신의 달리기 인생이 보람차고 행복하기 바란다.

달리기 시합 중 지킬 필수정보

총성이 울리는 순간에 우리 몸은 이미 알고 있다. 지금은 경쟁의 시간이라는 것을 말이다. 그래서 심장은 더욱 빠르게 뛰고, 아드레날린이 분비되면서 온몸이 가벼워진다. 출발선에 선 대부분의 러너는 아마 이 순간을 기다려오지 않았을까. 그러나 바로 그 흥분이 시합에서 가장 경계해야 할 첫 번째 장애물이란 점이다.

시합 중 가장 중요한 것은 단 하나인데 페이스 조절이다. 출발 직후에는 자연스럽게 속도가 붙는다. 주변 사람들이 일제히 튀어 나가면 나도 모르게 보폭이 커지고 호흡이 빨라지는 것이다.

그렇다고 초반 가속이 무조건 나쁜 것은 아니다. 약 200미터 정도의 가속은 오히려 도움이 된다고 한다. 군중 속에서 벗어나 자신의 공간을 확보할 수 있기 때문이다. 팔을 자유롭게 흔들고, 발을 안정적으로 디딜 수 있는 자리를 확보하면 절반은 성공이다. 그 자리를 확보하는 게 처음의 관건이랄 수 있다.

그런데 문제는 그다음이다. 자리를 잡았으면 반드시 속도를 내려야 한다. 군중심리는 생각보다 강력하다. 옆 사람이 빠르게 달리면 나도 따라가고 싶어진다. 그러나 여기서 기억해야 한다. 시합은 타인과의 경쟁이 아니라 자신의 페이스와의 약속이라는 사실을 말이다.

마라톤이든 10km든 첫 1km는 목표 페이스보다 약 7초 정도 느리게 달리는 것이 좋다. 많은 러너가 이 단순한 원칙을 무시한다. 몸이 가볍다고 느껴지기 때문이다. 하지만 초반에 킬로당 몇 초씩만 빨라져도 그 대가(代價)는 후반에 돌아온다. 전반에 1초씩 무리하면 마지막에는 오히려 7초 이상 늦어질 수 있다. 달리기는 덧셈이 아니라 누적의 운동인 것이다.

처음 3~5km 구간은 몸이 깨어나는 시간이다. 근육이 충분히 데워지고 호흡이 안정되면 그때 목표 페이스로 진입하라. 그리고 가능한 한 같은 속도를 유지하라. 일정한 페이스는 어떤 선수에게나 최고의 전략이다.

속도가 들쭉날쭉하면 에너지 소비가 커진다. 산소 사용량도 불안정해진다. 반대로 일정하게 달리면 에너지가 효율적으로 사용되고 열 발생도 최소화된다. 달리기에서 보이지 않는 적은 바로 열이란 점을 잊어서는 안 된다.

체온이 과도하게 올라가면 몸은 이를 식히기 위해 더 많은 혈액을 피부로 보낸다. 그러면 근육으로 가야 할 혈액이 줄어들지 않겠는가. 특히 기온이 15도 이상이라면 더욱 주의해야 한다. 많은 러너가 이 온도를 달리기 좋은 날씨라고 생각하지만, 실제로는 체온이 빠르게 상승하기 시작하는 구간이다. 전반을 천천히 시작하면 몸이 과열되는 것을 막을 수 있는 것이다.

열 관리의 또 다른 핵심은 수분 보충이다. 물은 기록을 좌우하는 요소다. 땀을 많이 흘리면 앞에서도 밝혔듯이 혈액량이 줄어든다. 혈액이 부족해지면 세포와 근육에 산소 공급이 어려워지는 것이다. 노폐물 배출도 원활하지 않다. 결국 탈수로 이어지는 것이다.

이보다 중요한 사실이 하나 있다. 탈수는 목이 마르기 전에 이미 시작된다는 점이다. 따라서 식수대를 지날 때마다 최소 한 컵의 물을 마셔라. 갈증을 느끼지 않아도 마시는 것이 원칙이다. 아직 괜찮다는 판단이 가장 위험하다. 작은 습관 하나가 후반 2km를 살린다는 게 육상계의 정설이다.

가능하다면 머리에 물을 붓는 것도 좋다. 체열을 직접 낮출 수 있기 때문이다. 피부로 몰리는 혈류를 줄이고 중심 체온 상승을 완화하는 데 도움이 된다. 기록을 노리는 러너일수록 이런 작은 행동을 소홀히 하지 않는 법이다.

다시 한번 강조한다. 제발 자기 페이스로 달려라. 연습 때 설정한 목표 페이스에 가깝게 달리고 있다면 이미 잘하고 있는 것이다. 시합 중에는 반드시 누군가가 당신을 추월할 것이다. 그러나 당황할 필요는 전혀 없다. 초반에 빠르게 달린 러너들은 후반에 속도가 떨어지는 경우가 많기 때문이다.

그리고 어느 순간이 되면 당신이 그들을 하나씩 따라잡게 된다. 이 경험은 모든 러너가 한 번쯤 겪는다고 볼 수 있다. 흔들리지 않고 자신의 리듬을 지킨 사람만이 누릴 수 있는 장면이다. 시합은 단거리 질주가 아니다. 끝까지 무너지지 않는 사람이 결국 웃는 법이다.

또 하나 기억하자. 달리기는 힘으로 하는 운동이 아니라 조절의 운동이다. 흥분을 조절하면서 속도를 조절한다. 또 체온을 조절하면서 수분을 조절하는 것이 무엇보다 중요하다. 이 네 가지가 맞물릴 때 기록은 자연스럽게 따라오는 법이다.

출발선에서 너무 많은 것을 하려 하지 마라. 첫 1km는 몸을 깨우는 시간임을 절대 잊지 말자. 달리기의 중반은 리듬을 타는 시간이다. 또한 마지막 후반은 인내의 시간이다. 그리고 마지막 1km는 그날의 경기 결과를 좌우한다.

여기까지 일정 페이스를 유지했다면 이제 남은 에너지를 조금씩 끌어올려도 좋다. 결승선이 가까워질수록 사람들의 응원 소리가 커진다. 그 소리는 지친 다리에 다시 힘을 넣어준다. 초반에 힘을 빼지 말라는 것이 바로 이 대목 때문이다.

그러나 스퍼트조차도 통제 속에서 해야 한다는 것을 명심할 필요가 있다. 무너질 듯 뛰는 것이 아니라 남겨둔 힘을 꺼내 쓰는 것이 중요하다. 좋은 시합은 우연히 만들어지지 않는다. 항상 준비된 페이스 전략에서 비롯되는 법이다.

총성이 울릴 때 항상 떠올려라. 천천히 시작하자. 서두르지 말자. 그리고 끝까지 욕심내지 말고 일정하게 달리자. 훈련에서 해온 것처럼 더 이상도 이하도 하지 말자. 바로 이 단순한 원칙을 지키는 러너가 결국 가장 강한 러너가 되는 것이다.

카운트다운 대비법

우리는 인생을 끊임없이 준비하며 산다. 스포츠를 좋아하는 사람들은 그 인생의 중심에 달리기나 마라톤 같은 경주가 들어 있다. 그럼, 우리는 어떤 부분을 주의해야 하는가. 과연 대사(大事)를 앞두고 우리의 실수는 무엇일까?

큰 경기를 앞두고 가장 많이 하는 실수는 마지막까지 자신을 몰아붙이는 것이다. 왜 그럴까? 바로 불안하기 때문이다. 이 정도로 충분할까? 라는 생각이 들면 사람들은 더 뛰고 싶어진다. 그러나 이 대목에서 꼭 기억하자. 경기 일주일 전부터는 훈련이 아니라 회복의 시간이라는 것을 말이다.

이제 센 훈련은 금물이다. 근육은 훈련할 때 강해지는 것이 아니라 쉴 때 재건된다. 마지막 일주일은 짧은 거리를 가볍게 뛰고 충분히 쉬는 훈련이 필요하다. 몸에 피로를 남기는 순간에 그 피로는 출발선까지 따라오는 것이다.

특히 마지막 사흘은 더 엄격해야 한다. 5km 이상 뛰지 마라. 이 시기는 체력을 끌어올리는 단계가 아니라 몸 상태를 최상으로 만드는 단계다. 가벼운 조깅 정도면 충분하지 않겠는가. 대신 생활을 일정하게 유지하라. 갑작스럽게 식단을 바꾸지 말아라. 또한 평소 먹던 음식을 그대로 먹는 것이 좋다. 몸은 익숙함 속에서 안정을 유지하는 법이다.

수분 섭취도 중요하다. 시간당 약 120~180ml 정도의 물을 꾸준히 마셔라. 한꺼번에 많이 마시는 것보다 자주 마시는 편이 훨씬 효과적이다. 몸속 수분 균형이 안정되면 혈액 순환이 원활해지고 근육 탄성도 좋아질 것이다.

그리고 무엇보다 잠이다. 경기를 준비하는 러너에게 수면은 가장 강력한 보약이다. 운동 전까지는 가능한 한 푹 자라. 깊은 잠은 호르몬 분비를 촉진해 근육 회복을 돕고 면역력도 높인다는 점을 명심하자.

경기 전날 밤이 되면 긴장으로 잠이 잘 오지 않을 수 있다. 괜찮다. 중요한 것은 전날 하루가 아니라 그 이전 며칠 동안 충분히 잤는가이다. 저녁 식사는 가볍게 하라. 부담 없는 음식이 좋다. 어떤 러너는 아예 식사를 줄이거나 간단히 먹는다. 과식만 피하면 된다. 속이 편안해야 잠도 잘 온다는 것은 우리 경험으로도 이미 알고 있지 않은가.

그리고 한 가지 더 강조할 말이 있다. 깨어 있는 시간마다 조금씩 물을 마셔라는 것이다. 전날의 수분 상태가 다음 날 우리의 컨디션을 좌우한다. 경기 준비는 전날 밤에 끝나야 한다. 아침에 허둥대면 이미 에너지를 낭비한 것이다. 필요한 물품은 미리 챙겨두자.

- 운동복과 의상
- 러닝화
- 물
- 바셀린(마찰 방지용)
- 약간의 돈
- 경주 번호표
- 옷핀 네 개
- 경기 안내서
- 이 작은 준비가 마음의 여유를 만든다. 여유는 곧 안정된 페이스로 이어진다. 드디어 시합날 아침이다. 기상 후에는 긴장 때문에 갈증을 잘 느끼지 못한다. 그래도 물은 마셔야 한다. 30분마다 물 한 컵씩 천천히 마셔라. 마지막 물은 출발 30분 전에 마시는 것이 좋다. 너무 임박해서 마시면 달리는 동안 불편할 수 있기 때문이다.
- 음식은 먹지 않는 편이 안전하다. 우리는 이미 전날 충분히 에너지를 저장해 두었다. 위장이 바쁘면 몸은 달리는 데 집중하기 어렵다. 이제 몸을 깨울 시간이다. 출발 30~40분 전에는 꼭 준비운동을 시작하라.
- 갑자기 속도를 올리는 것은 금물이다. 먼저 5~10분 정도 가볍게 걸어라.

걷기는 몸에게 이제 움직일 시간이라고 알려주는 가장 부드러운 신호다. 그다음 10~20분은 천천히 조깅하라. 정말 천천히 시작해야 한다. 숨이 차지 않을 정도의 속도면 충분하다. 점차 몸이 풀리면서 자연스럽게 편안한 워밍업 페이스가 만들어질 것이다.

- 워밍업의 목적은 기록이 아니라 각성이다. 조깅 후에는 잠깐 걸으며 긴장을 풀어라. 어깨 힘을 빼고 턱을 느슨하게 유지하라. 얼굴 표정을 부드럽게 만드는 것만으로도 몸 전체의 긴장이 줄어들기 때문이다.

- 명상도 도움이 된다. 눈을 감고 호흡에 집중해 보라. 들이마시고, 내쉬고 이런 과정을 반복하라. 몇 번의 깊은 호흡만으로도 심박수가 안정되는 것을 느낄 수 있다. 다리를 머리 위로 올리는 자세도 좋다. 벽에 기대 다리를 올리면 혈액이 심장 쪽으로 돌아오면서 다리의 피로가 확 줄어든다. 짧은 시간이지만 놀라울 만큼 상쾌해지는 것이다.

- 앉아서 쉬어도 좋고, 천천히 걸어도 좋다. 핵심은 편안함이다. 출발 전에 이미 지쳐 있다면 그것은 준비운동이 아니라 낭비다. 출발선에 서기 직전 스스로한테 물어보라. 나는 달릴 준비가 되었는가?

- 일주일 동안 무리하지 않았는가. 잠을 충분히 잤는가. 물을 꾸준히 마셨는가. 몸을 천천히 깨웠는가. 이 질문에 모두 그렇다고 답할 수 있다면 이미 당신은 좋은 경기를 시작한 것이다.

- 많은 러너가 경기력을 특별한 기술에서 찾는다. 그러나 기록은 대개 이런 기본에서 결정된다. 잘 쉰 몸, 안정된 수분 상태, 여유 있는 준비 등. 이 세 가지가 갖춰지면 몸은 자연스럽게 제 능력을 발휘한다. 카운트다운은 불안을 키우는 시간이 아니다. 자신을 정돈하는 시간이라는 점이다.

- 조급함을 버려라. 마지막에 더하려고 하지 말고, 오히려 덜 하라. 최고의 컨디션은 언제나 절제 속에서 만들어진다. 출발선에 선 순간, 당신의 몸은 이미 답을 알고 있다. 이제 우리는 달릴 준비가 되었다는 것을 말이다.

장거리 달리기를 시작한 사람들의 공통된 특징이 있다. 대개가 마음이 급하다는 것이다. 물론 누구보다 기록을 빨리 줄이고 싶고 남들보다 앞서고도 싶겠지. 몇 년만 훈련하면 자신의 한계에 도달했다고 생각하기도 한다. 그러나 장거리는 조급함과는 아주 거리가 먼 스포츠라는 점을 잊지 말자.

장거리의 본질은 지구력이다. 그리고 지구력은 단기간에 완성되지 않는다. 많은 러너가 2~4년 정도 꾸준히 뛰고 나면 이게 내 최고 기록이겠지, 라고 말한다. 하지만 진짜 지구력은 최소 10년에 걸쳐 서서히 개발된다고 한다. 몸의 변화는 눈에 띄지 않지만, 시간이 축적되면 놀라운 차이를 만든다는 점이다.

지구력은 재능보다 인내의 산물이다. 한 올림픽 준비 선수의 이야기가 이를 잘 보여준다. 그는 5km 경기에서 사용할 치밀한 전략을 세웠다. 마지막 1,600미터 즉 네 바퀴를 남겨둔 시점에서 강하게 속도를 끌어올려 경쟁자들을 산소 부족 상태로 몰아넣겠다는 계획이었다고 한다.

만약 상대가 버티지 못하고 탈진하면 자연스럽게 우승이 따라올 것이라 믿었다. 그리고 경기는 계획대로 흘러가는 듯했다. 네 바퀴를 남겨두고 그는 선두로 나섰고, 과감하게 스피드를 올렸다. 관중은 환호했고, 다른 선수들의 호흡은 점점 거칠어졌다.

하지만 대체 무슨 일이란 말인가. 펼쳐지는 상황은 예상과 다르게 흘러갔던 것이다. 탈진한 사람은 경쟁자가 아니라 바로 그 자신이었다. 그는 성급한 욕망에 사로잡혀 결국 상대를 넘어뜨리지 못하고 자신을 넘어뜨렸던 셈이다.

속도를 너무 빨리 끌어올린 탓에 에너지가 급격히 고갈됐던 것이다. 가장 중요한 지점에서 근육은 무거워졌고 호흡 역시 무너지기 시작했다. 그 순간까지도 그는 선두였지만, 더 이상 가속할 힘이 남아 있지 않았던 것이다.

바로 그때였다. 두 바퀴를 남겨둔 시점에서 한 선수가 극적으로 속도를 높였다. 그는 끝까지 힘을 아껴 두었다가 결정적인 순간에 폭발시켰던 것이다. 그리고 결국 우승은 그에게 돌아갔다. 이 이야기는 중요한 사실을 말해 준다. 선두에 서는 것만으로는 충분하지 않다. 끝까지 버틸 힘이 있어야 한다는 사실을 주지시킨다.

물론 선두주자가 그대로 우승하는 경우도 많다. 빠른 레이스를 만드는 역할은 대개 선두주자가 맡는다. 그러나 자신의 능력보다 훨씬 빠르게 달린다면 결과는 뻔하다. 후반에 속도가 떨어지고 결국 누군가에게 추월당하기 때문이다.

수준급 선수가 되려면 단순히 앞서가는 사람이 아니라 차고 나갈 수 있는 러너가 되어야 한다. 여기서 말하는 차고 나감은 무모한 가속이 아니다. 마지막 순간에 남은 힘을 폭발시키는 능력이라는 사실이다. 이를 위해서는 두 가지가 필요하다. 타고난 스피드와 그 스피드를 오래 유지할 수 있는 지구력이다.

스피드는 순간적인 재능일 수 있지만, 오래 버티는 스피드는 훈련으로 만들어진다. 경기에서 가장 중요한 목표 중 하나는 결승선이 보일 때까지 선두 그룹을 유지하는 것이다. 그런데 이것은 말은 쉽지만 실제로는 매우 어렵다. 선두 그룹은 묘한 에너지를 만든다. 서로의 호흡을 자극하면서 경쟁심이 상승한다. 그리고 평소보다 더 빠른 속도를 견디게 하는 원동력이 된다.

그러나 위험도 함께 따른다. 초반에 일부 러너는 갑자기 페이스를 끌어올린다. 다른 선수들을 떨어뜨리기 위해서다. 이런 움직임에 무조건 반응할 필요는 없다. 자신의 리듬을 지키는 러너가 결국 더 멀리 간다는 사실이다.

모든 경쟁에서 차고 나가는 능력은 중요하다. 하지만 그 타이밍은 더욱 중요하다. 성공하는 러너는 재치가 있다. 인생과 마라톤이 너무 닮은 영역이다. 상대를 너무 앞서가지 않는다. 이거야말로 배려인데 결국 자신을 위한 배려인 셈이다. 앞서 나간다는 것은 바람을 더 많이 맞고 심리적 부담을 더 크게 짊어진다는 뜻이다. 무엇보다 끝까지 지키기가 어렵다는 점. 따라서 기다릴 줄 아는 용기가 필요한 법이다.

또 하나 주목할 점이 있다. 선수들 사이에서는 강한 팔과 어깨를 가진 러너가 우승 확률이 높다는 말이 있다. 달리기는 하체 운동이라고 생각하기 쉽지만, 실제로는 전신 운동이다.

팔은 리듬을 만든다. 어깨는 자세를 안정시킨다. 상체가 흔들리면 에너지가 낭비되고 결국 하체에도 부담이 가지 않겠는가.

그래서 역기 운동 같은 근력 훈련이 도움이 된다. 무거운 중량이 아니어도 좋다. 꾸준히 상체를 강화하면 달릴 때 추진력이 살아난다. 특히 경기 후반에 팔의 근력이 살아 있는 선수는 속도가 쉽게 무너지지 않는다.

수준급 선수가 되려면 상대를 몰아붙이는 훈련도 필요하다. 혼자 달리는 것과 경쟁 속에서 달리는 것은 전혀 다르다. 인터벌 훈련이나 그룹 러닝은 경쟁 상황을 미리 경험하게 해 준다. 몸뿐 아니라 마음도 단련하게 된다.

결국 장거리에서 승부를 가르는 것은 세 가지다. 지구력, 전략, 그리고 절제이다. 지구력은 많은 시간을 요구한다. 전략은 많은 경험에서 나온다. 절제는 성숙함의 증거라 할 수 있다. 그러니 조급함을 내려놓아라. 오늘의 기록보다 중요한 것은 10년 뒤의 가능성이다. 천천히 성장한 러너는 쉽게 무너지지 않는 법이다.

경기 막판, 결승선이 시야에 들어오는 순간을 한번 떠올려 보라. 그때 아직 차고 나갈 힘이 남아 있다면 당신은 이미 수준급 선수의 문턱에 서 있는 것이다. 인생이 광활한 대지처럼 남아 있듯 마라톤 인생에서 멋진 당신의 삶을 펼쳐 보기 바란다.

자세(姿勢)의 정석

달리기에서 자세는 늘 논쟁거리다. 그만큼 절대적인 원칙이 없다는 말이다. 어떤 사람은 보폭을 강조하고, 어떤 사람은 팔치기를 말한다. 또 누군가는 상체 각도를 바꾸면 기록이 줄어든다고 주장하지 않는가. 그러나 결론부터 말하면 자세의 처방은 제각각이다. 사람마다 신체 구조가 다르고 근력과 유연성, 달리기 목적 또한 다르기 때문이다.

그럼에도 불구하고 모든 러너에게 통하는 일반적인 원칙은 존재한다. 자세는 반드시 자신의 신체 구조와 능력에 맞아야 한다는 점이다. 몸에 맞지 않는 특정 스타일을 고집하는 것은 오히려 위험하다. 부상을 부르는 데다 효율마저 떨어뜨리는 것이다.

좋은 자세란 남을 흉내 내는 것이 아니라 자기 몸에 가장 자연스러운 자세를 찾는 과정이다. 프로 선수들은 속도를 내는 데 집중한다. 기록이 곧 경쟁력이기 때문이다. 그래서 자세 역시 빠른 추진력을 만들어 내는 방향으로 발전한다. 반면에 초보자나 비경쟁적 러너들은 다르다. 그들의 목표는 달리기를 즐기면서 오랫동안 지속하는 게 더 중요하다. 우리 몸에 무리가 가지 않도록 부드럽게 달리는 것이다.

속도보다 중요한 것은 효율이다. 가장 기본이 되는 원칙은 꼿꼿한 자세다. 땅과 중력에 대해 수직에 가까운 자세가 에너지 손실을 줄인다. 몸이 과하게 앞으로 숙여지면 호흡이 답답해지고, 뒤로 젖혀지면 추진력이 약해지지 않는가.

머리 위에서 실이 당겨지는 느낌을 떠올려 보라. 자연스럽게 척추가 펴지고 시선은 안정된다. 그래서 상체는 편안하게 된다. 그런데 힘이 들어간 상체는 달리기를 방해한다. 어깨에 힘이 들어가면 팔이 경직되고, 팔이 경직되면 보폭의 리듬이 깨지는 것이다. 결국 하체까지 영향을 받게 된다.

달릴 때 모든 움직임은 앞으로 향해야 한다. 허리, 어깨, 팔, 다리가 같은 방향을 바라볼 때 추진력이 생긴다. 몸이 좌우로 흔들리는 것은 눈에 보이지 않는 낭비라 할 수 있다. 그 작은 낭비가 장거리에서는 큰 차이를 만들어 낸다.

팔은 다리와 조화를 이루어야 한다. 팔은 속도를 만드는 기관이 아니라 리듬을 조율하는 장치라고 생각한. 팔을 낮게 두고 몸 가까이 붙이면 다리가 더 빠르게 반응한다. 여기서 중요한 점이 하나 있다. 팔로 달리려고 하지 말라는 점이다. 다리의 리듬을 따라가게 하라.

손목은 편안하게 흔들려야 한다. 긴장된 손목은 곧바로 어깨 긴장으로 이어진다. 손가락은 가볍게 말아쥔다. 계란 하나를 쥐고 있다고 상상하면 좋을 것이다. 너무 세게 쥐지도 말고 넘 떨어뜨리지도 않는 정도가 적당하다.

손바닥은 아래를 향하게 하고, 손을 움직일 때는 팬티를 가볍게 스치는 느낌이면 충분하다. 과장된 팔치기는 에너지만 낭비한다. 달리다가 손과 팔에 힘이 들어간다는 느낌이 들면 잠시 흔들어 풀어라. 작은 이완이 전체 리듬을 되살려 줄 것이다.

히프 역시 중요한 축이 아니겠는가. 히프는 머리와 어깨와 일직선을 이루며 앞으로 이동해야 한다. 히프가 뒤로 빠지면 보폭이 짧아지고 추진력이 사라진다. 반대로 히프가 자연스럽게 앞으로 나가면 발이 몸 아래에 떨어져 달릴 때 효율적인 착지가 가능하다.

장거리 선수와 단거리 선수의 자세가 다른 이유도 여기에 있다. 장거리 선수는 무릎을 높이 들지 않는다. 과도한 동작은 에너지 소비를 키운다. 작은 움직임을 반복하며 효율을 극대화한다. 반면 단거리 선수는 무릎을 높이 들어 올린다. 폭발적인 힘과 스피드를 위해서 말이다. 따라서 보폭을 크게 하고 무릎을 높이 들어 강한 추진력을 만들어야 하는 것이다.

장거리 달리기는 절제의 기술이다. 반면에 단거리 달리기는 폭발의 기술이다. 이제 핵심을 정리해 보자. 자세의 정석은 세 가지로 압축된다. 첫째, 가슴을 위로 들어라. 가슴이 올라가면 자연스럽게 허리가 펴지고 호흡이 깊어진다. 시선도 아주 안정되어 보인다.

둘째, 히프를 앞으로 내밀어라. 몸의 중심이 앞으로 이동하면서 발걸음이 가벼워진다. 끌려가는 달리기가 아니라 밀고 나가는 달리기가 된다.

셋째, 발을 힘껏 밀어 차라. 달리기는 결국 지면을 밀어내는 운동이다. 발로 땅을 누르는 만큼 몸은 앞으로 나아가는 것이다.

이 세 가지는 서로 독립된 동작이 아니다. 가슴이 올라가면 히프가 따라오고, 히프가 앞으로 나오면 밀어차기가 쉬워진다. 모든 요소는 하나의 흐름 속에서 조화를 이루게 된다.

좋은 자세는 노력해서 만든다기보다 불필요한 힘을 빼면서 완성된다. 억지로 만든 자세는 오래가지 못한다는 점을 잊지 말자. 자연스러운 자세는 오랫동안 지속한다는 점을 각별히 되새기자. 달리다 보면 어느 순간 몸이 스스로 가장 편안한 각도를 찾아갈 것이다. 그 감각을 믿어야 한다.

기억하라. 완벽한 자세란 존재하지 않는 법이다. 다만 당신에게 가장 효율적인 자세가 있을 뿐이다. 자세를 고치려 하기보다는 자신에 맞게 다듬어라. 크게 바꾸려 하기보다는 조금씩 조정하라. 그리고 무엇보다 편안함을 기준으로 삼아라. 편안한 자세는 당신을 더 멀리 더 오래 더 즐겁게 달리도록 할 것이다.

스트래칭 정보 꿀팁

달리기를 오래 하고 싶다면 반드시 기억해야 할 한 가지가 있다. 바로 스트래칭이다. 스트래칭은 말의 어감은 그럴싸하지만, 생각보다 화려하지 않다. 안정의 이미지를 높이고, 달리기 운동의 가치를 높여준다. 많은 러너들이 스트래칭을 한다. 하지만 기록을 단번에 줄여주지도 않는다. 그러나 부상을 줄이고 몸을 오래 쓰게 만드는 가장 확실한 방법이 바로 스트래칭인 것이다.

많은 러너들이 훈련 계획에는 공을 들이면서 진정 스트래칭은 대충 넘긴다. 몇 번 몸을 흔들고 끝내거나 아예 생략하기도 한다. 하지만 스트래칭은 선택이 아니라 기본 필수이다. 표나지 않으면서 확실하게 몸을 지켜준다.

스트래칭의 가장 큰 역할은 부상 예방이다. 꾸준히 스트래칭을 하면 종아리, 허벅지, 허리 같은 핵심 근육들이 더 단단해지고 안정된다. 단단하다는 말은 굳어 있다는 뜻이 아니라, 유연하면서도 버틸 힘이 생긴다는 의미다.

여기서 중요한 점이 있다. 강한 스트래칭이 아니라 적절한 스트래칭이 중요하다는 것이다. 억지로 늘리는 스트래칭은 오히려 근육을 상하게 한다. 몸은 싸우려 들고 그 반작용으로 더 경직된다. 스트래칭은 몸을 정복하려는 게 아니라 설득하려는 것이다. 근육이 이 정도면 괜찮다고 받아들이는 범위 안에서 이루어져야 하는 게 원칙이다.

근육 균형도 기억해야 한다. 허벅지가 약하면 무릎 부상이 찾아온다. 달릴 때 무릎이 받는 충격을 허벅지가 제대로 흡수하지 못하기 때문이다. 정강이 통증 역시 종아리 근육의 문제에서 시작되는 경우가 많다. 결국 스트래칭은 특정 부위가 아니라 몸 전체의 균형을 위한 작업이다.

스트래칭은 하루 이틀 해서 효과가 드러나지 않는다. 그러나 반대로 몇 년 하지 않으면 그 차이는 분명해진다. 약 3년 정도 스트래칭을 하지 않으면 달리기

능력은 눈에 띄게 떨어진다. 보폭이 줄고 움직임이 둔해지며 회복 속도도 아주 느려지는 법이다.

유연성은 재능이 아니라 습관이다. 러너에게 스트래칭은 느슨해진 근육을 편안하게 늘리는 시간이다. 그 시작은 거창할 필요가 없다. 부드러운 마사지로 충분하다. 종아리, 허벅지, 엉덩이 그리고 아래 허리를 천천히 주물러 보라. 혈액순환이 살아나고 근육이 서서히 풀리는 것을 감지할 수 있을 것이다.

마사지할 때도 힘을 과하게 주지 말아야 한다. 손끝으로 대화를 나누듯 가볍게 풀어주어야 한다. 스트래칭 동작에 들어갔다면 최소 20초 정도 유지하라. 그 상태에서 호흡을 고르고 긴장을 내려놓는다. 반대로 압박감이 강하거나 통증, 근육의 떨림이 느껴진다면 이미 무리한 스트래칭이라 할 수 있다.

스트래칭의 마무리는 언제나 천천히, 가볍게 해야 한다. 갑작스럽게 풀어버리면 근육이 놀란다. 시작도 부드럽게 하고 끝도 부드럽게 마무리해야 한다. 이것이 원칙이다. 또 하나 중요한 습관이 있다. 스트래칭은 정기적으로 해야 한다는 점이다. 생각날 때만 하는 스트래칭은 효과가 약하다. 짧은 시간이라도 꾸준히 반복해야 몸이 기억하는 법이다.

절대 해서는 안 될 방식도 있다. 당겼다 놓기를 반복하는 것이다. 흔히 반동을 이용한 스트래칭을 하는데, 이 방법은 근육을 짧고 약하게 만든다. 탄성만 키우고 안정성은 떨어뜨리게 되는 것이다.

스트래칭은 경쟁이 아니다. 옆 사람보다 더 늘리려 하지 마라. 유연성은 비교 대상이 아니다. 몸이 허락하는 범위 안에서 조용히 확장하면 된다. 흥미롭게도 많은 전문가들은 달리기 직전의 스트래칭을 권하지 않는다. 뛰기 전 근육은 풀리지 않아 아직 단단하다. 이 상태에서 무리하게 늘리면 오히려 다칠 위험이 커지지 않겠는가.

달리기 직후 역시 조심해야 한다. 운동을 마친 근육은 활동을 멈추려는 단계에 들어간다. 이때 강한 스트래칭을 하면 경련이 생길 수 있다. 그렇다면 언제하는 것이 가장 좋을까. 가장 좋은 스트래칭은 몸이 충분히 풀리고 혈액이 돌 때다. 가벼운 움직임으로 체온이 올라온 뒤 몸이 더워졌다고 느껴지는 순간이 최고 적합한 순간이다. 근육이 가장 협조적인 시간이란 말이다.

기다릴 줄 아는 스트래칭이 가장 안전하다. 그리고 한 가지 더 주의할 대목이 있다. 스트래칭도 과하면 좋지 않다는 말이다. 많이 할수록 좋다는 생각은 착각임을 명심하자. 지나친 스트래칭은 관절 안정성을 떨어뜨리고 오히려 힘을 분산시키는 것이다.

달리기는 결국 균형의 운동이다. 강함과 유연함 사이의 균형, 훈련과 회복의 균형, 긴장과 이완의 균형 위에 서 있다. 스트래칭은 그 균형을 조용히 지탱하는 축이다. 러너에게 최고의 스트래칭은 화려한 동작이 아니다. 몸이 편안해지고 움직임이 부드러워지는 바로 그 정도의 가치가 스트래칭이다.

오늘 달리기를 마쳤다면 스스로에게 물어보라. 나는 내 근육을 잘 돌보았는가. 스트래칭은 기록을 위한 준비이기 전에 오래달리기를 위한 약속이다. 꾸준히 하는 사람만이 그 차이를 느낄 수 있다.

달리기의 매력은 누구에게나 열려 있는 운동이란 점이다. 그러나 몸이 다르면 접근도 달라야 한다. 여성의 달리기는 남성과 같은 길 위에 있지만, 다른 신체 구조와 생리적 특징을 이해할 때 비로소 더 안전하고 오래 이어갈 수 있는 것이다.

여성은 태아를 품고 키우기 위해 구조적으로 넓은 히프를 지닌다. 이는 생명의 탄생을 위한 자연의 설계라고 할 수 있다. 하지만 달리기에서는 추진력과 보폭에 영향을 줄 수 있어 평균적으로 남성보다 빠른 속도를 내기는 어렵다는 것이다. 이것은 한계라기보다 구조의 차이라고 이해하는 게 옳다.

근육, 힘줄, 인대, 뼈 역시 대체로 남성보다 여성이 섬세하다. 그래서 운동을 시작할 때 중요한 원칙이 있다. 천천히 시작하고, 조금 덜 하기를 권한다. 무리한 출발은 몸에 부담을 주지 않겠는가. 여성 러너는 초기에 속도보다 적응에 집중해야 한다. 운동량도 남성과 비교하지 않는 것이 좋다. 달리기는 경쟁이 아니라 지속의 운동이기 때문이다.

체중 관리 역시 중요한 요소다. 달리기를 하면 살이 곧바로 빠질 것이라 기대하지만 여성의 몸은 남성에 비해 조금 다르게 반응한다. 남성은 지방을 주로 근육 바깥에 저장하지만, 여성은 근육 내부에도 지방을 저장하는 경향이 있다. 그래서 내부 저장고가 가득 차면 지방은 히프와 가슴 그리고 전신으로 이동하는 것이다.

그래서 지구력 운동을 시작하면 지방이 연소되고 근육이 자극된다. 체중이 크게 줄지 않을 수도 있다. 그러나 실망할 필요는 없다. 허리둘레가 줄고 건강에 해로운 지방이 감소한다면 이미 몸은 좋은 방향으로 변화하고 있는 것이다.

달리기는 숫자보다 체형과 건강을 바꾸는 운동이다. 여성 러너가 특히 주의

해야 할 몇 가지가 있다. 첫째는 월경불순이다. 과도한 신체적 스트레스는 에스트로겐 같은 여성 호르몬의 생산을 억제할 수 있다. 그래서 몸이 보내는 신호를 무시해서는 안 된다. 정상적인 월경을 원한다면 균형 잡힌 식사가 기본이다. 신선한 채소와 과일, 충분한 비타민과 미네랄이 필요한 법이다.

스트레스를 줄이는 것도 중요하다. 호르몬 균형이 흔들렸다면 과감히 훈련 거리를 절반 정도로 줄여 보라. 몇 달 동안 조정하면서 여분의 운동으로 수영 같은 저 충격 운동을 병행하는 것도 좋다. 쉬는 것은 후퇴가 아니라 회복이란 점이다.

둘째는 여성의 이미지 변화다. 일부는 달리기를 하면 몸이 투박해질 것이라 걱정한다. 그러나 꾸준한 운동은 오히려 자세를 곧게 만들고 움직임을 아름답게 한다. 건강한 러너의 인상은 단단하면서도 자연스럽다는 점이다. 달리기는 여성성을 해치지 않는다. 오히려 자신감이라는 가장 강한 이미지를 만들어 준다.

셋째는 가슴의 안정이다. 달릴 때 유방이 흔들리면 통증과 불편함이 생길 수 있다. 이는 운동 지속을 어렵게 만드는 작은 장애물이다. 해결책은 단순하다. 가슴을 잘 받쳐주는 스포츠 브라를 착용하라. 신축성 좋은 끈이 있고 뒤에서 단단히 고정되는 제품이 좋다. 달리기를 위해 특별히 설계된 브라는 움직임을 줄여 훨씬 편안한 러닝을 돕는다. 편안함이 기록보다 먼저라는 점을 가슴에 새겨야 한다.

넷째는 여성 생식기와 달리기의 관계다. 일반적으로 달리기가 여성의 생식기에 직접적인 문제를 일으키지는 않는다. 다만 방광이나 자궁이 원래 약한 경우 달리는 중 소변이 새는 경험을 할 수도 있다. 이는 부끄러운 일이 아니라 근육의 문제다. 있는 그대로 받아들이는 태도가 중요하다. 해결 방법은 골반 강화 운동이다. 달리기 전에 골반 근육을 단련하면 훨씬 안정된 상태로 운동할 수 있다.

다섯째는 임신과 달리기다. 달리기가 태아에 직접적인 해(害)를 준다는 근거는 거의 없다. 오히려 적절한 운동은 스트레스를 줄이는 데 도움이 될 수 있다. 다만 임신 중이라면 몸에 무리가 덜 가는 운동을 선택하는 것이 현명하다. 임신부를 위한 에어로빅이나 수영이 좋은 대안이다. 많은 여성 러너들은 임신 5개월 이후부터 조깅을 멈춘다. 이는 몸의 변화를 존중하는 자연스러운 선택이다.

또 하나 기억해야 할 사실이 있다. 일주일에 50킬로미터 이상 달리면 생식 호르몬 분비가 감소할 수 있다. 임신을 계획하고 있다면 최소 6주 이상 훈련 거리를 줄여 호르몬 회복을 돕는 것이 좋다. 몸은 기다려 주는 사람에게 더 잘 응답한다는 점을 기억하자.

출산 이후에도 서두르지 말아야 한다. 충분히 휴식한 뒤 달리기를 재개하라. 처음에는 걷기부터 시작하는 것이 안전하다. 산후(産後) 회복에서 중요한 것은 복부와 골반 근육이다. 무릎을 굽힌 상태에서 윗몸 일으키기를 하며 복부 근육을 차근차근 쌓아 올려라. 그리고 반드시 권하고 싶은 운동이 있다. 바로 케겔 운동이다.

특히 30세 이후 출산을 경험한 여성에게 케겔 운동은 큰 도움이 된다. 스트레스성 요실금 예방에도 효과적이다. 방법은 아주 간단하다. 방광과 질 주변 근육, 즉 회음부 근육을 조였다가 풀기를 반복한다. 소변을 볼 때 잠시 멈췄다가 다시 배출하는 연습도 괄약근 강화에 도움이 되지 않겠는가.

이 작은 근육들이 삶의 질을 지킨다. 여성의 달리기는 더 많은 주의를 요구하는 것처럼 보일 수 있다. 그러나 그 본질은 남성과 다르지 않다. 자신의 몸을 이해하고 존중하는 태도, 그것이 가장 중요한 출발점이다.

달리기는 몸을 바꾸지만 동시에 삶의 태도도 바꾼다. 몸의 신호를 듣게 하고, 속도를 조절하게 하며, 때로는 쉬는 용기(勇氣)도 가르친다. 완벽한 러너가 되려 하지 말라. 오래 달리는 러너가 되라.

여성의 몸은 섬세하지만 동시에 놀라울 만큼 강하다. 그 강함은 무리할 때가 아니라 균형을 지킬 때 드러난다. 천천히 시작하고 꾸준히 이어간다면 달리기는 단순한 운동을 넘어 삶을 지탱하는 리듬이 되지 않겠는가. 길 위에 서는 순간, 여성 러너는 그 자체만으로도 충분히 강하다.

제8장 서울에서 휴전선까지 불과 40킬로

서울에서 휴전선까지 불과 40km

서울은 우리 역사와 문화의 중심이다. 대한민국 서울은 세계에서도 가장 독특한 지정학적 위치에 자리 잡고 있다. 현대적인 도시이면서도 우리 역사의 고전미가 흐른다. 아이러니하게도 천만 인구가 살면서 아름답고 눈부신 도시지만, 위험을 내포하고 있다. 남북으로 갈린 접경지역에서 불과 40km밖에 떨어져 있지 않다.

삶과 죽음이 있고 안정과 위기가 공존하듯 하나로 정의를 내리거나 표현할 수가 없다. 국가의 심장이고 국민의 자부심이 깃들어 있다. 이런 서울의 지근거리에 중무장한 경계선이 있다는 사실이 정말 믿기지 않는다.

북한의 장거리 포병은 서울 전역을 사정권에 두고 있다. 이런 사실은 정말 고요한 수면 위에 불어닥칠 태풍처럼 지금은 고요하다. 태풍의 눈이 열리면 무슨 일이 일어날지 소름 돋게 한다. 서울 불바다, 전쟁을 항상 입에 올리는 북한은 서울 불바다를 당연한 것처럼 경고하고 있는 것이다.

서울은 물론 지정학적으로 안전한 도시가 될 수는 없다. 만약 지난 1950년대처럼 전쟁이 일어난다면 가장 위험한 도시가 될 수 있다. 서울이 대한민국의 가장 핫한 지역이기는 하지만 이런 특별한 지위에도 불구하고 많은 부담을 안고 있기 때문이다.

현대적으로 보면 서울과 평양의 거리는 짧다. 특히 1분에 수백 킬로를 날아가는 로켓의 시대에는 너무도 짧은 거리다. 평화를 갈망하는 마음처럼 위험에 노출될 수밖에 없는 짧은 거리다. 우리는 막연히 두 번의 전쟁은 일어나지 않을 거라고 기대한다. 그런 만큼 평화에 대한 희망은 몹시 간절할 수밖에 없는 것이다.

개성까지 70km

서울에서 북쪽으로 조금만 더 가면 개성이 나온다. 옛날 시대로 거슬러 올라가면 개경 정도로 이해할 수 있을 것이다. 현재의 개성은 과거 고려의 수도 개경이지 않았겠는가. 단70km, 이것은 다만 서울에서 수원이나 동두천을 오가는 거리라 할 수 있다.

우리 역사에 개성은 남북 경제협력의 상징이었다. 이른바 개성공단의 중심이다. 2018년까지만 해도 남측 인원들이 매일 출퇴근하던 곳이었다. 서울에서 출발해 약 1시간이면 도착할 수 있는 거리, 우리 노동자들이 판문점을 걸어 출근할 때는 통일이 반드시 멀리에 있는 것이 아니라는 믿음이 있었다.

하지만 불과 몇 년 사이에 남북은 급속도로 멀어졌다. 거리상 가까운 거리는 감정적으로 아주 멀어진 것이다. 물리적 거리보다 감정적 거리가 남북의 관계를 협소하게 만들고 있다. 관계가 좋을 때는 한때지만 개성공단에 남북공동 연락사무소를 세우고 남북 합동 개소식을 개최하기도 하지 않았는가.

하지만 곧 손잡고 삼팔선까지 부술 것 같았던 남북관계는 갑작스럽게 무너졌다. 지난 2020년 6월 16일 14시 50분경 북한에 의해 완전히 폭파되었다. 우리는 김여정 부부장에 의해 자행된 이 엄청난 횡포를 5천만 국민이 안방에서 동시에 지켜보았다.

이에 따라 남북 정상이 합의한 판문점 선언은 휴짓조각이 되었다. 남북 공동 연락사무소는 북한의 압박 수단으로 폭파되는 운명을 맞았었다. 단단할 것 같았던 연락소 건물은 불과 21개월 만에 완전히 역사 속으로 사라졌다. 허무한 남북의 역사, 변화무쌍한 남북의 역사였던 것이다.

가깝고도 먼 이 거리, 이 거리야말로 남북한 역사와 문화의 연결성을 상징한다. 우리 한민족의 유구한 역사가 투영되어 있다. 고려의 수도였던 개경이며 조선의 수도였던 한양, 이 두 도시야말로 한반도의 역사와 문화를 아우르고 있다. 불과 70km 떨어진 이 두 도시가 지금은 영원히 분리(分離)된 견고한 성벽처럼 낯선 느낌이다.

평양까지 겨우 195km

승용차로 두 시간 달리면 닿을 수 있는 거리가 바로 평양이다. 서울에서 대전까지의 거리가 평양이라니 이토록 지근(至近)의 거리가 넘어다볼 수 없는 머나먼 70여 년의 벽을 만들어온 셈이다.

이 거리야말로 세계 유일의 분단국인 남북의 현실을 가장 잘 보여주고 있다. 정치 및 이념과 사상이란 피도 눈물도 가족이란 것도 철저히 외면한다는 사실을 보여준다. 세계의 다난한 국제정세 속에서 우리가 대처해야 하고 결국 우리가 풀어야 하는 숙명이며 과제라고 생각하는 것이다.

서울 부산 간 거리는 약 325km라고 한다. 서울 평양 간 거리는 서울 부산의 60%에 불과하지 않은가. 하지만 지금 우리에게 느껴지는 것은 달나라보다 멀다는 느낌이다. 더군다나 김정은 정권은 더욱 철저히 담을 쌓고 철조망을 두르고 지뢰를 매설해 아주 작은 실낱같은 희망마저 철저히 감금해버렸다. 정말 애통하고 비통할 일이 아닌가.

우리가 서울-평양 릴레이 마라톤을 시작한 것은 이 거리에다 가능성을 올려놓은 것이라 할 수 있다. 통일은 차치하고라도 남북관계의 개선으로 족하다. 첫술에 배부를 수는 없는 노릇이다. 서울과 평양을 일일생활권으로 만들 수만 있다면 더 무엇을 바랄 수 있겠는가. 그 이후는 우리 후손들의 몫으로 남겨두어도 충분할 것이다. 우리가 살아서 서울을 출발해 평양에서 점심을 먹고 저녁에 서울로 돌아오면 더 바랄 것이 없지 않을까.

이렇게 희망을 얘기하면서도 문득 하늘을 보면 깜깜하다. 이런 기분은 비단 나만의 기분만은 아닐 것이다. 너무도 멀리 있는 분단이란 현실과 통일이란 명분이 확고한 만큼 우리에게 다가오는 심리적 거리는 아주 멀다.

하지만 포기할 수는 없는 일이다. 통일의 끈을 끝까지 붙들어야 한다. 이게 한민족으로 존재하는 명분이다. 통일에 대한 희망이 커질 때 진정한 평화도 열릴 것이다. 평화의 거리를 좁히는 것이 남북한을 사는 사람들의 하나같은 책임일 것이다. 서로를 이해하고 존중하는 마음을 갖고 평화를 향한 의지를 불태울 때 하나로 손잡은 서울과 평양의 릴레이 마라톤의 가치는 높아질 것이다.

햇볕정책과 그 이후

햇볕을 싫어하는 사람은 없을 것이다. 우리가 수없이 들어온 말 가운데 햇볕정책이란 말이 있다. 이 용어는 본래 이솝 우화에서 비롯한 말이다. 북풍과 태양에서 착안했다고 전해지는데 행인의 외투를 벗게 한 것은 북풍이 아니라 햇볕이었다. 바람이 불면 옷깃을 오히려 단단히 여미게 되지 않은가.

하지만 햇볕이 뜨겁게 내리쬐면 옷을 벗을 수밖에 도리가 없는 것이다. 우리가 이처럼 북한을 몰아칠 것이 아니라 햇볕을 쬐어서 자연스럽게 마음을 열도록 해야 한다는 말이다. 독일 역시 분단 시절에 서독이 동독을 향해 추진했던 동방정책 또한 이러한 측면에서 생겨난 것이다. 그런데 결국 독일은 통일을 이루었지 않은가.

우리는 어쩔 수 없이 통일이나 남북문제에 대해 어떤 정책을 떠올리면 먼저 계절이 생각나게 된다. 동토의 땅 차갑게 얼어붙은 땅에 내리는 싸늘한 기운, 한반도 온 누리에 이런 기운이 가득하다. 이처럼 차가운 기운이 가득한 땅에 갑자기 따뜻한 햇살이 내려앉는 장면이 떠오른다.

햇볕정책, 분명 김대중 정부와 노무현 정부의 햇볕정책은 그런 계절의 전환을 불러왔다. 반공, 방첩 같은 냉전의 언어가 일상을 지배하던 시절에서 벗어나 화해와 교류의 따뜻한 언어가 현실로 다가왔다.

우리는 서로 놀라면서도 희망을 안고 햇볕의 뜨거움을 받아 안고 자연스레 사상과 이데올로기의 의복을 벗어 던졌다. 어떤 나라나 어떤 체제든 만나지 않으면 오해하게 되고 말하지 않으면 두려움이 커진다.

전두환, 노태우, 김영삼을 거치면서 우리는 남북의 대치상황을 목격했다. 그러나 김대중 정부 들어와서 남북이 서로 왕래하면서 정상들끼리 손을 잡는 장면을 보았다. 서로 악수하던 장면은 국민들로 하여금 안도의 한숨을 돌리도록 만들었다. 전쟁의 가능성이 상수처럼 따라다니던 한반도에서 잠시나마 긴장의 수위가 내려간 계기가 되었다는 점이다.

경제 협력과 인도적 지원이 일상에 작은 변화를 가져왔다. 또한 문화와 체육 교류 역시 사람들의 일상에 작은 변화를 가져왔다. 이런 장면을 통해 우리는 북한이 더 이상 추상적인 것이 아니라 말을 건넬 수 있는 상대로 변화하고 있음을 깨닫게 되었다.

그러나 햇볕이 마냥 따뜻하고 마냥 좋은 것은 아니다. 햇볕은 꽉 여민 옷깃을 풀어헤치게도 하지만 나무나 건물을 만나면 그늘이 만들어진다. 햇볕에도 그늘이 있다는 말이다. 남북관계의 개선에 역점을 두는 동안에 북핵 문제는 충분히 다뤄지지 못했다는 평가가 뒤따랐다는 것이다.

화해와 교류를 지속하기 위해 갈등의 요인을 모른 척하고 뒤로 미루는 방식은 단기적으로는 숨을 고르게 했지만, 장기적으로는 불안을 남겼다는 점이다. 한반도의 지속 가능하고 안정적인 평화를 위해서는 비핵화라는 어려운 과제가 반드시 해결되어야 한다는 숙제를 남겼다는 점을 무시할 수 없는 것이다. 모두가 알고 있는 이 사실이 가장 다루기 힘든 문제로 아직까지 남아있다고 하겠다.

비핵화는 단번에 이루어질 수 있는 일이 아니다. 상당한 시간이 필요하고 여러 이해관계가 얽혀 있기 때문이다. 어쩌면 우리가 기대하는 방식으로 완성되지 않을 가능성도 있다. 그럼에도 불구하고 이 문제를 외면한 채 평화를 말할 수는 없을 것이다. 햇볕정책의 한계는 바로 이 지점에서 드러난다. 관계 개선과 핵 문제를 병행 추진하는 과정에서 균형을 잡는 일이 얼마나 어려운지를 우리는 경험으로 배우지 않았는가.

결국 시간이 흐르면서 남북관계는 다시 경색되었다. 남북한 상호 대화의 창은 닫히고 상호 불신은 깊어졌다. 최근 들어 김정은 정권은 남북관계의 단절을 공개적으로 언급하며 철벽을 쌓아가고 있는 중이다.

우리 민족의 운명으로 보면 아주 불행한 순간이 아닐 수 없는 것이다. 두 국가로 영구히 존재하겠다는 주장까지 내놓고 있지 않은가. 이런 말들은 우리에게 불편한 현실을 직면하게 한다. 화해를 향한 강력한 의지가 한쪽에서 사라질 때, 다른 한쪽의 노력만으로 관계를 유지하기란 사실상 아주 어렵기 때문이다.

그렇다면 우리는 무엇을 할 수 있을까. 정치의 테이블이 비어 있을 때, 모든 노력과 시도가 멈춰야 하는가? 나는 그렇게 생각하지 않는다. 국가 간의 대화가 막혀 있을수록 민간의 움직임은 더 중요해진다. 정치는 속도가 빠르지만 변동이 크다. 민간은 속도는 느리지만 관계는 아주 오래간다.

이런 문제의식 속에서 서울시 육상연맹은 서울에서 평양까지 릴레이로 달리자는 계획을 세웠다. 아주 멋진 목표요 멋진 계획이다. 달리기란 종목은 인간에게 가장 원초적인 움직임이 바탕이 되는 것이다. 누구나 할 수 있고 특별한 언어를 요구하지 않는다.

세계적인 달리기에 세계적인 여러 국가에서 선수들이 밀려드는 것도 이러한 때문이다. 릴레이는 또한 혼자 달리는 것이지만 함께 가는 방식이다. 특히 릴레이는 더 그렇다. 바통 인계봉을 넘기는 순간, 우리는 상대를 믿지 않으면 안 된다. 그 짧은 신뢰의 순간이 이어질 때 길은 조금씩 앞으로 나아가지 않을까.

이 릴레이 마라톤은 단순한 스포츠 행사가 아니다. 막힌 물꼬라도 트겠다는 절박한 시도라는 점이다. 정치적 합의가 없더라도, 민간 차원의 교류는 시작할 수 있다는 메시지를 담고 있기 때문이다. 물론 북측 김정은 당국은 외면할지 몰라도 주민들에겐 도움이 절실히 필요로 한다.

우리는 그 현실을 외면하지 말아야 한다. 또한 의료기기를 전달하는 계획은 생명을 향한 최소한의 연대다. 매우 인간적인 측은지심, 측은지심 앞에 고개를 내저을 어떤 훼방꾼은 나오지 않을 것이라고 믿는다. 아픈 몸 앞에서는 체제와 이념이 잠시 뒤로 물러난다. 우리는 의료측면에서 북한을 도와줬던 경험이 있지 않은가.

스마트팜 200평 기준 10동을 조성하는 구상 역시 같은 맥락에 있다. 농작물을 기르는 일은 오늘을 넘겨 내일을 준비하는 행위다. 기술을 나누고 생산을 돕는 과정에서 생기는 신뢰는 말보다 오래 남을 것이다. 이것은 시혜(施惠)가 아니라 공존을 위한 투자다. 도움을 주는 쪽과 받는 쪽이라는 구도를 넘어서 함께 살아갈 방법을 찾는 과정이란 점이다.

나는 이 모든 시도가 비핵화라는 큰 문제를 단숨에 해결해 줄 것이라고 생각하지 않는다. 그러나 아무것도 하지 않는 것보다는 낫다. 평화는 어느 날 갑자기 우리에게 당도하지 않는다.

그것은 작은 접촉들이 쌓여 만들어지는 상태라고 할 수 있다. 달리다 보면 숨이 차고 넘어질 수도 있을 것이다. 그럴 때 릴레이는 멈추지 않는 방법을 알려준다. 다음 주자에게 인계봉을 넘기면 우리의 심장은 다시 뜨겁게 뛰게 된다는 사실을 깨닫게 된다.

햇볕정책이 남긴 가장 큰 유산은 대화와 교류가 가능하다는 기억이다. 그 기억을 완전히 잃어버리지 않는 것이 우리에게는 중요하다. 비핵화라는 거창하고도 어려운 과제를 외면하지 않으면서도 관계의 끈을 완전히 놓지 않는 길을 찾아야 한다. 서울에서 평양까지 이어 달리기는 그 길 위에 놓인 작은 다리라고 생각하면 된다.

우리는 거리는 가깝지만 여전히 멀리 떨어져 있다. 그러나 멀다는 사실이 영원함을 뜻하지는 않는다. 상대가 아무리 교류를 거절하고 도망을 쳐도 우리가 먼저 몸을 움직이기 시작하면 변화는 시작되는 것이다.

민간의 교류를 통해 정치가 다시 말을 걸 수 있을 때까지 우리 민간은 조용히 길을 닦고 있으면 된다. 나는 이 릴레이가 완주를 보장하지는 않는다고 하더라도 적어도 움직이지 않고 멈춘 상태를 깨뜨리는 시작이 되기를 바란다. 햇볕 이후의 길은 여전히 험하지만 걸어야 할 이유는 우리에게 충분하다는 점이다.

이명박 정부의 대북정책과 서울-평양 릴레이 달리기

시간이 많은 흘렀지만, 이명박 정부는 대북정책에서 원칙주의를 내세웠다. 이명박의 원칙주의가 우리 남북한 역사에 적잖은 영향을 끼쳤는데 이를 교훈으로 삼기 위해 반드시 짚고 넘어가야 할 대목이 있다.

물론 원칙을 지키는 것은 중요하지만, 지난 이명박 정부의 역사를 되돌아보건대 이러한 접근은 남북 간의 관계에 부정적인 영향을 미쳤다. 이 시기에 남북한 간의 대립과 군사적 긴장이 극대화되었고 서로를 비방하는 말들이 증가했다.

이 자체만으로도 불행한 일이었는데 북한은 당시 핵보유국임을 선언하지 않았는가. 그래서 국제 사회와의 긴장감을 더욱 높였던 기억이 우리의 뇌리에 남아 있다. 이러한 상황 속에서 우리는 현실을 직시하고 이성적으로 대처할 필요가 있다는 교훈을 얻게 되었던 것이다.

원칙주의의 한계

이명박이 내세웠던 원칙주의는 대화와 협력을 거부하는 것이 아니었다. 그러나 이명박 정부의 정책은 북한과의 대화를 단절시키고 오히려 결국 갈등을 심화시켰다. 북한의 김정은 국무위원장은 우리와의 대화를 원치 않는 것처럼 보인다.

이로 인해 우리는 더욱 고립된 상황에 처하게 되었다. 이러한 상황에서 원칙을 지키는 것이 반드시 바람직한 선택이 아닐 수 있다는 것이다. 정치란 원칙이 아니라 대화와 협력이고 타협이란 점을 우리가 절대 잊어서는 안 될 것이다.

대화와 화해의 필요성

우리는 어떤 경우에도 북한과의 대화를 통해 갈등을 해소할 방법을 모색해야 한다. 단순히 대립하는 것만으로는 문제를 해결할 수가 없다. 대화는 서로를 이해하고 불신을 줄이는 첫걸음이 될 수 있는 것이다. 상대방의 입장을 이해하려는 노력이 필요하며 이를 통해 우리는 더나은 미래를 만들어갈 수 있을 것이라고 믿는다.

서울-평양 릴레이 달리기

서울시 육상연맹이 제안한 서울-평양 릴레이 달리기는 이러한 대화의 시작점이 될 수 있을 것이다. 이 행사는 민간 차원에서 서로의 마음을 열고 소통할 수 있는 기회를 제공하고자 제안한 행사다.

운동은 사람들을 하나로 묶는 힘이 있으며, 이를 통해 우리는 서로를 이해하고 신뢰를 쌓을 수 있지 않겠는가. 릴레이 달리기는 단순한 운동이 아니라 남북 간의 화해와 협력을 위한 상징적인 행사가 될 수 있음을 기억해야 한다.

결론적으로 이명박 정부의 원칙주의 대북정책은 남북 간의 갈등을 심화시켰다. 우리는 이성(理性)을 바탕으로 한 현실 인식을 통해 새로운 길을 모색해야 한다. 서울-평양 릴레이 달리기와 같은 민간 차원의 노력은 남북 관계를 개선하는 좋은 출발점이 될 것이다.

서로를 이해하고, 대화하는 과정이 필요하다. 이러한 노력이 모여 평화로운 미래를 만들어갈 수 있기를 바란다. 이런 관점에서 서울 평양 릴레이 마라톤이 반드시 성사되어야 할 명분은 충분하다고 본다.

이제 남과 북은 더이상 대립이 아닌 대화와 협력의 길로 나아가야 할 때이다. 마음이 급해지는 까닭은 이렇게 시간이 흐르다가 영원히 남북 관계가 단절되고 영영 접촉할 수 없는 통곡의 벽이 생길 수도 있기 때문이다.

서울 평양 릴레이 달리기가 남북 관계에 미칠 영향

서울–평양 릴레이 달리기는 실로 대단한 프로젝트다. 이는 반드시 이루어져야 하고 당장 성사되지 않더라도 지속적으로 추진해야 할 만한 가치가 있다. 이어달리기를 통해 민간 차원의 소통을 증진시킬 수가 있다. 또한 남북이 함께 같은 곳을 바라보며 같은 취지로 뛸 수 있다는 것은 엄청난 에너지를 남북에 선사하는 과정이다.

이런 상징적인 의미를 통해 서울 평양 릴레이 마라톤이 화합의 아이콘이 되어 서로의 문화를 이해하고 긍정적인 미디어 노출을 통해 남북 관계 개선을 위한 첫걸음이 될 수 있으리라고 확신한다. 이러한 교류가 정치적 대화로 이어질 때 결국 신뢰를 구축하는 데 의미있는 기여를 할 수 있을 것이다.

서울과 평양이 함께하는 릴레이 달리기는 단순한 운동이 아니라 두 도시의 주민들이 함께 참여함으로써 서로를 이해하고 소통할 수 있는 기회를 제공한다. 이 자체만으로 지구상 유일한 분단국인 한반도가 세계의 시선을 끌면서 엄청난 에너지를 끌어모을 수가 있다.

이어달리기란 명분과 운동을 통해 우리는 경쟁보다는 협력을 강조하게 되고, 이는 우호적인 분위기를 조성하는 데 큰 역할을 할 것이다. 운동회와 같은 이벤트는 사람들 간의 만남을 촉진하지 않나. 이러한 과정에서 서로의 생각과 문화를 배울 수 있기 때문이다.

릴레이 달리기는 또한 화합의 상징이 될 수 있다. 각 도시의 주민이 함께 손을 맞잡고 달리는 모습은 공동의 목표를 향해 나아가는 힘을 보여준다. 세계를 향한 힘찬 운동이고 엄청난 에너지를 제공한다. 이러한 상징적인 행사는 남북한 주민들이 다른 영역에서도 함께 할 수 있는 새로운 기회를 제공하며 서로의 마음을 열고 소통하는 데 중요한 역할을 하리라고 생각한다.

문화 교류 또한 중요한 요소다. 남북 주민들이 함께하는 과정에서 서로의 특성과 환경을 이해하고 문화를 배우며 상호 이해할 수 있는 기회를 가질 수 있게 될 것이다. 이러한 문화적 경험은 단순한 운동을 넘어 서로를 더욱 가까이할 수 있는 계기가 된다. 공연이나 전시와 같은 다양한 문화 행사가 함께 진행된다면, 더욱 풍부한 경험을 선사할 수 있을 것이라고 믿는다.

릴레이 달리기는 앞서 말한 바와 같이 언론의 주목을 받을 수 있는 좋은 기회가 된다. 이와 같은 행사는 많은 사람들이 남북 관계에 관심을 가지게 하고 긍정적인 이미지를 확산시키는 데 기여할 수 있다. 특히 민간 차원의 가능성을 정부와 정치적 입장에서 새롭게 바라볼 수 있는 공간을 구축할 수 있는 계기가 될 것이다.

스포츠와 관련된 긍정적인 이미지는 대중의 인식을 변화시키고, 더 나아가 남북 간의 대화와 협력을 촉진하는 데 도움이 될 수 있다. 스포츠는 사상과 이데올로기가 끼어들 수 없는 독립적인 분야가 아니겠는가. 정치권의 경직이 심할수록 스포츠나 다른 문화를 기반으로 경색된 지형을 뚫고 나아가야 한다.

이러한 민간 차원의 교류가 활발해지면 정치적 대화로 이어질 수 있는 기반이 마련될 수 있다. 신뢰가 쌓이면 정치적 대화와 협상에도 긍정적인 영향을 미칠 수 있으며 이는 결국 남북 관계 개선으로 이어질 수 있기 때문이다.

결국 서울—평양 릴레이 달리기는 단순한 스포츠 이벤트가 아닌 남북 관계 개선을 위한 중요한 첫걸음이 될 수 있는 기회다. 이러한 노력이 모여서 평화로운 미래를 만들어갈 수 있기를 기대한다. 우리는 이제 더이상 고립과 대립이 아니라 대화와 협력의 길로 나아가야 할 때라고 생각한다.

단절의 한가운데서 건넨 쌀포대

2010년 그즈음이었을 것이다. 당시 남북관계는 아주 바닥까지 내려갔다는 생각이 든다. 여전히 잊히지 않는 천안함 사건 이후 남과 북은 사실상 완전 단절 상태에 들어가지 않았던가. 남북과의 대화는 끊겼고 모든 창구는 닫혔다. 정치와 군사, 교류와 협력의 언어가 사라진 자리에는 서로 의심의 눈초리만 격렬하고 쓰디쓴 분노만 남아 있었다. 그해 여름에 남북관계는 가장 차가운 계절을 맞고 있었던 것이다.

그런데 그 무렵 설상가상 북측 신의주 지역에서 큰 수해가 발생했다. 8월 말 우기(雨期)의 한가운데서 불행히도 집중호우로 강이 넘쳤다. 신의주 지역의 주택과 농경지가 광범위하게 침수되지 않았던가.

주민들은 집을 잃었고, 원래부터 넉넉하지 못했지만 자고 일어나면 먹을 끼니까지 걱정해야 했다. 정치적 상황과 무관하게 생명의 위기가 찾아온 것이었다. 지금도 그렇지만 자연재해는 국경을 가리지 않는다.

이때 움직인 곳이 바로 대한적십자사였다. 남북관계가 완전히 막힌 상황에서도 대한적십자사는 인도주의의 창구를 열어두려 했다. 당시 남북 사이에는 개성공단이 활성화되고 있었는데 개성공단관리위원회를 통해 적십자 차원의 지원 의사 통지문이 북측에 전달되었다.

내용은 단순했지만, 목적은 아주 분명했다. 비상식량뿐 아니라 생활용품, 의약품을 포함한 구호 세트를 지원하겠다는 남측의 의사(意思)였다. 말이 막히면 물자로 말하자는 극단의 선택이었다.

2010년 9월 13일, 대한적십자사 본사에서 기자회견이 열렸다. 남북관계가 얼어붙은 상황에서 열린 이 기자회견은 조용했지만 아주 의미는 컸다. 이 자리에서 적십자사는 대북 지원 물자를 공식 발표했다. 쌀 5천 킬로그램, 시멘트

25만 톤, 컵라면 3백만 개, 엄청난 지원이었는데 금액으로 환산하면 100억 원이 넘는 규모라고 한다. 당시 이 비용은 모두 남북협력기금에서 집행되었다.

이 지원은 북측과 처음부터 극단적 대립상태를 유지해 온 이명박 정부 들어 처음 이루어진 식량 지원이었다. 이것은 정치적 계산보다 인도적 판단이 앞선 결정이었다. 지원 방식 또한 아주 세심했다. 기존의 40킬로그램 쌀포대는 운반과 배분이 쉽지 않았다. 무엇보다 무겁기 때문에 노약자가 다루기 어려웠던 것이다. 그래서 5킬로그램 소포장 쌀포대를 새로 제작했다. 이를 위한 작업량도 엄청난 것이었다. 왜냐하면 작은 포대는 더 많은 손을 거칠 수 있었고, 또 더 많은 가정으로 나뉠 수 있었기 때문이다.

당시 쌀포대에는 분명한 문구가 적혔다. 대한민국 기증이란 표식을 숨기지 않았다. 그러나 우리는 당시에 과시도 하지 않았다. 누가 주었는지를 밝히되 왜 주었는지는 설명하지 않았다. 인도주의는 흔히 베풀되 변명이 필요 없는 행위라는 판단이었다. 그리고 이 선택은 결과적으로 성공했다. 물자는 비교적 원활하게 북측에 전달되었고, 현장 배분도 안정적으로 이루어졌다.

그런데 정말 흥미로운 점은 그 이후였다. 이 인도적 지원을 계기로 남북 사이의 공기가 조금 달라지기 시작했다. 완전 단절 상태에서도 인도적 협력은 관계를 다시 움직이게 하는 힘을 가졌다.

그해 말에 이산가족 상봉 논의가 다시 고개를 들었는데 이게 적십자정신의 인도적인 힘이었다. 어떤 과정을 통해서 이런 길이 북측에서 열리게 되었는지 직접적인 인과(因果)를 단정할 수는 없지만, 눈에 들어오듯 분명한 흐름은 보였던 것이다.

즉 생명의 가치, 생명의 소중함에 우리가 보이는 행동이 진정성을 불러왔다. 결국에 생명을 살리는 행동은 언제나 대화를 부른다는 점을 보여주는 역사적 흐름을 우리는 충분히 볼 수 있었다.

이 사례는 남북관계에 있어서 매우 중요한 사실을 보여준다. 남북관계가 최악일 때도 인도주의는 작동할 수 있다는 점이다. 정치가 멈춘 자리에서 인도주의는 마지막으로 남는다는 점을 뚜렷이 보여주고 있다. 그런데 그 마지막 남은 통로가 때로는 가장 먼저 새로운 길을 여는 기적을 가져온다는 점이다.

지금 우리가 추진하는 서울·평양 릴레이 마라톤 역시 같은 질문에서 출발한다. 관계가 막혔을 때 우리는 무엇을 할 수 있는가. 우리는 앞선 교훈을 복습하며 선언 대신 행동과 실천을 선택했다. 릴레이는 경쟁이 아니라 협력이다. 바통을 넘기지 못하면 경기는 성립하지 않는다. 그래서 함께 달려야만 목적지에 도달할 수 있는 것이다.

이번 릴레이는 서울시민과 평양시민 간의 단순한 체육 행사가 아니다. 의료기기 지원과 스마트팜 조성이 함께 진행된다. 의료기기는 당장의 생명을 살리는 도구이고, 스마트팜은 내일의 생계를 지탱하는 기반이라 할 수 있다. 스마트팜을 통해 북측 주민들은 농작물을 직접 생산하고 스스로 재배한 농작물을 먹을 수 있다. 이는 일회성 지원이 아니라 아주 영원히 지속 가능한 자립을 돕는 방식이라 할 수 있다.

과거의 쌀포대가 말하자면 오늘의 스마트팜으로 이어진다. 그때는 먹을 것을 나누는 것이 급했고, 지금은 먹을 것도 중요하지만 생산할 수 있는 조건을 만드는 것이 중요하다. 주민들에게 고기를 제공하는 게 아니라 고기를 구할 수 있는 낚시를 가르치는 것과 다르지 않다. 즉 방식은 달라졌지만 기준은 같은 것이다. 이것은 정치와 무관하게 생명을 중심에 두는 선택이라 가능한 법이다.

2010년의 경험은 우리에게 분명한 교훈을 남긴다. 인도주의는 상황이 좋아질 때 시작하는 일이 아니라 상황이 나쁠수록 더 필요한 일이라는 점이다. 그리고 그 실천은 생각보다 큰 변화를 만들어 내게 된다는 점을 기억할 필요가 있다.

서울에서 평양까지 이어달리기는 이 교훈을 오늘의 가능한 방식으로 옮긴 실천이다. 몸으로 신뢰를 만들고, 행동으로 의지를 증명하는 방식이다. 그 끝에서 북한의 주민들이 의료 혜택을 받고, 스마트팜에서 자란 농작물을 먹게 된다면 우리는 그것으로 충분하다.

남북관계는 여전히 쉽지 않다. 앞으로도 우리는 북한과 무수한 시련을 맞게 될 것이다. 그러나 단절의 한가운데서 건넨 쌀포대가 있었듯, 지금도 마음먹기에 따라서 다양한 선택이 가능하다. 의지의 문제가 중요하기 때문인데 인도주의는 언제나 가장 현실적인 대안이라고 본다. 그리고 그 대안은 왁자지껄하지 않고 항상 조용하면서도 오래 남는다는 점이다.

편지 한 통이 국경을 넘던 날

남북 관계가 정치적으로 경색(梗塞)이 되었을 때 항상 물꼬를 트는 쪽은 민간 부분이었다. 결국 분단이란 총과 철조망으로만 이루어지지 않는다는 것을 입증했다. 또한 가장 단단한 장벽은 삼팔선이 아니라 소식이 끊기는 순간에 세워지는 것이다. 이름을 부를 수도 없고, 살아 있는지조차 알 수 없을 때 국경은 지도 위가 아니라 우리의 마음속에 그려진다.

2000년 9월에 남과 북은 55년 만에 처음으로 서신을 교환했다. 남북 적십자 회담에서 이산가족의 생사확인과 주소 확인 사업에 합의한 이후였다. 그해 9월 30일에는 판문점에서 양측이 각자 준비해온 생사확인 대상자 명단을 교환했다.

우리는 분단의 상징과도 같은 자유로를 달려 한걸음에 판문점에 도착했다. 수십여 대의 언론 카메라가 따라붙으면서 국민의 시선도 이쪽으로 쏠렸다. 숫자는 고작 100여 명이었다. 그렇지만 그 100이라는 숫자 안에는 반세기가 넘는 침묵이 담겨 있었던 것이다. 매우 의미있는 역사적 순간이었다.

곧이어 생사 및 주소 확인 작업이 이어졌다. 하지만 현실은 녹록지 않았다. 생사는 표시되었으나 주소는 시·군 단위까지만 기록되었다. 첫술에 완벽할 리는 없지만 미진함 속에 묻어 나는 서운함도 떨쳐버릴 수는 없었다. 우리가 더 자세한 정보를 얻는다는 것은 쉽지 않았다. 생사확인 요청을 받은 북측 주민들 가운데는 답변을 망설이는 이들도 있었다. 서신이 자신에게 불이익으로 돌아오지 않을지 주변의 눈총을 사지는 않을지에 대한 두려움 때문이었다. 우리가 서로 교환하고자 했던 편지는 인간적인 행위였지만, 그 시대의 현실은 여전히 경직되어 있었다.

그럼에도 불구하고 시간이 흘러가면서 남북한 관계는 한 걸음 더 나아갔다.

첫발을 내디딘 후 상호 연락하고 싶은 열망이 더 뜨거워졌기 때문이다. 우리는 마침내 2001년 3월 15일 오후 2시 45분, 판문점에서 남북 연락관들과 마주 앉았다. 각자의 보따리를 풀고 준비해온 편지를 꺼냈다. 남과 북은 각각 300통씩 모두 600통의 서신을 교환했다. 그 순간 종이와 봉투가 그 견고한 삼팔선이란 분단선을 뛰어넘었던 것이다.

이 사업을 위해 편지지와 봉투는 별도로 제작되었다고 한다. 그리고 서신에는 체제 선전이나 자극적인 문구를 사용하지 않기로 남북이 상호 합의했다. 정치의 언어를 걷어내고 순수한 가족의 언어만 남기자는 약속이었다. 놀랍게도 납북자 가족들 역시 이 서신 교환에 참여했다. 1970년대 초 남북적십자 회담이 시작된 이래 처음으로 서로의 소식을 전하는 길이 열린 것이다.

헤어진 오랜 세월에 비하면 편지는 길지 않았다. 오래 나누지 못한 단절이 묻고 대답할 이유마저 궁색하게 만들었다. 하지만 일단 마음을 열어 안부를 묻고, 건강을 전하면서 그리움을 새기기 시작했던 것이다. 그러나 그 짧은 문장들은 반세기 넘는 단절을 가로질러 하나로 매듭을 연결했다. 그날을 기점으로 분단은 잠시 숨을 고르는 듯 보였다.

하지만 이 시범사업은 오래가지 못했다. 정치적 경색과 제도적 한계 속에서 서신 교환은 다시 멈춰서버린 것이다. 편지는 다시 국경 앞에서 발길을 돌려야 했다. 가능성을 확인했지만 아쉽게도 오래는 지속하지 못한 경험이었다.

이러한 실패는 우리에게 큰 아쉬움을 남겼지만 동시에 중요한 질문을 던지는 계기가 되었다. 무엇이 사람과 사람을 하나로 잇는 일을 이렇게 어렵게 만드는가. 그리고 어떻게 하면 정치의 굴곡에도 불구하고 흔들리지 않는 하나의 연결선을 만들 수 있는가.

지금 우리가 서울·평양 릴레이 마라톤을 이야기하는 이유도 바로 여기에 있다. 편지가 종이 위의 언어라면 릴레이는 좀 더 현실적인 몸의 언어다. 말이 막힐 때도 몸은 움직일 수 있다. 릴레이는 혼자가 아닌 방식으로 이동한다. 부푼

꿈을 지닌 인계봉을 반드시 상대에게 건네야만 다음 구간이 열린다. 이러한 구조야말로 신뢰를 전제로 한다. 신뢰를 통해 남북의 관계가 또한 새롭게 구축될 수 있다.

과거의 서신 교환이 조심스럽게 문장을 골랐다면, 릴레이는 거칠어도 하나로 호흡을 맞춘다. 정치적 수사(修辭)가 아니라 같은 속도로 달리는 경험을 공유한다. 이 과정에서 의료기기 지원과 스마트팜 조성 같은 실천이 함께 따른다면 연결은 상징을 넘어 하나의 일상이 되리라고 생각한다. 의료기기는 북쪽 주민들의 신체적 위험을 낮추고, 또한 스마트팜을 통해서 내일의 식탁을 준비한다. 아주 의미 있고 소중한 과정이 의료기 지원과 스마트팜 조성이라 할 수 있다.

서신 교환 같은 편지 사업이 문을 닫았다고 해서 그 의미까지 사라진 것은 아니다. 오히려 그 경험은 지금의 시도를 더 단단하게 만든다. 우리가 릴레이 마라톤을 추진하고 의료기와 스마트팜을 민간 차원에서 전달하는 것도 그 경험을 통해 가능성을 보았기 때문이다. 우리는 왜 지금 이렇게 지속 가능한 방식이 필요한지, 왜 상호 협력의 구조가 중요한지 지난 역사를 통해 깨닫고 실천하는 것이다.

서신 교환은 가능했다. 분단의 가장 깊고 오랜 곳에서도 사람의 말은 결국 길을 내며 오갈 수 있었다. 그 사실 하나만으로도 역사는 충분히 증명되었다. 이제 필요한 것은 그 가능성을 한 번의 사건으로 끝내지 않는 일이다. 서울 평양 마라톤 릴레이는 지금 우리 여건과 수준에서 등장한 남북 화해와 대화의 방식이다.

서울에서 평양까지 이어달리기는 편지 교환과는 다른 또 다른 방식의 편지라 할 수 있다. 봉투 대신 인계봉을 들고 잉크 대신 땀으로 메시지를 보낸다. 우리가 상호 도달하려는 목적은 같다. 서로 살아 있음을 알리고 함께 가고 있음을 확인하는 작업이다.

우리 남북의 역사에 편지 한 통이 국경을 넘던 날이 있었다. 그 기억 위에서 우리는 다시 묻는다. 어떻게 하면 이 연결을 멈추지 않을 수 있을까. 답은 거창하지 않다. 사람이 할 수 있는 가장 단순한 행동 즉 손을 내밀고 함께 움직이는 것이 필요하다. 우리는 지금 그걸 서울 평양 릴레이 마라톤이라고 생각한다. 이 어달리기를 통해 분단의 벽이 얇아지고 거리는 좁혀질 것이기 때문이다.

제9장 우리가 놓을 다리

우리는 어떻게 다리를 놓을까? (민간외교)

　우리가 서울에서 평양을 향해 릴레이 마라톤의 바통을 쥐고 달리는 이유는 무엇인가. 그것은 단지 물리적인 체육 행사가 아니다. 그것은 우리가 서로에게 손을 내미는 민간외교의 실천인 것이다. 상징적이지만, 오늘의 불가능처럼 보이는 경계를 함께 넘어보려는 작은 시도라고 할 수 있다.

　남북 간 민간교류는 오래전부터 다양한 얼굴로 이어져 오지 않았나. 정치의 길이 끊겨도 정부 간 대화가 하룻밤 사이에 멈춰도 사람들의 마음과 문화와 예술을 스포츠를 매개로 서로 바라보려는 움직임은 꾸준히 이어졌다. 민간 차원의 교류는 평화의 틈을 연결하는 또 다른 길이었다.

　벌어진 남북의 관계, 그 중심에는 항상 스포츠가 있었다. 2018 평창 동계올림픽에서 남과 북이 한 깃발 아래 함께 입장한 장면은 단지 경기의 일부로만 보이지 않았었다. 그 장면은 아직 끝나지 않은 하나의 희망을 보여주는 상징적인 모습이었다.

　한국과 북한 선수들이 같은 팀을 이뤄 경기를 뛰는 장면이야말로 최고의 감동적인 장면이었다. 그리고 관중들은 순위를 떠나 남북 동시 참여한 선수들에게 기립 박수를 보내주었다. 그것은 체육이 어떻게 정치적 경계를 넘어서는지를 보여준 극명한 순간이었다.

　그리고 지금 우리가 추구하고 있는 서울·평양 릴레이 마라톤은 또 다른 발걸음이라 할 수 있다. 마라톤은 개인의 힘으로 완주하는 경기가 아니라는 점은 앞에서도 누누이 말했다. 구간을 나누고 서로 바통을 넘기면서 함께 긴 여정의 가능성을 상상하는 경기가 아닌가 말이다. 남북 간 문화와 스포츠 교류도 이와 마찬가지다. 한 사람 한 단체의 작은 움직임이 모여 긴 레이스를 위해 감동의 피날레를 만들어가는 준비 작업이다.

역사적으로 남북 민간교류는 체육뿐만 아니라 문화예술에서도 이어졌다. 2018년 평양에서 열린 한국 공연 Spring Is Coming은 남측 가수들이 북한 관객 앞에서 노래한 드문 사례이지 않았는가. 이것은 공식 외교가 아닌 음악으로 마음을 두드리는 민간외교였다. 정말 감동적인 무대를 우리는 아직도 가슴에 간직하고 있지 않나.

또한 체육 분야에서는 국제 체육 단체들이 남북 스포츠 교류의 기반을 마련하려는 움직임도 있다. 한국올림픽위원회를 비롯한 체육 단체들은 장래의 남북 체육 교류를 위해 기초 작업을 준비 중이라고 한다. 이런 노력은 정치적 조건과 무관하게 사람과 사람 사이의 공감이 어떻게 쌓일 수 있는지를 잘 보여준다고 하겠다.

문화 · 예술과 체육은 서로 다른 언어를 사용하지만, 그 깊이는 다르지 않다. 북한에는 오랫동안 이어져 온 4월의 봄 친선예술축전과 같은 국제 예술 축제가 있다. 다양한 예술가들이 작품을 선보이고, 해외에서 초청된 이들도 참가하는 이 축제는 단지 공연의 장이 아니라 서로의 삶과 감성을 공유하는 통로가 된다.

2010년대 이후에는 스포츠와 예술을 넘어서 경기도를 비롯한 지방정부와 시민단체들이 평화통일 교육 사업과 체험 프로그램을 운영하며 미래 세대의 민간 교류 활동을 지원하고 있는 것이다. 이 교육들은 단지 이념적 통일이 아니라 일상에서의 이해와 공감을 목표로 하는 것이다.

북한도 최근 일부 국제 스포츠 행사를 외국인에게 개방하며 국제적 교류의 가능성을 엿보이기도 했다. 2025년 4월 평양 국제마라톤이 6년 만에 다시 열려 외국 러너들이 참가하지 않았겠는가. 매우 가능성 있는 장면을 우리는 목격한 것이다.

평양의 거리와 주요 랜드마크를 달리는 광경은 또 하나의 스포츠 민간외교의 장면이었다.

이는 완전한 남북 교류와는 별개지만, 사람과 사람을 연결하는 공통의 언어로 스포츠가 기능할 수 있음을 보여주는 장면이었다. 우리는 여전히 그런 릴레이 운동을 기대하고 있는 것이다.

우리 육상연맹이 준비하는 서울·평양 릴레이 마라톤도 이와 같은 맥락이다. 릴레이 바통을 들고 먼 길을 가는 동안 우리는 단지 체력을 시험하는 것이 아니다. 우리는 남과 북 사이의 수많은 경계와 오해 그리고 긴장을 넘어 서로를 바라보고 이해하려는 마음의 여정을 함께 달리는 것이다.

민간외교는 생각보다 느리다. 때론 몹시 지루하고 답답할 수도 있다. 하지만 느린 만큼 단단하다고 해야 하나? 음악 한 곡 듣고 한 바퀴를 달린다면 의미는 남다를 것이다. 하나의 예술작품이 때로는 정치적 담론보다 훨씬 긴 여운을 남길 때도 있지 않나. 그것이 사람들의 이야기로 세대의 공감으로 쌓일 때에 비로소 국경 너머로 마음이 닿을 수 있는 것이다.

서울·평양 릴레이 마라톤의 바통은 단 한 번의 레이스에서 끝나지 않는다. 우리의 민간외교도 단 한 번의 이벤트로 완성되지 않는다는 것이다. 그 바통은 문화와 스포츠, 교육과 이해가 모여 서로에게 손을 내미는 긴 레이스로 이어져야 한다는 점이다.

우리가 달리는 이유는 아주 분명하다. 그것은 끝까지 완주하려는 의지이기도 하지만, 무엇보다 서로의 존재를 인정하고 공감의 순간을 쌓아가는 여정이다. 그리고 그 여정 속에서 바통을 잡은 우리가 작지만 모두 단단한 평화의 씨앗을 남기는 것이라 할 수 있다.

선을 넘지 못한 세월, 몸으로 여는 길

우리는 오래전 한 줄의 선을 그었다. 전쟁이 끝났다는 말을 믿기에는 너무 많은 총성이 남아 있던 1953년, 삼팔선은 지도 위에만 그어진 것이 아니었다. 그 선은 마음속으로도 금을 그으면서 끝없이 내려왔다. 이후로 남과 북은 서로를 향해 말하지 않는 법을 배웠고, 말하지 않음이 안전하다고 여기는 법을 익혔다. 그렇게 단절은 세월이 되었고, 세월은 습관이 되어 이제껏 오래도록 흘러왔다.

전두환과 노태우, 김영삼과 박근혜 대통령 시절을 돌아보면, 우리는 늘 긴장 속에 살았다. 북은 항상 위협이었고, 남은 항상 위험에 대비해야 할 쪽이었다. 저녁 아홉 시 뉴스는 항상 북의 경고로 가득했는데 학교에서는 반공, 방첩이란 이름 아래 적을 상상하는 법을 배웠다. 그 시절의 대립은 옳고 그름을 따질 겨를조차 주지 않았다. 그저 서로를 멀리 두는 것이 최선이라고 믿었다.

그러다 김대중 정부에 들어서면서 바람의 방향이 바뀌었다. 김대중 대통령이 평양을 방문했을 때, 많은 이들은 믿지 못했다. 가능하다고 생각하지 않았던 장면이 현실이 되었기 때문이다.

손을 내미는 장면은 늘 위험해 보이지만, 동시에 숨을 돌리게 한다. 경제적 지원과 교류는 논쟁을 낳았지만, 그 시간만큼은 전쟁의 그림자가 조금 옅어졌다. 노무현 정부로 이어지며 왕래는 이어졌고, 우리는 처음으로 대화가 일상일 수 있다는 감각을 맛보았다.

그러나 화해는 언제나 오래 지속되지 않았다. 이명박과 박근혜의 시기에 관계는 다시 굳어졌다. 신뢰는 말보다 빨리 사라졌고, 한 번 닫힌 문은 쉽게 열리지 않았다. 이후의 시간들 속에서 긴장은 반복되었다.

어떤 결정들은 많은 이들에게 불안으로 기억되었다. 우리는 모두 이런 사실을 잘 알지 않은가. 북측과 화해하지 못한 시대에는 그 정권의 끝이 많은 상처를 남겼다. 정치의 이름으로 오간 말과 행동들이 우리 삶에 남긴 것은 피로였다.

이재명 정부에 들어와서도 남북 관계는 여전히 경색되어 있다. 기대는 있었지만, 현실은 간단하지 않았다. 정치의 언어는 다시 굳어졌고, 대화의 창은 좁아졌다. 우리는 또다시 무작정 기다려야 하는 운명에 놓여 있는 것이다. 이런 상황을 겪으면서 우리는 기다림에 익숙해지고 있다. 그러나 그 기다림이 길어질수록 다음 세대가 물려받는 것은 희망이 아니라 허무한 공허함일지도 모른다.

그래서 우리는 다른 길을 생각했다. 정치가 아니라 삶의 자리에서, 말이 아니라 몸으로 다가가는 길이다. 서울시 육상연맹이 서울에서 평양까지 릴레이로 달리자는 생각을 꺼냈을 때 그 제안은 아주 단순해 보였다.

그러나 단순함 속에는 오래 묵은 결심이 있지 않은가. 달리기는 상대를 이기기 위한 것이 아니라, 같은 방향을 향해 호흡을 맞추는 행위다. 릴레이는 혼자 완주하지 않아도 되는 상호의 약속이다. 우리가 인계봉을 건네는 순간 우리는 상대를 믿는다.

민간의 접근은 때로 정치보다 느리지만, 더 오래 남을 수도 있는 법이다. 우리는 도움을 명분으로 삼되, 오직 베풀기만 하는 시혜가 아니라 연대의 행동을 선택하려 한다. 북측에 의료기기를 전달하는 일은 생명을 향한 가장 기본적인 손길이다. 이를 통해 우리는 아픔 앞에서 체제를 잠시 뒤로 물릴 수가 있는 것이다. 스마트팜 200평 기준 10동을 조성하는 계획 역시 마찬가지다. 먹고 사는 문제는 당연히 이념보다 앞선다. 씨앗을 심고 물을 주는 일은 서로에게 내일을 믿게 하는 행위가 되는 것이다.

서울에서 평양까지 이어달리기는 상징이자 실제라고 할 수 있다. 상징으로서 그것은 단절을 잇는 의미를 품고 있다. 또한 실제로 이것을 통해 신뢰를 몸소 느끼고 우리 몸이 또한 이를 진정성 있게 받아들인다. 그것은 몸으로 증명하는 신뢰라고 할 수 있다.

누군가의 도움을 받는다는 사실을 부끄러워하지 않아도 되는 관계, 우리는 도움을 건넨다는 이유로 우위를 주장하지 않는 태도를 추구한다. 그 안에서 우리는 자연스럽게 균형을 찾고, 그 균형이 유지되도록 노력하는 것이다.

나는 이 글을 거창한 말로 이끌어가려고 하지 않겠다. 평화는 결코 말로써 오지 않기 때문이다. 평화는 단지 보여주기식의 선언으로 오지 않는다. 그것은 진실을 갖고 반복하는 작은 선택의 합이다. 오늘 내딛는 한걸음에 내일 또 한 걸음을 보탠다. 이렇게 달리다 보면 자연스럽게 호흡이 딸리면서 멈추고 싶을 때도 있을 것이다. 그때 뒤에 오는 누군가에게 혹은 앞에 기다리고 있을 누군가에게 인계봉을 넘기면 된다. 다음 사람이 이어 달리도록 말이다.

서울과 평양 사이의 거리는 여전히 멀다. 하지만 멀다는 사실이 영원함을 뜻하지는 않는다는 것을 잊지 말아야 한다. 우리가 몸을 움직이기 시작하는 순간, 그 거리는 더 이상 추상적인 두려움이 아닐 것이다. 나는 비록 어려운 일이지만 믿고 싶다. 우리가 달리기 시작하면 길은 뒤따라 생겨난다는 것을 말이다. 이 릴레이가 완주를 약속하지는 않더라도 적어도 어떤 단절과 멈춤을 끝낼 수는 있다는 것을 우리는 믿어야 할 것이다.

남북관계의 단계와 서울 평양 릴레이 달리기로 여는 제3의 길

남과 북은 1991년 8월, 유엔에 동시에 가입한 정식 회원국이다. 이 사실은 종종 잊혀 기억하는 사람들도 드물다. 우리는 남북문제에 있어서 여전히 적대적이며 관심이 적다. 또한 여전히 상대를 불완전한 존재나 온전치 못한 대상으로 부르곤 한다. 하지만 국제사회에서 남과 북은 이미 각자의 이름으로 존재하고 있음을 주지할 필요가 있다.

유엔이 남과 북을 각각의 국가로서 존재를 인정한 이상, 관계는 감정이 아니라 원칙과 규칙 위에서 규정되어야 한다. 이게 맞은 행동 원리며 지침이다. 남북기본합의서가 지향한 바도 바로 그것이라 할 수 있다.

남북기본합의서는 상호 상대방을 실체적으로 인정하고 각자의 독립된 주권과 관할 지역을 존중할 것을 전제로 한다. 불가침을 약속하고 분쟁은 평화적으로 해결하며 무력 사용을 포기한다는 최소한의 원칙을 세웠다.

이는 통일을 미루자는 선언이 아니라 통일 이전의 공존을 제도화하자는 합의였다. 함께 살기 위해 먼저 다투지 않는 법을 배우자는 약속이었다. 이런 과정을 거쳐서 우리는 종국에 통일의 걸음으로 내디딜 수 있다는 믿음을 갖게 되는 것이다.

남북관계의 역사를 몇 개의 단계로 나누어 보면 이해가 쉬워진다. 제1단계는 우리가 그토록 시달려왔던 냉전의 시대였다. 냉전의 시대는 상대에 대한 반목과 적대가 관계의 기본값이었다. 서로를 부정하고 위협으로 규정했다. 이 시기에는 대화보다 대비가 주로 이용되었고 교류보다는 차단이 일상이었다. 긴장은 관리의 대상이 아니라 그저 현상 유지의 조건처럼 여겨졌다.

제2단계는 남북기본합의서와 6·15 공동선언으로 상징되는 시기다. 적대의 언어에서 벗어나 관계를 관리하려는 시도가 본격화되었다. 화해와 교류가 정책의 중심으로 올라섰고 왕래와 협력이 일상이 될 수 있다는 가능성이 열렸다. 이 단계의 성과는 확연히 드러나진 않아도 분명히 존재한다. 서로를 만날 수 있다는 기억, 대화가 현실이 될 수 있다는 경험이 축적되었던 시기라 할 수 있다.

그러나 제2단계는 완결이 아니었다. 관계 개선에 역점을 두는 동안에 북핵이라는 핵심 문제는 충분히 해결되지 못했다. 남북관계와 비핵화를 병행 추진한다는 목표는 선언으로는 가능했으나 실행에서는 균형을 잃었다.

우리는 이런 장면을 실제 목도(目睹)한 바도 있지 않은가 말이다. 그 결과 평화는 진전되었으나 안정성은 확보되지 못했다. 한반도 평화의 지속 가능성은 늘 물음표로 남았을 뿐이었다. 지금도 여전히 우리가 궁극적으로 도달하려는 세계는 미궁 속에 남아 있다고 본다.

그래서 필요한 것이 제3단계다. 제3단계는 국가 실체의 상호 인정 위에서 비핵화와 평화 협력을 동시에 추진하는 단계다. 상대를 부정하지 않으면서 핵 문제를 외면하지 않는 접근이 필요한 시점이다.

이는 단기간에 완성될 수 있는 과제가 아니다. 우리는 이미 분단 이후 수없이 이런 상황을 경험해 오지 않았나. 따라서 상당한 시간이 소요될 수 있고 원하는 형태로 이루어지지 않을 가능성도 배제하기 어려운 것이다. 그럼에도 불구하고 이 단계를 포기한다면 남북관계는 다시 제1단계로 회귀할 위험을 안게 된다. 이것은 불을 보듯 뻔하다. 명약관화한 일을 우리는 그저 대수롭지 않게 넘겨왔지만 이제 그럴 여유가 없다고 본다.

그러나 작금의 현실은 녹록지 않다. 남과 북의 정치적 관계는 지금 완전히 경색되어 있다. 또한 대화의 통로는 좁아졌고 상호 불신이 아주 깊어지지 않았나. 북측은 남북관계의 단절을 공개적으로 언급하면서 두 국가로 영구히 존재하겠다는 주장까지 내놓고 있다. 일종의 협박성 히스테리가 아닐까 생각한다. 이러한 발언은 관계를 더욱 경직시키고, 제3단계로 나아갈 상상력을 약화시키게 되기 때문이다.

이럴 때 정부와 정치만을 바라보고 기다릴 수는 없다. 국가 간 대화가 멈춘다고 해서 사회 전체가 멈춰야 할 이유는 없는 것이다. 정치의 시간과 민간의 시간은 다르다고 생각하기 때문이다. 정치가 멈출 때도 민간은 움직일 수 있지 않은가. 민간의 움직임은 느리지만, 서로 호조건을 위해 관계의 토양을 지키는 힘을 갖는 데는 충분한 에너지를 갖고 있다.

이러한 문제의식에서 서울시 육상연맹은 서울에서 평양까지 릴레이로 달리자는 구상을 내놓았다. 이는 체육 행사를 가장한 정치 대체물이 아니라는 것을 분명히 해두고 싶다. 오히려 정치가 다시 작동할 수 있도록 바닥을 다지는 시도라고 볼 수 있다.

달리기는 가장 단순한 몸의 언어가 아니겠는가. 누구나 이해할 수 있고, 통역 역시 필요 없다. 달리는 몸의 언어로 서로 소통할 수 있는 수단이 바로 달리기다. 특히 릴레이는 혼자 완주하지 않아도 되는 방식이기 때문에 효과는 배가 될 것이라고 본다. 우리는 인계봉을 넘기는 순간에 상대에 대한 최소한의 신뢰가 전제된다는 것을 확신한다.

우리는 이미 1단계와 2단계에 대해 언급했다. 남북한이 걸어온 길은 바로 역사가 되었는데 이게 1단계와 2단계를 내포한다. 정부 측에서 경색된 남북관계의 물꼬를 트려고 어떤 계획을 가지고 있는지 아직은 잘 모른다.

제3단계가 1, 2단계와 달리 생뚱맞게 민간 체육을 통해 남북관계 개선이란 상징성을 갖는다는 점에서 놀랍다. 어려운 도전이며 이루어질 수 없는 영역일 수도 있을 것이다. 하지만 한번 움직인 인류의 지구는 멈추지 않고 계속 돌아가는 것처럼 달리기라는 수단을 통해 남북의 경색된 국면을 돌파하면 또한 멈추지 않으리라는 믿음이 있다.

서울·평양 릴레이는 제3단계를 향한 상징적 실천이다. 국가 실체를 인정한 상태에서 적대가 아닌 협력의 몸짓을 먼저 제안하는 행위다. 이것은 가능성 여부(與否)를 떠나서 당위(當爲)의 문제라고 생각한다. 여기에 보태 의료기기 전달과 스마트팜 조성 같은 실질적 협력이 더해진다면 그 효과는 생각보다 훨씬 크리라고 본다.

의료기기는 생명을 다루는 최소한의 연대다. 우리는 압록강 국경 지역에서 이미 농기계, 의약품 등을 북한으로 들여보낸 적이 있다. 그때도 남북관계가 좋지 않았음에도 우리는 북쪽 땅을 밟고 인도적 차원에서 주민들에게 실제적 도움을 줄 수 있었다.

고통과 빈곤 앞에서는 체제와 이념이 잠시 물러선다. 아무리 강력한 사상과 체제라고 해도 가난 앞에서는 쪽을 쓰지 못한다. 먹고 사는 문제를 뛰어넘을 수 있는 사상은 어디에서도 견고하지 않을 것이다.

우리가 제시하는 스마트팜 200평 기준 10동 조성은 먹고사는 문제를 함께 해결하자는 제안이다. 또한 의료기기 공급은 인간답게 살 수 있는 최소한의 수단이라 할 수 있다. 누누이 강조하듯이 이는 막연히 우리가 제공하는 시혜가 아니라 상호 공존할 수 있는 방법이다.

물론 이러한 시도가 비핵화라는 거대한 과제를 곧바로 해결하지는 못한다. 그러나 관계의 숨통을 틔우지 않고서는 어떤 해법도 작동하기 어렵지 않겠는가. 제3단계는 정치권의 언어처럼 어떤 선언으로 열리지 않는다. 이것은 반복되는 작은 실천이 쌓여야 한다. 오늘 한 번의 만남, 한 번의 인계봉 전달 한 번의 협력이 다음을 가능하게 하는 것이다.

남북관계의 새 시대와 새 지평은 결코 기다림만으로 오지 않는다는 사실을 깨달아야 한다. 인정과 존중이라는 원칙 위에서 평화와 비핵화를 함께 향해 가겠다는 현실적 결단에서 열리는 것이다.

정치가 다시 말을 걸 수 있을 때까지 민간은 몸으로 길을 낼 수 있다. 정말 좋은 말이요 의미가 아닌가. 서울에서 평양까지 이어달리기는 그 길의 시작점이다. 완주를 약속하지는 않지만 적어도 멈춤을 끝내겠다는 선언이라 할 수 있다. 지금 우리에게 필요한 것은 서울 평양 릴레이 달리기 바로 그 선언인 것이다.

완전한 인도주의란?

정치보다 훨씬 앞선 덕목이 있다. 부모가 주는 무조건의 사랑 같은 것, 휴머니즘 이런 거창한 말은 거부한다. 바로 인도주의, 이것은 사람의 평등한 인격과 그 존엄성을 제일 중요하게 여긴다. 인간애를 바탕으로 인종, 민족, 국적, 종교 등의 차이를 초월한다. 인류 전체의 복지를 이상으로 하는 주의, 이것이야말로 정치보다 먼저 오는 것이며 당연히 앞에 있어야 한다.

상황이 좋아질 때만 손을 내미는 것은 인도주의가 아니다. 인도주의는 힘들고 불편할 때, 경황없고 말이 막힐 때, 관계가 꽉 막히고 얼어붙을 때도 작동해야 한다. 남과 북이 진정으로 인도주의 공동체가 되려면 정치적 기류와 무관하게 생명과 존엄을 지키는 일을 지속해야 한다는 의미가 여기에는 담겨 있는 것이다.

그동안 남북 간 인도주의 협력의 모습은 일정한 틀을 벗어나지 못했다. 항상 남북을 입에 올릴 때 편하지 않은 잔류감이 있었다. 이산가족 상봉을 예로 들면, 이것은 항상 북한이 남한에 베푸는 형식이었다. 반면에 쌀이든 소가 되었든 달러가 되었든 물자 등의 지원은 남한이 북한에 제공하는 방식이었다. 인도적인 제공이었음에도 이런 느낌을 저버릴 수가 없었던 것이다.

남북한의 거래는 쭉 주는 쪽과 받는 쪽이 분명히 갈라진 구조였다. 이런 방식은 일정한 성과를 냈음에도 동시에 한계를 드러냈다. 인도주의가 상호 존중이 아니라 시혜와 응답의 관계로 오해될 소지가 있었기 때문이다. 사실상 우리의 물자와 남북대화는 그렇게 거래가 성립되었다고 하는 게 틀리지 않을 것이다.

인도주의 사업에서 가장 경계해야 할 것은 관계의 비대칭이다. 기울기가 기운 운동장은 어느 쪽에도 유리한 선택은 아닐 것이다. 한쪽은 늘 주체가 되고 다른 한쪽은 늘 객체가 되는 구조는 정말 오래갈 수는 없지 않겠는가.

　도움을 받는 쪽은 부담을 느끼고 도움을 주는 쪽은 피로를 느낀다. 상호 부담을 느끼고 이런 게 반복되면 상호 피로감이 클지도 모른다. 이런 구조에서는 정말 신뢰가 쌓이기 어렵다. 결국 인도주의가 관계 개선의 토대가 되기보다는 또 다른 차이와 갈등, 긴장의 원인이 될 수도 있는 것이다.

　이제는 이런 방향을 바꿀 때다. 바람의 방향은 바꿀 수 없어도 남북 사이에 만들어진 이런 바람의 방향은 얼마든지 바꿀 수가 있다. 남과 북이 함께 기획하고 함께 실행하며 함께 책임지는 인도주의 협력이 절대적으로 필요한 대목이다.

　상호 협력의 틀 안에서 인도주의는 더이상 베풂이 아니라 공동의 실천이 되어야 한다. 혜택은 특정 지역이나 집단에 머무르지 않고, 한반도 전체로 확대된다. 감염병 대응, 재난 대비, 식량 충족, 취약계층 보호는 어느 한쪽만의 문제가 아니지 않은가 말이다.

　이 지점에서 우리는 인도주의의 본래 의미를 떠올릴 필요가 있다. 1858년 프

랑스의 앙리 뒤낭은 전쟁터에서 국적을 가리지 않고 부상자를 도왔다고 한다. 적군과 아군을 나누지 않고 도움이 필요한 이들에게 똑같이 도왔다. 앙리 뒤낭의 행동은 개인의 선의(宣義)에 머물지 않고, 국제적 인도주의 운동의 출발점이 되었다. 국경과 이념을 넘어 생명을 우선하는 원칙이 제도와 조직으로 발전한 역사적 계기가 되었던 것이다.

앙리 뒤낭의 선택이 오늘 우리에게 주는 메시지는 아주 분명하다. 인도주의는 상대를 평가한 뒤에 시작되는 것이 아니라 인간이라는 사실 하나만으로 시작된다는 점이다. 휴머니즘의 온기는 남과 북이 똑같이 느낄 수 있다는 말이다. 체제와 이념, 사상과 이데올로기 같은 정치적 계산을 내려놓고 생명을 기준으로 만날 때, 인도주의 공동체의 가능성은 비로소 열릴 것이다.

본문 글에서 나는 한반도 보건의료 협력과 적십자의 역할을 이야기했다. 그것은 인도주의 공동체로 가는 중요한 기반이다. 보건의료 협력은 가장 현실적인 인도주의 실천이다. 아픈 몸을 치료하고, 위험을 함께 줄이는 경험은 관계의 성격을 바꿀 수 있다.

하물며 북한 주민들에게 직접적으로 필요한 의료기는 남북한 관계를 아주 긴밀하게 연결해주는 끈과 같은 것이 되리라고 본다. 주는 사람과 받는 사람이라는 구도가 아니라 함께 대비하고 함께 회복하는 동반자의 감각을 만드는 것이다.

서울시 육상연맹이 추진하는 서울 · 평양 릴레이 역시 같은 맥락에 있다. 체육은 경쟁을 상징하지만, 동시에 협력을 전제로 한다. 체육 특히 운동에 있어서 릴레이는 특히 그렇다. 목표가 같고 도착하고자 하는 목적지가 같다. 즉 혼자 완주하는 방식이 아니라 인계봉을 넘기며 함께 가는 구조인 것이다.

인계봉은 무엇인가? 명령이 아니라 상호 믿음이다. 상대가 다음 구간을 이어 달릴 것이라는 믿음이 없다면 릴레이는 성립하지 않는다. 이런 점에서 서울 평양 릴레이 마라톤은 의미가 매우 깊다고 하겠다.

이 릴레이가 지향하는 것은 기록이나 어떤 이벤트가 아니다. 남과 북이 같은 목표를 향해 몸을 움직일 수 있다는 경험을 쌓는 일이다. 우리가 목표로 하는 것은 어떤 엄청난 성과물을 바라는 작업이 아니다.

릴레이란 그 과정에서 상호 협력하면서 목적지에 이를 수 있다는 믿음을 구축하는 것이다. 이것을 기저로 하여 의료 협력과 재난 대응, 인도주의 지원이 자연스럽게 연결될 수 있다면 최고의 이벤트가 되지 않겠는가. 그것은 상징을 넘어 실질이 된다고 본다. 도움을 주는 쪽과 받는 쪽을 나누지 않고 서로의 필요를 채우는 구조를 만드는 것이다.

인도주의 공동체는 문서를 작성해서 어떤 선언으로 만들어지지 않는다. 반복되는 협력의 경험 속에서 서서히 형성된다. 작은 성공과 작은 실패를 함께 겪으며 성숙하게 된다. 차차 상대를 이해하는 폭이 넓어지면 성공할 확률이 높아진다.

그 과정에서 정치적 신뢰도 다시 자랄 수 있다. 정치가 모든 것을 결정하는 것이 아니라 삶의 현장이 정치를 견인하는 순간이 되는 것이다. 정치적 영역으로 풀 수 없는 분야는 이렇게 민간의 이벤트를 통해 화해와 해결의 가능성을 마련하는 것이다.

물론 이 길은 결코 쉽지 않을 것이다. 경색된 남북관계 속에서 상호 협력은 여전히 많은 제약을 받는다. 그러나 인도주의는 늘 제약 속에서 진전되어 오지 않았나. 전쟁터에서도, 재난 현장에서도, 가장 어려운 조건에서 가장 필요한 역할을 해왔다. 남과 북이 인도주의 공동체로 나아가는 길도 마찬가지일 거라고 생각한다.

이제 우리는 질문을 바꿔야 한다. 아니 질문을 바꿀 필요가 있다. 무엇을 줄 것인가가 아니라 어떻게 함께 할 것인가를 물어야 한다. 즉 인도주의의 주체와 객체를 나누는 사고에서 벗어나야 한다. 공동의 주체가 되는 상상을 시작해야 하는 것이다. 그때 인도주의는 헛수고의 부담이 아니라 가능성의 자산이 된다.

우리는 서울 평양 릴레이 마라톤을 통해 막힌 남북의 물꼬를 틀 수 있을 것이다.

서울에서 평양까지 이어달리기는 그 상상의 한 장면이다. 생각할수록 가슴이 설렌다. 몸으로 신뢰를 확인하고 행동으로 연대를 증명하는 방식이다. 항상 경색된 국면을 당하면 세계 역사를 봐도 이처럼 예술과 체육을 통해 다시 흐르게 할 수 있었다. 이 릴레이가 남과 북을 단숨에 바꾸지는 못할 것이다. 우리는 처음서부터 이런 놀라운 변화나 결과를 기대하지 않았다. 그러나 분명한 것이 있다. 함께 하는 인도주의는 관계를 되돌릴 수 없는 지점까지 밀어 올린다는 사실이다.

남과 북은 상호 인도주의 공동체가 될 수 있다. 그것은 이상(理想)이 아니라 선택의 문제다. 정치가 흔들릴 때도 중심을 유지하는 어떤 기준을 세우는 일은 인도주의를 추구한 예술이나 체육을 매개로 가능하다는 점을 결코 잊지 않으려고 한다. 고귀한 생명을 중심에 두는 일이 서울 평양 릴레이 마라톤 저변에 깔려 있다. 그 선택이 반복될 때 한반도의 미래는 조금씩 다른 방향으로 움직이기 시작할 것이다.

제10장 올림픽과 육상

고대올림픽

역사란 인류가 동참해 만들어낸 산유물이다. 운동이든 전쟁이든 상대와 더불어 이룩한 흔적인 것이다. 싸우며 평화를 지키려는 노력으로 인류는 함께 뭉치고 모인다. 그러므로 인류의 역사에는 단순한 경기 이상의 의미를 지닌 행사가 존재한다. 그 대표적인 예가 바로 고대 올림픽이다. 오늘날 세계인의 축제로 자리 잡은 올림픽의 뿌리는 화려한 경기장이 아니라 신에게 바치는 경건한 제전에서 시작되었다.

고대 올림픽은 기원전 776년, 그리스의 성지인 올림피아에서 처음 열렸다. 이곳은 단순한 도시가 아니라 신성한 공간이었다. 그리스인들에게 절대적인 존재였던 제우스에게 바치는 종교의식이 곧 올림픽이었다. 경기장에 들어선 선수들은 경쟁자이기 이전에 신 앞에 선 인간이라고 해야 하나.

초기의 올림픽은 놀라울 만큼 단순했다. 하루 동안 단 한 종목, 단거리 달리기만 치러졌다. 인간의 가장 원초적인 능력인 달림이 곧 힘과 용기의 상징이었기 때문이다. 그러나 시간이 흐르면서 대회는 점차 발전했다. 종목이 늘어나고 일정도 길어져 최대 일주일에 걸쳐 열리게 되었던 것이다.

특히 고대 5종 경기는 당시 사회의 성격을 잘 보여준다. 멀리뛰기, 창던지기, 단거리 경주, 원반던지기, 레슬링으로 구성된 이 경기는 단순한 스포츠가 아니라 군사훈련의 연장이었다. 전쟁이 일상이었던 시대에 강인한 신체는 곧 도시국가의 생존과 직결되었기 때문이다. 올림픽은 경기장이면서 동시에 병사의 자질을 검증하는 장소였다.

참가 자격 또한 매우 엄격했다. 자유민 신분의 그리스 남성만 출전할 수 있었고, 여성은 경기 참가가 허용되지 않았다. 어떤 기록에 따르면 결혼한 여성은 경기장 출입조차 금지되었다고 한다. 오늘날의 기준으로 보면 분명 배타적이지만 당시 사회 질서를 그대로 반영한 규칙이었다.

흥미로운 점은 승리자에게 주어진 보상이었다. 현대 올림픽의 금메달과 달리 초기에는 사과가 상품으로 수여되었다고 전해진다. 그러나 제7회 대회부터는 신의 나무로 여겨진 올리브 가지로 만든 관이 승자의 머리에 씌워졌다.

물질적 보상이 아니라 명예가 최고의 가치였던 것이다. 고향으로 돌아간 승자는 도시의 영웅이 되었고, 때로는 세금 면제나 평생 식사 제공 같은 특권을 누리기도 했다. 올림픽은 개인의 영광을 넘어 도시 전체의 자부심이었다.

이처럼 번성하던 축제도 영원할 수는 없었다. 그리스가 로마의 지배 아래 들어가면서 올림픽의 정신은 서서히 약해졌다. 많은 성인 남성이 로마로 끌려가거나 군사 활동에 동원되었는 데다가 대회의 규모 역시 축소되었다. 전통은 유지되었지만, 열정은 점차 사라져 갔다.

결정적인 전환점은 로마 제국이 기독교를 중심으로 재편되던 시기였다. 다신교적 제전이었던 올림픽은 새로운 종교 질서와 충돌할 수밖에 없었다. 결국 로마 황제 테오도시우스 1세는 이교적 제사를 금지하는 정책을 시행했고, 그 여파 속에서 올림픽도 역사 속으로 사라지게 되었다. 서기 393년, 제293회를 끝으로 천년 넘게 이어지던 축제는 막을 내렸다.

신전 역시 파괴되었다. 올림피아의 웅장한 건축물들이 허물어지면서 수많은 기록과 유물이 함께 사라졌다. 만약 그 유산이 온전히 남아 있었다면 우리는 고대인의 삶과 정신을 훨씬 더 깊이 이해할 수 있었을 것이다. 폐허가 된 경기 장은 오랜 세월 흙 속에 묻혀 있다가 훗날 고고학자들에 의해 다시 세상에 모습을 드러내게 되지 않는가.

그러나 올림픽이 남긴 유산까지 사라진 것은 아니었다. 인간이 자신의 한계를 시험하고, 경쟁 속에서 서로를 존중하며, 승리를 명예로 받아들이는 정신은 시대를 넘어 이어졌다. 고대 그리스인들이 경기장에서 보여준 것은 단순한 힘이 아니라 인간 가능성에 대한 믿음이었던 것이다.

생각해 보면 고대 올림픽은 질문 하나를 우리에게 던진다. 인간은 왜 경쟁하는가? 단지 이기기 위해서일까, 아니면 자신을 넘어서는 순간을 경험하기 위해서일까. 그리스인들은 후자를 선택했던 듯하다. 그래서 그들은 금이나 권력이 아닌 올리브 관 하나로도 충분히 만족할 수 있었다.

오늘날 우리는 훨씬 더 거대한 올림픽을 본다. 첨단 기술과 막대한 자본, 국가의 명예가 얽힌 세계적 이벤트라고 생각한다. 그러나 그 화려함 속에서도 변하지 않는 본질이 있다. 신에게 바쳐지던 제전(祭典)은 사라졌지만, 인간 스스로의 가능성을 기리는 축제라는 의미는 여전히 살아 있는 것이다.

폐허가 된 올림피아의 돌기둥을 떠올려 보라. 바람만이 지나가는 그 자리에서 한때 수많은 젊은이가 달리고 던졌으며 서로를 끌어안지 않았나. 그들의 함성은 사라졌지만 정신은 역사 속에 남았다.

결국 고대 올림픽은 우리에게 이렇게 말하는 듯하다. 문명은 무너질 수 있고, 건축물은 사라질 수 있다. 그러나 인간이 스스로의 한계를 넘어 보려는 열망만큼은 결코 사라지지 않는다고 말이다.

근대 올림픽

고대의 성화가 꺼진 뒤에도 인간의 기억 속에서 올림픽은 완전히 사라지지 않았다. 천년 넘게 이어지던 고대 올림픽이 막을 내린 이후, 유럽 곳곳에서는 선조들의 제전(祭典)을 되살리려는 움직임이 조용히 싹트고 있었다. 그것은 단순한 스포츠 행사의 복원이 아니라 잊힌 이상을 다시 불러내려는 역사적 시도였던 것이다.

그런데 19세기에 들어 유럽 사회는 거대한 변화를 겪는다. 산업혁명 이후 기술은 비약적으로 발전했고 생산력은 폭발적으로 증가했다. 그와 동시에 노동자 계급이 새로운 사회 세력으로 떠올랐다. 이전까지 정치와 문화의 주변부에 머물던 사람들이 스스로의 삶을 바꾸려는 욕구를 드러내기 시작한 것이다. 이것은 인류의 역사에 비춰볼 때 자연스런 흐름이지 않았나 생각한다.

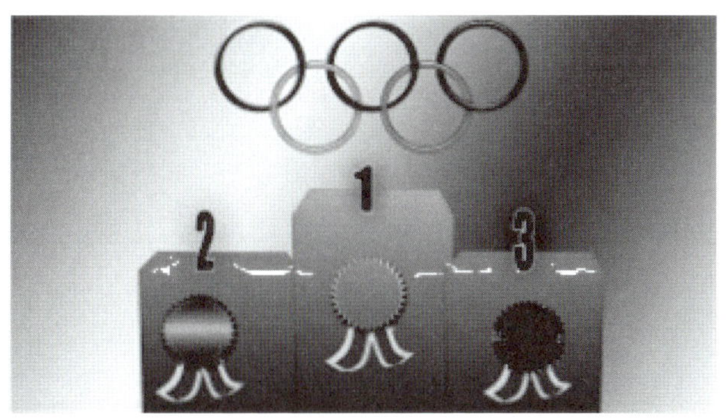

흥미롭게도 스포츠는 이러한 시대 분위기와 맞물렸다. 규칙 속에서 경쟁하고 신체를 단련하면서 계급을 넘어 함께 뛰는 경험은 노동자들에게 해방의 감각을 제공했다. 스포츠는 더 이상 귀족의 여가가 아니라 대중의 문화가 되어 갔던 셈이다.

이 흐름 속에서 한 인물이 등장한다. 바로 피에르 드 쿠베르탱이다. 그는 교육가이자 사상가였다. 그는 무엇보다 스포츠가 인간을 더 나은 존재로 만든다고 믿었다. 1892년부터 그는 유럽 각국을 순회하며 올림픽 부활을 열정적으로 제창했다. 그의 머릿속에 있던 올림픽은 단순한 경기대회가 아니었다. 그것은 전쟁으로 갈라진 세계를 연결할 평화의 장이었던 셈이다.

마침내 1894년 6월, 파리에서 열린 국제 스포츠 회의에서 유럽 각국 대표들은 만장일치로 올림픽 부활에 합의한다. 이 결정은 스포츠 역사에서 하나의 분수령이 된다. 그리고 두 해 뒤인 1896년, 아테네에서 제1회 1896년 하계 올림픽이 개최된다. 고대의 기억을 간직한 도시에서 새로운 시대의 올림픽이 시작된 것이다.

근대 올림픽이 내세운 이념은 분명했다. 세계 평화와 국제 친선, 그리고 아마추어리즘이다. 국적과 인종을 넘어 모든 인간이 동등하다는 믿음이 그 바탕에 존재한다. 승패보다 중요한 것이 참가와 도전이라는 정신이었다. 그때는 올림픽이 인류가 공유할 수 있는 가장 아름다운 약속처럼 보였을 것이다.

그러나 이상은 언제나 현실과 충돌하기 마련 아니겠는가. 초기 올림픽은 이미 정치와 이데올로기의 영향을 크게 받았다. 국가는 선수들을 통해 체제의 우월성을 증명하려 했고, 경기장은 때때로 외교의 연장선이 되지 않았나.

그 대표적인 사례가 1936년 베를린 올림픽이다. 이 대회는 아돌프 히틀러가 나치즘의 우월성을 과시하기 위한 거대한 선전 무대로 활용했다. 경기장은 평화를 외쳤지만, 그 이면에서는 전쟁의 그림자가 자라고 있었다.

세월이 흐르면서 또 다른 변화가 나타난다. 1980년대 이후 올림픽은 급격히 상업화되었다. 막대한 중계권료와 후원금이 유입되면서 대회는 거대한 산업으로 성장했다. 긍정적인 측면도 있었겠지만, 동시에 메달 획득과 국력 과시가 중요한 목표로 떠오르기 시작했다. 올림픽이 국가 이익을 위한 수단으로 변질될 수 있는 위험이 커진 것이다.

이를 상징적으로 보여준 장면이 1992년 바르셀로나 올림픽이다. 미국은 농구 종목에서 확실한 금메달을 위해 최고의 스타들을 한 팀으로 묶었다. 마이클 조던과 매직 존슨이 포함된 이른바 드림팀은 압도적인 실력으로 세계를 놀라게 했다. 경기는 화려했지만, 한편으로는 과연 이것이 아마추어 정신에 부합하는가, 라는 질문을 남기지 않았겠는가.

승리 지상주의가 낳은 또 하나의 사건은 1988년 서울 올림픽에서 벌어졌다. 남자 100미터 결승은 인간의 한계를 시험하는 역사적 무대가 아닌가. 올림픽에서 가장 전 세계의 이목이 집중하는 순간이기도 하지 않나. 당시 벤 존슨과 칼 루이스의 대결은 전 세계의 시선을 붙잡았다.

벤 존슨은 폭발적인 질주로 결승선을 통과하며 인간 탄환이라는 별명을 얻었다. 그러나 환호는 오래가지 않았다. 곧 약물 복용 사실이 밝혀졌고 그는 금메달을 박탈당했다. 그 순간 무너진 것은 한 선수의 기록만이 아니었다. 올림픽이 지켜야 할 공정성과 신뢰였던 것이다.

이 사건은 우리에게 묵직한 질문을 던진다. 우리는 무엇을 위해 경쟁하는가? 기록을 위해서인가 아니면 인간의 가능성을 확인하기 위해서인가. 승리가 모든 가치를 압도하는 순간에 올림픽은 더 이상 축제가 아니라 전쟁과 닮아 가지 않을지 염려스럽다.

그럼에도 불구하고 올림픽의 의미가 완전히 퇴색한 것은 아니다. 서로 다른 언어와 문화를 가진 사람들이 한 도시에 모여 같은 규칙 아래서 경쟁하는 장면은 여전히 감동적이지 않나. 정치적 이해관계와 상업적 논리가 얽혀 있을지라도 선수들이 흘리는 땀 자체는 거짓이 아니다.

어쩌면 근대 올림픽의 역사는 이상과 현실의 끝없는 줄다리기인지도 모른다. 평화를 꿈꾸며 출발했지만, 경쟁을 피할 수 없었기 때문이다. 순수함을 지향했지만 거대한 자본과 만나지 않았나. 그럼에도 올림픽이 계속되는 이유는 인간이 아직 그 이상을 포기하지 않았기 때문일 것이다.

쿠베르탱은 이런 말을 남겼다. 올림픽에서 중요한 것은, 승리가 아니라 참가이다. 이 문장은 이제 너무 익숙해져 진부하게 들릴지도 모른다. 그러나 오늘날일수록 그 의미는 더욱 무겁게 받아들여진다.

근대 올림픽은 우리에게 거울과 같다. 그 속에는 협력하려는 인간의 의지와 동시에 경쟁하려는 본능이 함께 담겨 있다. 우리는 그 어느 쪽을 선택할 것인가. 성화는 매 대회마다 다시 타오르고 있다. 그 불꽃이 단순히 메달의 영광만을 비추는 것이 아니라 인간이 서로를 이해하고 존중하려는 길까지 밝혀 주기를 기대하면 어떨까.

올림픽과 육상

올림픽의 심장은 언제나 육상이었다. 그래서 올림픽을 마지막 화려하게 장식하는 종목도 바로 마라톤이란 육상의 전설이 아닌가. 인간이 자신의 몸 하나로 어디까지 나아갈 수 있는지를 가장 단순하고도 명확하게 보여주는 종목이기 때문이다.

빠르게 달리고, 높이 뛰고, 멀리 던지는 행위는 문명이 시작되기 이전부터 이어져 온 인간 본능의 표현이다. 그래서일까. 올림픽의 역사 속에서 육상은 늘 시대의 변화를 가장 먼저 반영해 오지 않았나 생각한다.

그 변화를 상징적으로 보여 준 대회가 1928년 하계 올림픽이다. 네덜란드는 무려 네 번이나 도전한 끝에 개최권을 따냈다. 끈질긴 의지의 승리라 할 수 있을 것이다. 그러나 준비 과정이 순탄했던 것은 아니다. 가톨릭계는 일요일 경기에 강하게 반대했다. 신앙과 스포츠가 충돌한 것이다.

논쟁은 쉽게 가라앉지 않았다. 이때 언론이 설득에 나섰다. 스포츠는 종교를 위협하는 것이 아니라 사회를 하나로 묶는 문화라는 점을 강조했다. 결국 정부도 막판에 본격적인 지원을 결정하며 대회는 안정적으로 치러질 수 있었다. 올림픽이 단순한 경기 이상의 사회적 합의 위에서 열린다는 사실을 보여 준 사건이었다.

이 대회는 여러 면에서 새로운 길을 열었다. 무엇보다 처음으로 여자 선수들이 육상 경기에 참가한 올림픽이었다. 이는 스포츠가 남성의 전유물이라는 오래된 인식을 흔든 역사적 순간이지 않았겠나. 여성들이 트랙 위를 달리는 장면은 당시 많은 이들에게 충격이면서도 새로운 희망이었다. 스포츠의 문이 조금 더 넓게 열린 순간이었다.

또한 경기장에 성화가 타오르며 오늘날 우리가 익숙하게 보는 올림픽 불꽃의 기원이 마련되었다. 불은 고대와 근대를 연결하는 상징이 되었고, 인류의 연속성을 은밀함 속에서 말해 주었다.

선수단 입장 방식에도 변화가 있었다. 개최국이 가장 먼저 입장하는 관례가 이때 시작되었다. 관중은 자연스럽게 주최국의 책임과 자부심을 함께 느끼게 되었을 것이다. 더불어 예술 공연이 올림픽 무대에 등장하면서 스포츠와 문화가 함께 어우러지는 축제의 성격도 강화되었다.

이 흐름은 1932년 하계 올림픽에서 더욱 발전한다. 이 대회는 처음으로 선수촌을 선보인 올림픽이 되었다. 이전까지 선수들은 각기 다른 숙소에 머물렀지만, 이제 한 공간에서 생활하며 서로를 이해하게 되었다. 국적은 달랐지만, 식당과 훈련장을 함께 쓰며 자연스러운 교류가 이루어졌다. 올림픽이 추구하던 국제 친선이 현실 속에서 구현된 셈이라 할 수 있을 것이다.

또 하나의 중요한 전통이 시작됐다. 우승자의 국기가 게양되고 국가가 연주된 것이다. 승리는 개인의 영광을 넘어 국가의 자부심으로 확장되었다. 감동적인 장면이었지만 동시에 스포츠와 국가주의가 가까워지는 계기가 되기도 했다.

이 대회에는 한국 선수들도 출전했다. 김은배는 마라톤에서 6위를, 권태하는 9위를 기록했다. 그러나 그들은 자신의 국기를 달 수 없었다. 당시 한국은 일본 식민지였고, 선수들은 일장기를 달고 트랙을 달려야 했다. 기록은 남았지만, 이름 뒤에 따라붙는 국적은 그들의 것이 아니었다.

스포츠가 결코 정치와 무관하지 않다는 사실은 1936년 하계 올림픽에서 더욱 극명하게 드러난다. 이 대회는 최초로 TV 중계가 이루어지며 기술적으로는 획기적인 진전을 보여주었다. 그러나 동시에 독일 나치 정권 아래에서 민족주의와 차별 정책이 국제적 논쟁을 불러일으켰다.

이때 처음 등장한 것이 성화 봉송이다. 불꽃은 여러 나라를 거쳐 개최지로 전달되며 평화를 상징했지만, 아이러니하게도 그 시대는 갈등으로 가득 차 있었다. 베를린의 마라톤 코스에서 우리는 잊지 못할 장면을 목격한다. 손기정이 금메달을, 남승룡이 동메달을 차지한 것이다. 우리가 세계 정상에 오른 순간이었지만, 그들의 가슴에도 역시 일장기가 달려 있었다. 비극적인 지배의 역사를 우리는 잊지 않았다.

더 가슴 아픈 이야기는 그 이후에 벌어졌다. 동아일보가 보도 사진에서 일장기를 지워 버린 것이다. 식민 현실 속에서도 민족의 자존심을 지키려는 행동이었다. 그러나 이 일로 신문은 탄압을 받았고, 이른바 일장기 말소 사건은 스포츠가 얼마나 강력한 정치·사회적 파장을 일으킬 수 있는지를 단번에 보여주었다.

세월이 흐르며 올림픽은 더욱 거대해졌다. 과학 기술이 도입되고 기록은 눈부시게 향상됐다. 그러나 발전이 항상 행복만을 가져오는 것은 아니다. 1972년 하계 올림픽은 가장 과학적인 대회로 평가받았지만 동시에 가장 비극적인 대회로 기억되지 않았겠나.

대회 기간 중 팔레스타인 무장단체 검은 9월단이 이스라엘 선수단을 공격해 11명을 납치하고 결국 살해하는 참사가 발생했다. 그날, 세계는 충격에 빠졌다. 스포츠가 안전한 축제라는 믿음이 무너진 순간이었기 때문이다.

　주 경기장에서 열린 추모식은 깊은 침묵 속에서 진행되었다. 선수들은 경쟁을 멈추고 고개를 숙였다. 그날 인류는 깨달았다. 올림픽이 아무리 평화를 외쳐도 현실 세계의 갈등을 완전히 차단할 수는 없다는 사실을 말이다.

　돌이켜 보면 육상은 늘 인간 사회의 축소판이었다. 그래서 여성 참여 확대는 사회의 변화를 반영했고, 식민지 선수들의 눈물은 역사적 억압을 드러냈다. 기술 발전은 희망을 보여 주었지만, 테러는 인간의 어두운 면을 상기시켰다.

　그럼에도 사람들이 계속 달리는 이유는 분명하다. 달리기는 앞으로 나아가려는 의지의 표현이기 때문이다. 트랙 위에서 우리는 서로 경쟁하지만 동시에 같은 방향을 바라본다. 더 빠른 기록이 아니라 더 나은 인간을 향해서 말이다.

　올림픽과 육상의 역사는 결국 하나의 질문으로 귀결된다. 우리는 어디를 향해 달리고 있는가. 메달을 향해 달리는가 아니면 서로를 이해하는 미래를 향해 달리는가. 스타디움에 울려 퍼지는 총성은 출발을 알리지만, 진짜 경주는 그 이후에 시작된다. 인간이 갈등을 넘어 공존으로 나아갈 수 있을 때, 그때 비로소 올림픽의 육상은 완주하게 될 것이다.

육상경기

인간은 오래전부터 생존을 위해 달려왔다. 위험을 피하기 위해 달렸고, 먹이를 얻기 위해서도 달렸다. 때로는 더 높은 곳에 오르려고 뛰고 더 멀리 보내기 위해서 던졌다. 육상경기는 바로 그 원초적 움직임에서 출발한다. 달리기, 뛰기, 걷기, 던지기. 이 네 가지 기본 동작은 인류의 생존 방식이었고, 시간이 흐르면서 인류가 즐기는 스포츠가 되었다.

육상은 육지에서 이루어지는 거의 모든 신체 활동의 뿌리다. 수영과 함께 가장 기초적인 종목으로 꼽히는 이유도 여기에 있다. 특별한 장비가 없어도 된다. 몸 하나면 충분하기 때문이다. 그래서 육상은 언제나 스포츠의 중심에 서 있었다고 할 수 있다.

수렵 시대를 떠올려 보자. 사냥감을 끝까지 추격하려면 지구력이 필요했고, 장애물을 넘으려면 점프가 필요했다. 창을 멀리 던지려면 어깨와 허리의 힘이 요구됐다. 오늘날 경기장에서 펼쳐지는 모습은 다르지만, 본질은 변하지 않았다. 인간의 몸이 가진 가능성을 시험한다는 점에서 육상은 가장 솔직한 스포츠라고 할 수 있다.

고대 올림픽이 사라지면서 육상도 한동안 역사 속으로 묻혔다. 그러나 스포츠는 쉽게 사라지지 않는다. 인간이 움직이는 한 달리기는 계속되기 때문이다. 육상은 1896년 하계 올림픽과 함께 화려하게 부활했다. 근대 스포츠의 출발점에서 다시 트랙 위에 선 것이었다.

제도의 정비도 하나씩 이어지지 않았나. 국제육상경기연맹은 1921년부터 공인 세계기록 제도를 도입했다. 기록은 육상의 언어인 것이다. 눈에 보이지 않는 노력과 시간을 숫자로 증명한다. 그리고 1983년부터 세계선수권대회를 개최하며 육상은 올림픽에 버금가는 또 하나의 큰 무대를 갖게 되었다.

하지만 육상은 세계적인 균형을 이루기 어려운 종목이기도 하다. 오랜 시간 절대적인 영향력을 행사해 온 나라가 있기 때문이다. 바로 미국이란 나라 때문이다. 이 나라는 올림픽 육상에서만 지금까지 345개의 메달을 획득했다. 기록에 따르면 2위부터 10위까지의 메달을 모두 합쳐야 미국과 비슷한 수준에 이른다고 한다. 육상 강국이란 말이 괜히 붙은 것이 아니다.

올림픽에서 육상이 차지하는 비중도 압도적이다. 수영과 함께 가장 많은 메달이 걸려 있다. 2020년 하계 올림픽을 예로 들면 육상에는 48개의 금메달이, 수영에는 49개의 금메달이 마련됐다. 그만큼 다양한 종목이 존재하고, 다양한 인간의 능력이 시험대에 오른 때문이다.

육상은 크게 달리는 거리로 나눌 수 있다. 단거리에는 폭발적인 힘이 요구된다. 100미터와 200미터는 순식간에 승부가 갈리며 400미터는 스피드와 지구력이 동시에 필요하다. 300미터라는 종목도 있지만, 이는 이벤트 성격이 강해 올림픽이나 세계선수권에서는 볼 수 없다. 대신 다이아몬드 리그 같은 대회에서 가끔 등장하는 종목이다.

중거리는 조금 다른 세계다. 800미터와 1500미터는 전략이 중요한 경기다. 너무 빨라도 안 되고, 너무 늦어도 안 된다. 한때 여자 3000미터가 존재했지만

1996년 하계 올림픽부터 여자 5000미터가 도입되면서 역사 속으로 사라졌다. 스포츠는 이렇게 끊임없이 변화한다. 인류의 필요에 의해서 만들어지고 사라지는 것이 바로 운동이다.

그리고 많은 이들이 매력을 느끼는 영역이 장거리다. 5000미터와 10000미터는 페이스를 유지하는 능력이 승패를 좌우한다. 지구력과 체력 그리고 흔들리지 않는 정신력이 필요하다. 이 종목에서 두각을 나타낸 선수들은 종종 마라톤으로 전향한다. 더 긴 거리에서 자신의 한계를 시험하기 위해서다.

장거리의 강자는 오랫동안 아프리카에서 나왔다. 특히 케냐와 에티오피아 선수들은 세계 무대를 지배해 왔다. 높은 고도에서 자란 환경과 꾸준한 훈련이 만들어 낸 결과라는 분석도 있다. 그러나 무엇보다 중요한 것은 달리는 문화가 생활 속에 깊이 자리 잡고 있다는 점일 것이다.

남자 5000미터(5K) 세계기록은 조슈아 체프테게이가 세운 12분 35초 36이다. 숨이 멎을 듯한 속도다. 여자 기록 역시 놀랍다. 구다프 체가이는 14분 0초 21로 새로운 기준을 만들었다. 숫자 몇 개에 불과하지만, 그 안에는 인간의 한계를 밀어붙인 시간이 담겨 있다는 것을 알 수 있다.

1만 미터(10K)는 트랙 경기 중 가장 긴 거리다. 완주까지 약 30분이 걸린다. 마라톤처럼 예선 없이 곧바로 결승이 펼쳐진다. 출전 선수가 많기 때문에 첫 곡선에서는 트랙을 인코스와 아웃코스로 나누어 출발하며 약 120미터 지점부터 완전히 열린 코스로 달린다. 그 순간부터는 오직 자신의 호흡과 싸워야 한다.

현재 남자 세계기록 역시 체프테게이가 보유하고 있다. 2020년에 세운 26분 11초 00. 여자 기록은 베아트리체 체벳이 2024년에 작성한 28분 54초 14다. 기록은 점점 짧아지고 있지만, 그 뒤에 숨은 고통의 시간은 오히려 더 길어지고 있을지도 모른다.

육상을 바라보고 있으면 한 가지 사실을 깨닫게 된다. 인간은 결국 앞으로 나아가려는 존재라는 것이다. 트랙 위에서 선수들은 서로 경쟁하지만 동시에 같은 방향으로 달린다. 멈추지 않으려는 의지 그것이 바로 육상의 본질이 아니겠는가.

그래서 육상은 늘 특별하다. 화려한 장비도 복잡한 규칙도 필요 없다. 출발선과 결승선만 있으면 된다. 그 사이를 얼마나 성실하게 채우느냐가 곧 한 사람의 이야기가 된다. 어쩌면 우리 삶도 하나의 육상경기인지 모른다. 각자의 속도로 달리고 때로는 넘어지면서 다시 일어나 결승선을 향하지 않나.

중요한 것은 누가 더 빠르냐가 아니라 누가 끝까지 달릴 수 있느냐일 것이다. 육상은 가장 오래된 스포츠이지만 동시에 가장 현대적인 스포츠라 할 수 있다. 인간이 존재하는 한 달리기는 계속될 것이다. 그리고 그 달리기 속에서 우리는 끊임없이 자신을 발견하게 되지 않을까.

이어달리기, 계주(繼走)

　　이어달리기 릴레이 즉 계주는 혼자가 아니라 함께 완성하는 경기다. 한 사람이 아무리 빨라도 네 사람이 이어 주지 못하면 기록은 무너진다. 그래서 계주는 단순한 스피드의 경쟁이 아니라 신뢰의 경기다.

　　우리 서울시 육상연맹이 구상하는 서울·평양 릴레이 마라톤과 가장 닮은 종목도 바로 이 계주다. 한 사람이 서울에서 평양까지 달릴 수는 없다. 그러나 여러 사람이 구간을 나누어 달린다면 상징은 현실이 된다. 계주의 정신은 곧 연결의 정신이라 할 수 있다.

　　트랙 계주에는 대표적으로 400미터 계주와 1600미터 계주가 있다. 400미터 계주는 100미터를 네 명이 나누어 달리고, 1600미터 계주는 400미터씩 네 명이 이어 달린다. 규칙은 단순하지만 아주 엄격하다. 배턴 터치는 반드시 20미터 교환 구간 안에서 이루어져야 한다. 그 구간을 벗어나면 실격인 것이다. 아무리 빨리 달려도 규칙을 어기면 기록은 완전히 사라지는 법이다.

　　어떤 경기든 계주 경기를 보면 이 장면은 언제나 긴장감이 넘친다. 전력 질주

를 하며 다가오는 주자와 뒤를 돌아보지 않은 채 손을 뻗는 다음 주자를 보라. 두 사람의 호흡이 정확히 맞는 순간 배턴은 자연스럽게 손을 옮긴다. 단 1초의 오차가 승부를 가른다.

오랫동안 계주는 미국과 자메이카의 주력 종목이었다. 폭발적인 스피드와 풍부한 선수층이 그 배경이었다. 그러나 최근 눈에 띄는 변화가 있다. 일본이 계주 종목을 전략적으로 육성하며 세계 정상급으로 올라섰다는 점이다.

일본은 개인 기록의 우열보다 팀 전략에 집중했다. 스타 한 명에 의존하기보다 네 명의 완성도를 끌어올렸다는 점이다. 배턴 터치 훈련을 반복하고 주자 배치를 세밀하게 조정했다. 그 결과 세계 대회에서 안정적인 성적을 거두며 강팀으로 자리 잡지 않았나. 계주는 결국 조직력이라는 사실을 일본이 증명한 셈이다.

400미터 계주의 흐름을 살펴보면 더욱 흥미롭다. 첫 주자는 각자의 레인을 따라 곡선을 돈다. 두 번째 주자 역시 곡선 주로를 약 120미터 정도 달린다. 이후 오픈 코스로 전환되며 선수들은 일렬로 늘어선다. 이때부터는 속도와 집중력이 절정에 이른다. 앞선 팀의 등을 보며 따라붙는 장면은 관중의 심장을 뛰게 만들지 않는가.

일렬로 몰려 들어오는 마지막 구간에서는 작은 실수 하나가 치명적이다. 배턴을 떨어뜨리거나 타이밍을 놓치면 모든 노력이 물거품이 된다. 그래서 계주는 종종 가장 짜릿하면서도 가장 잔혹한 종목이라 불릴 정도다.

세계선수권이나 올림픽에서 계주는 트랙 경기의 마지막을 장식한다. 대회의 열기가 최고조에 달한 순간, 스타디움은 네 사람의 질주에 모든 시선을 집중한다. 개인 종목이 아닌 팀 종목이 마지막에 배치된 이유는 분명하다. 함께 달리는 장면으로 대회를 마무리하겠다는 의지의 표현이 아니겠는가.

최근에는 남녀 혼성 계주도 주목받고 있다. 성별을 넘어 한 팀을 이루는 방식이다. 주자 배치는 오랫동안 자유였다. 그런 결과로 여러 나라가 다양한 조합을 실험했다. 그 결과 1번과 4번 주자를 남자, 2번과 3번 주자를 여자로 배치한 팀이 가장 좋은 기록을 낸다는 분석이 나오지 않았는가. 출발과 마무리에 스피드를 배치하는 전략이었던 셈이다.

그러나 2022년부터는 남녀남녀 순서로 고정되었다. 규칙이 바뀌면서 전략도 달라졌다. 각 팀은 새로운 흐름에 적응해야 했다. 계주는 이렇게 끊임없이 변한다. 규칙은 고정되어 있지만, 그 안에서 인간은 새로운 방법을 찾아내기 때문이다.

계주를 바라보고 있으면 하나의 장면이 떠오른다. 앞선 주자가 힘이 빠진 상태에서도 마지막까지 속도를 늦추지 않는 모습이다. 그는 잘 알고 있다. 자신의 구간이 끝나도 팀의 레이스는 계속된다는 사실을 말이다. 그래서 배턴을 넘기는 순간까지 최선을 다하는 것이다.

서울·평양 릴레이 마라톤 역시 그렇다. 한 사람이 모든 길을 책임질 수 없다. 누군가는 출발을 맡고 누군가는 중간을 잇고 또 누군가는 마지막을 완성하게 된다. 중요한 것은 속도가 아니라 끊기지 않는 연결이란 점이다.

계주의 본질은 신뢰가 가장 중요하다. 앞사람이 제 몫을 해 줄 것이라는 믿음과 뒷사람이 끝까지 잘 달려 줄 것이라는 확신이 깔려 있다. 그 믿음이 무너지면 팀은 존재할 수 없다. 배턴은 단순한 막대가 아니라 책임의 상징이기 때문이다.

우리는 지금 서로 다른 구간을 살고 있다. 누군가는 앞서 있고, 누군가는 뒤에 있다. 그러나 같은 방향을 향해 달린다면 우리는 하나의 팀이다. 계주는 그것을 잘 보여 준다. 결승선에 가장 먼저 들어오는 팀은 단 한 팀뿐이다. 하지만 진짜 의미는 거기에만 있지 않다. 네 사람이 하나의 기록으로 묶이는 순간에 개인은 팀이 되는 것이다. 그리고 그 팀은 하나의 이야기가 되지 않은가.

서울에서 평양까지 이어지는 상징적 계주도 결국 같은 원리다. 서로의 손을 믿고, 배턴을 놓치지 않는 것이 바탕에 깔려 있다. 빠르지 않아도 우리는 좋다.

중요한 것은 끊기지 않는 연결이란 점이다.

이어달리기는 우리에게 묻는다. 당신은 배턴을 건네받을 준비가 되어 있는가. 그리고 다음 사람에게 그것을 책임 있게 넘길 수 있는가고 말이다. 그 질문에 답할 수 있을 때, 우리는 비로소 같은 트랙 위에 서게 될 것이다. 그래서 우리가 바라는 자유와 평화를 한 단계 우리 곁에 바짝 끌어올 수 있게 하는 것이다.

도로경기, 절제와 규율의 경보(競步)

육상 중 매력 있는 종목의 하나는 달리지 않고 걷는 경보라는 경기다. 비록 걷는 듯해 보여도 누구보다 빠르며 힘든 운동이다. 경보는 육상의 도로경기 가운데 가장 묵묵한 종목이다. 폭발적인 스피드 대신 절제된 리듬이 생명이다. 또한 함성 대신에 엄격한 규율이 중심에 있다. 정해진 도로 코스 위에서 선수들은 긴 호흡으로 자신을 향해 몰아붙인다.

경보의 규칙은 단순하지만 아주 엄격하다. 한 발이 땅에서 떨어지기 전에 반드시 다른 한 발이 지면에 닿아 있어야 한다. 순간이라도 두 발이 동시에 공중에 뜨면 러닝으로 간주된다. 또한 지면에 닿은 다리는 몸통이 그 위를 지나 수직이 될 때까지 곧게 펴져 있어야 한다.

이 규칙을 지키지 못하면 심판의 경고를 받는다. 보통 세 명 이상의 심판이 코스 곳곳에서 동작을 관찰하는데 세 번 경고가 누적되면 실격이다. 빠름과 정확함을 동시에 요구하는 지극히 과학적인 경기라 할 수 있다.

올림픽 정식 종목으로 자리 잡은 경보는 오랜 시간 유럽 선수들이 강세를 보였으나, 최근에는 아시아가 중심에 서 있다. 특히 중국과 일본이 세계 정상을 다투고 있다. 20km 종목에서는 중국 여자 선수들의 저력이 돋보인다.

남자 부문에서는 일본이 치밀한 전략과 훈련 시스템으로 강세를 보인다. 일본은 2015년 세계선수권에서 값진 은메달을 따낸 뒤 경보를 국가 차원에서 전략 종목으로 집중적으로 육성해 왔다. 대학과 실업팀, 지방자치단체가 연계된 훈련 체계를 구축했고, 과학적 분석을 도입해 보폭과 케이던스(달리기에서 1분 동안 발로 땅을 딛는 횟수)를 세밀하게 다듬었다고 한다.

최근에는 아프리카 선수들의 가세도 눈에 띈다. 장거리 종목에서 강세를 보여온 케냐, 에티오피아 출신 선수들이 경보에도 도전하면서 상위권 판도가 다

충적으로 변하고 있다. 고지대 훈련에 익숙한 그들의 지구력은 경보에서도 위력을 발휘한다. 이제 경보는 특정 대륙의 전유물이 아니라 세계적 경쟁의 장이 되었다는 말이다.

경보는 현재 20km를 중심으로 치러지며, 한때 50km가 있었고 최근에는 35km로 조정되는 등 종목 구성도 변화를 겪고 있다. 시대의 흐름에 따라 경기 시간이나 중계 방식, 코스 설계가 재편되고 있다. 그러나 변하지 않는 것은, 걷기라는 인간의 가장 기본적인 동작이 극한의 스포츠로 승화된다는 사실이다.

경보의 매력은 어디에 있을까. 첫째, 정직함이다. 달리고 싶은 순간에도 걸어야 한다. 조급해질수록 자세가 흐트러진다. 또한 흐트러질수록 경고가 쌓인다. 경보는 바로 인생의 모습을 닮았다고 한다.

둘째, 자기 통제다. 장시간 일정한 리듬을 유지하는 능력은 단순한 체력이 아니라 정신력의 산물이다. 셋째, 전략이다. 급수 타이밍, 페이스 조절, 집단 주행에서의 위치 선정이 승부를 가른다. 따라서 경보는 조용한 두뇌 스포츠이기도 하다. 우리가 삶을 살아가면서 다양한 계획과 전략을 짜는 것과 비슷하지 않은가.

이 종목은 도시와도 잘 어울린다는 점이다. 트랙이 아니라 도로 위에서 펼쳐지기 때문이다. 시민은 선수의 호흡을 가까이서 느낄 수 있을 것이며, 선수는 또한 도시의 풍경 속을 통과하며 자신과 싸운다. 서울의 한복판, 한강 변이나 도심 순환 코스에서 국제 경보대회가 열린다면 어떨까 생각해 본다. 단순한 스포츠 이벤트를 넘어 도시 축제가 될 수 있지 않겠는가.

서울시 육상연맹이 경보를 전략적으로 육성한다면 몇 가지 과제를 먼저 준비해야 하지 않을까.

첫째, 전문 지도자 양성이다. 경보는 일반 달리기와 기술 체계가 다르다. 국제 심판 자격을 가진 지도자를 초청해 정기 세미나를 열고, 국내 지도자 연수 과정을 체계화하면 좋을 것이다.

둘째, 유소년 발굴이다. 중·고등학교에 경보 클럽을 신설하고, 장거리 선수 가운데 경보에 적합한 인재를 전환 육성하는 프로그램을 마련할 필요가 있다.

셋째, 과학적 지원이다. 영상 분석 장비를 도입해 보행 각도와 지면 접촉 시간을 정밀하게 측정해야 한다. 즉 케이던스를 살펴볼 필요가 있으며, 경고를 최저로 줄이는 것이 곧 기록 향상으로 이어질 것이다.

넷째, 시민 참여형 대회 개최다. 엘리트 경기와 함께 시민 경보 체험 5킬로 같은 부대 행사를 열어 저변을 넓힐 수 있다. 걷기는 누구나 할 수 있는 운동이다. 경보는 그 걷기의 정점이다. 시민이 규칙을 이해하고 체험할 때 종목의 인지도도 함께 오르지 않겠는가.

다섯째, 국제 교류다. 중국과 일본의 우수 팀을 초청해 서울 국제경보대회를 정례화한다면 아시아 허브로 도약할 수 있다. 기술 교류 및 합동 훈련, 심판 워크숍을 병행하면 효과는 배가될 것이다.

경보는 생각처럼 화려하지 않다. 세계적인 선수들이 땀을 뻘뻘 흘리며 걷는 모습은 매력있어 보일지 모르지만, 그 의미는 아주 깊다. 눈에 띄는 스퍼트보다 마지막까지 자세를 지키는 인내가 더 중요하다. 우리 인생의 삶처럼 말이다. 세 번의 경고는 곧 퇴장이다. 삼진 아웃제도, 많이 들어본 양식 아닌가. 우리 삶도 그렇지 않은가. 기본을 잃으면 속도는 의미를 잃는다는 점을 기억할 필요가 있다.

서울의 도로 위를 묵묵히 걸어가는 선수들을 상상해본다. 땀이 흘러도 다리가 떨려도 규칙을 지키며 앞으로 나아가는 모습을 말이다. 그것은 단지 스포츠의 장면이 아니다. 절제와 균형 그리고 끝까지 포기하지 않는 인간의 의지의 모습인 것이다.

서울시 육상연맹이 이 조용한 종목에 눈을 돌린다면, 우리는 또 하나의 새로운 가능성을 맞이하게 될 것이다. 달리지 않아도 세계는 충분히 빨리 따라잡을 수 있다. 경보는 바로 그 사실을 증명하는 종목이다.

도로경기, 올림픽 마지막 불꽃 마라톤

올림픽 최고의 꽃이랄 수 있는 달리기 가운데 마라톤은 42.195km를 달린다. 인간이 두 발로 감당할 수 있는 가장 긴 올림픽 트랙 종목이랄 수 있다. 보통 2시간에서 4시간 가까이 쉼 없이 달리게 된다.

엘리트 선수라면 남자는 2시간 10분 이내, 여자는 2시간 30분 이내에 결승선을 통과한다고 보면 된다. 남자 세계 기록은 앞에서도 살펴보았듯 2시간 00분 35초다. 인간이 시간의 벽을 어떻게 허물고 있는지 보여주는 상징적 숫자라고 할 수 있다.

현존 올림픽 육상 종목 가운데 가장 긴 거리가 아니겠는가. 그래서 마라톤은 단순한 체력 경기가 아니라는 점이다. 먼저 지구력은 기본일 것이다. 그러나 지구력만으로는 또 부족한 게 마라톤이다.

마지막 5km에서 승부를 가르는 것은 근육이 아니라 정신이랄 수 있지 않은가. 숨이 턱까지 차오르고 다리가 돌처럼 굳어갈 때, 한 걸음을 더 내딛게 하는 힘이 필요한 법이다. 그것은 기술이 아니라 의지라고 할 수 있다. 인간이 인간을 넘어서는 순간에 우리는 그 장면을 마라톤이라 부르는 것이다.

마라톤의 기원은 고대 그리스의 마라톤 전투에서 비롯되었다고 알려져 있다.

근대 올림픽을 창설한 피에르 드 쿠베르탱은 고대의 전설을 현대 스포츠로 되살린 인물이다. 기원전 490년, 그리스가 페르시아를 상대로 승리한 뒤 한 전령이 마라톤 평원에서 아테네까지 달려가 우리가 이겼다고 외친 직후 숨졌다는 이야기가 있다. 이 스토리는 매우 극적이며 감동적이다. 그래서 세상에 널리 퍼진 게 아닌가.

하지만 실제의 역사는 조금 다르다. 그 전령의 이름은 페이디피데스라고 한다. 그는 승전보를 전하기 위해 달린 인물이 아니라 전투에 앞서 스파르타에 원군(援軍)을 요청하러 파견된 전령이었다는 기록이 유력하다. 그는 임무를 완수했으며 죽지도 않았다고 한다. 아테네로 무사히 돌아왔다고 전해지는데 우리가 알고 있는 달려가 외치고 숨졌다는 장면은 후대의 각색일 가능성이 매우 크다는 점이다.

그렇다고 해서 페이디피데스의 위대함이 줄어드는 것은 아니지 않나. 그는 약 240km에 달하는 엄청난 거리를 이틀 만에 주파했다고 전해진다. 그것도 현대식 러닝화가 아닌 군장의 무게를 짊어진 채 험준한 산악 지형을 넘어섰을 것이다. 오늘날 40km를 2시간 반에 달리는 선수들도 대단하지만, 고대의 병사가 갑옷과 무기를 갖추고 달렸다는 사실은 또 다른 차원의 경이로움이랄 수 있다.

마라톤 전투 직후의 기록도 아주 인상적이다. 그리스 보병들이 약 33kg의 중무장을 한 채 30km 떨어진 아테네까지 약 3시간 만에 이동해 방어 태세를 갖추었다고 한다. 페르시아 원군은 이미 진을 친 그리스군을 보고 퇴각했다는 이야기다. 이는 단순한 전설이 아니라 인간의 체력이 국가의 운명을 바꾼 사례라고 볼 수 있다.

마라톤은 그래서 상징성이 매우 크다. 100미터 달리기가 폭발력의 한계를 보여준다면, 마라톤은 인류를 향해 인내의 한계를 묻는 것과 같다. 근대5종이나 트라이애슬론이 종합 능력을 시험한다면, 마라톤은 한 가지 능력, 즉 얼마나 지속할 수 있는지 묻는 것이다. 멈추지 않는 인간의 능력. 바로 이것이 인간을 인간답게 만드는 게 아니겠는가.

그렇다면 왜 하필 42.195km인가. 마라톤 평원에서 아테네까지의 거리가 정확히 그만큼이라는 주장은 사실과 다르다. 초기 올림픽에서는 거리도 제각각이었다고 한다. 40.26km, 40km, 41.86km 등 대회마다 달랐으며, 통일된 기준은 없었다고 한다.

전환점은 바로 1908 런던 올림픽이었다. 이 대회에서 처음으로 42.195km가 채택되었다. 원래 계획된 거리는 약 41.843km였다고 한다. 그러나 영국 왕실의 요청으로 코스가 연장되었던 것이다.

결승선을 왕실 전용 관람석 이른바 로열 박스 앞에서 통과하도록 조정하는 과정에서 352미터가 추가되었다는 점이다. 그 우연한 연장이 오늘날까지 이어진 표준 거리가 되었던 것이다. 스포츠의 역사가 때로는 정치와 의전, 상징의 산물임을 보여주는 장면이랄 수 있다.

오늘날의 마라톤은 어디든 언제든 도시를 통과하지 않는가. 선수들은 맘껏 도로 위를 달린다. 시민은 이런 선수들의 호흡을 바로 옆에서 지켜본다. 30km 이후, 이른바 벽을 만나는 구간에서 선수의 얼굴은 완전히 달라진다. 그때부터는 기록이 아니라 생존이라고 할 수 있다. 즉 자신과의 전투, 자신과의 사투가 시작되는 것이다. 다리가 아니라 정신이 앞으로 내 몸을 밀어붙인다.

우리는 이제 서울의 거리를 떠올려 본다. 한강을 따라 도심을 가로질러 42.195km를 이어 달린다면 그 자체로 도시의 서사가 된다. 마라톤은 개인의 경기이지만 동시에 공동체의 축제랄 수 있다. 수만 명이 함께 출발해 각자의 속도로 달린다. 누구는 2시간대에 누구는 4시간대에 결승선을 통과하지 않나. 그러나 완주는 또한 모두에게 같은 의미를 준다. 포기하지 않았다는 증거를 말이다.

마라톤은 기록경기이면서도 하나의 철학이다. 인간은 어디까지 갈 수 있나. 육체는 어디에서 멈추게 되나. 그리고 정신은 어디에서 다시 일어서는가. 고대의 전령이든 현대의 엘리트 선수든 혹은 주말의 시민 러너든 질문은 똑같다.

42.195km. 이 기묘한 숫자는 우연에서 비롯되었지만, 인류에게 지금은 상징이 되었다. 인간이 스스로 설정한 한계가 바로 이 거리인 셈이다. 그리고 그 한계를 넘어보겠다는 다짐이 인류의 삶에 부여된다.

결국 마라톤은 속도의 이야기가 아니다. 지속의 이야기며 자기만의 서사다. 승전보를 전하려고 달렸다는 전설이 사실이 아니어도 우리는 이제 상관없다. 중요한 것은 달렸다는 사실이다. 멈추지 않았다는 사실인 것이다.

그 한 걸음 또 한 걸음이 역사를 만들고 전설을 만든다. 그리고 소중한 오늘의 기록을 세운다. 인류가 다른 한 인간으로부터 배워야 하는 훈장 같은 것 말이다. 그래서 우리는 여전히 물을 수밖에 없는 것이다. 인간은 어디까지 달릴 수 있는가? 이에 마라톤은 조용히 대답한다. 당신들은 끝까지 멈추지 않고 달릴 수 있다고 말이다.

제11장 남북 스포츠 교류에 즈음하여

생명의 소중함, 북한의 생명 살리기 지원

　어떤 대립과 갈등 앞에서도 오직 하나 소중한 생명은 누구에게나 예외가 없다. 우리처럼 남북 대치가 반 영구화 되어가는 상황에서 생명을 중심으로 어떤 협력과 화해를 시도하는 행위는 매우 가치 있고 의미 있는 일이기도 하다.

　따라서 한반도에서는 생명이라는 말이 어떤 사상이나 이념보다 의미가 크다. 생명은 늘 정치보다 우위에 있고 정치보다 먼저 온다. 총성이 멎어 평화가 왔음에도 상처는 남지 않았나. 전쟁은 아픔과 상처와 장애를 남겼다.

　그러나 이념으로 갈라선 이후에도 어쩔 수 없이 생명은 태어난다. 아이는 태어나기 때문에 온갖 상처의 원인을 외면할 수가 없다. 남과 북이 오래도록 서로를 경계해 온 시간 속에서도 생명을 살려야 한다는 명제만큼은 흔들리지 않았다.

　그래서 우리는 한반도 생명 공동체라는 이름으로 보건의료 협력을 이어오지 않았겠는가. 이 이름에는 거창한 구호보다 오래된 상식이 하나 담겨 있다. 아픈 사람을 먼저 살핀다는 게 이 공동체의 일관된 상식이라 할 수 있다.

　보건의료 협력은 남북관계에서 가장 오래 가장 꾸준히 이어져 온 분야다. 정세가 얼어붙을 때도 대화의 문이 닫힐 때도 최소한의 의료 지원은 완전히 끊기지 않았다는 것을 우리는 알고 있다. 이것은 무엇을 의미하는가? 생명의 소중함 그 자체를 반영하고 있기 때문이다.

　바로 그 중심에 대한적십자사가 있다. 대한적십자사는 정치의 전면에 나서지 않는다. 대신 현장의 필요를 묻고 가능한 것을 실천한다. 생명을 다루는 일은 속도를 내기보다 정확해야 하고 목소리를 키우기보다 신뢰를 쌓아야 한다는 것을 잘 알고 있기 때문이다.

　대한적십자사 안에는 남북협력기획단이 있다. 이곳은 이름처럼 기획을 하는 곳이지만, 책상 위에서만 머무르지 않는다. 현장 안으로 들어가는 기획 즉 북측의 보건의료 상황을 살피고 필요한 지원을 준비하며 협력의 방식을 논의한다.

콜레라 같은 감염병 대응, 모자보건, 결핵과 말라리아 같은 만성적 질환, 응급의료 장비 지원까지 아주 주제는 다양하다. 그런데 분명한 것은 공통점은 하나라는 것이다. 어떤 정치적 유불리를 따지기보다는 생존의 긴급성을 기준으로 삼는다는 점이다. 생명의 가치를 이 플랫폼에서는 가장 소중하게 취급한다.

한반도 보건의료 협력 플랫폼이라는 말은 다소 낯설게 들릴 수 있다. 구체적으로 협력 플랫폼이란 언어가 그렇게 느끼도록 만든다. 우리는 분단국이기 때문에 어쩔 수 없이 이런 플랫폼이 생겼다고 본다.

그러나 뜻밖에 그 뜻은 단순하다. 단발성 지원을 넘어서 정보와 경험을 공유한다. 민간 차원에서 이런 정보의 경험은 국익에도 국가 정책에도 도움이 된다. 또한 위기에 함께 대응하는 구조 플랫폼을 만들어 실제 위기 시 도움이 되자는 것이다.

그리고 감염병은 국경을 가리지 않는다. 전염병은 철책이 없고 경계가 불분명하다. 따라서 한쪽이 취약하면 곧장 다른 쪽의 위험으로 악화한다. 이런 현실 앞에서 보건의료 협력은 선택이 아니라 필수인 것이다. 서로의 데이터를 나누고 대응 체계를 맞추며 평시에 준비하는 일은 위기 때의 혼란을 줄이기 위함인 것이다.

적십자의 사명(使命)은 분명하다. 인간의 생명과 존엄을 보호하는 일이다. 이 사명은 국적이나 체제를 전혀 묻지 않는다. 또 그래야만 하는 것이며, 그래서 적십자의 상징은 전쟁터에서도 재난 현장에서도 같은 의미를 갖지 않는가.

대한적십자사가 북측에 지원할 때 그것은 정치적 메시지가 아니라 인도주의적 약속의 실천이다. 이런 관점에서 우리가 북한에 접근할 때 북측도 큰 부담 없이 받아들이는 측면이 있다. 아픈 사람 앞에서 우리는 같은 편이라는 약속이다. 우리는 아주 점잖게 북측을 향해 자존심을 지켜주는 것이다. 전쟁 중에도 위생병은 적군의 환자를 살리기 위해 최선을 다하지 않는가. 이런 것과 같은 맥락에서 바라보면 틀리지 않는다.

보건의료 협력은 봉사와 희생의 정신을 필수적으로 한다. 생명존중의 바탕이 형성되지 않으면 지속하기 어려운 지점이다. 그리고 관계의 방향과 밀도를 바꾸고 변화하는 힘을 갖게 마련이다. 비록 보건 의료의 지원을 받는다고 하더라도 절대 체면이 떨어지고 정체성이 흔들리지 않는다는 믿음이 있다.

그래서 치료를 받는 사람과 치료를 돕는 사람 사이에는 자연스러운 신뢰가 생긴다. 적십자나 보건 의료 등은 바로 이런 신뢰와 믿음이 생명이다. 약을 전달하고 장비를 설치하며, 교육을 진행하는 과정에서 서로의 얼굴을 기억하게 된다. 이 따뜻한 기억은 쉽게 지워지지 않는다. 정치적 갈등이 다시 고개를 들 때도 현장에서 쌓인 신뢰는 완충 역할을 한다고 본다.

물론 한계라는 것도 있다. 제재와 규제, 행정 절차는 협력을 더디게 만든다. 모든 것은 절차를 밟아서 진행하기 때문에 시간적으로 느리게 흘러간다. 그런데 북핵 문제와 국제 정세는 언제나 보건의료 협력의 배경으로 따라온다. 그러나 생명을 다루는 일은 시간적으로 기다려주지는 않는다. 시간적 여유가 없다는 말이다.

병은 정세를 읽지 않는다. 사정 봐서 병이란 것이 피해 가는 것은 아니다. 재난이나 재앙 역시 사람을 가리지 않고, 상황을 가리지 않는다는 점이다. 누구든 병의 공격에 맞닥뜨릴 수 있는 것이다. 그래서 보건의료 협력은 늘 현실적인 판단과 창의적인 접근을 요구하는 것이다.

이 지점에서 플랫폼의 의미가 살아난다. 정부와 민간, 국제기구와 비정부기구, 의료진과 기술자가 연결되는 구조가 필요한 것이다. 플랫폼이 이것을 하나로 연결한다. 대한적십자사는 그 연결의 중심에 설 수 있는 경험과 신뢰를 가지고 있다. 남북협력기획단의 역할은 바로 여기에 있다. 흩어진 자원을 모으고 중복을 줄이며 지속 가능한 협력의 틀을 만드는 일이 매우 중요한 것이다.

한반도 생명 공동체라는 말은 결국 남북한 미래를 향한 질문이다. 우리는 어떤 공동체로 남을 것인가. 서로를 위험으로만 볼 것인가 아니면 함께 위험을 줄이는 이웃으로 볼 것인가.

이런 판단의 근거로 보건의료 협력은 가장 중심이 되고 있다. 이 질문에 가장 실용적인 답을 제시할 수 있는 곳이 바로 한반도 생명 공동체라 할 수 있다. 함께 대비하고 함께 회복하는 경험은 공동체의 감각을 한층 키운다고 본다.

나는 보건의료 협력이 남북관계의 모든 문제를 해결해 줄 것이라고 생각하지 않는다. 그러나 이것만은 분명하다. 생명을 살리는 경험이 쌓일수록 적대의 언어는 설 자리를 잃게 될 것이다. 아이의 열을 내리는 약, 산모를 지키는 장비, 감염을 막는 예방 체계는 정치적 수사(修辭)가 대신할 수 없는 영역이다. 따라서 한번 신뢰를 쌓으면 쉽게 무너지지 않는다.

서울에서 평양까지 이어달리기를 구상하며, 우리는 이 보건의료 협력의 의미를 다시 떠올리게 된다. 몸을 움직여 길을 잇는 일과 생명을 지켜 공동체를 잇는 일은 같은 방향을 바라본다. 한반도 보건의료 협력 플랫폼은 달리기의 다른 이름일지도 모른다. 속도보다 호흡을, 경쟁보다 연대를 택하는 선택이다.

적십자의 사명은 늘 조용하다. 조용함 안에서 깊게 뿌리를 내리려고 한다. 그러나 그 조용함은 아주 강력하다. 생명을 살리는 일은 누구에게 박수를 요구하지 않는다. 요구하는 것은 지속성이다. 오늘 한 번의 지원이 아니라 내일도 이어질 구조를 만드는 일이 바로 이것이다. 그것이 한반도 생명 공동체가 의미하는 바라 할 수 있다.

언젠가 정치의 언어가 다시 부드러워질 때, 우리는 이 시간을 기억하게 될 것이다. 가장 어려울 때, 가장 기본적인 일을 멈추지 않았다는 사실을 말이다. 대한적십자사와 남북협력기획단이 지켜온 것은 단순한 지원의 기록이 아니라 공동체의 가능성이다. 생명을 잇는 이름으로 우리는 이미 많은 것을 해왔다. 이제 그 이름을 더 단단하게 만들어야 할 때다. 육상연맹이 그 일부를 도울 수 있으면 좋겠다는 생각이다.

남북 인도적 합의의 시간

우리처럼 남북관계를 위해 헌신한 나라도 없을 것이다. 남북관계의 역사를 돌아보면, 가장 늦게까지 의제가 되었던 오랜 문제가 있다. 바로 인도적 관계의 문제다. 물리적 총성과 거창한 선언은 멈출 수 있어도 헤어진 가족의 시간은 멎지 않는다. 전쟁이 끝난 지 이미 수십 년이 흘렀지만, 누군가는 여전히 이름을 부르고 누군가는 사진을 닦으며 하루를 견디는 것이다. 이렇게 시작된 남북 간 인도적 협력의 역사는 바로 이 기다림의 역사라 할 수 있다.

2000년 6월, 남북은 처음으로 인도적 문제를 정면에 올려놓았다. 제1차 남북정상회담 이후 합의된 인도적 조치들은 작지만, 결정적인 변화를 담고 있었다. 이산가족 방문단 교환은 단순한 방문이 아니었다.

그것은 서로의 존재를 공식적으로 확인하는 행위였다. 오랜 세월 끊어진 시간을 다시 잇는 첫 시도였던 것이다. 수십 년을 편지 한 장 없이 살아온 사람들이 같은 공간에서 숨을 고르면서 서로의 얼굴을 확인했다. 감격의 역사장면이 떠오른다.

그 시기에 함께 논의된 비전향 장기수 문제 역시 인도적 관점에서 중요한 전환점이었다. 이념의 이름으로 장기간 수감되었던 이들의 문제를 정치적 거래가 아닌 인도적 해결로 다루기 시작한 것이다. 남과 북은 이 문제를 통해 처음으로 상대 체제의 인간을 적이 아닌 한 인격을 지닌 사람으로 바라보는 연습을 했다.

또한 제2차 전환점은 2007년이다. 이산가족 상봉의 확대와 영상편지 교환 합의는 인도적 협력을 한 단계 현실로 끌어내렸다. 직접 만남이 어려운 상황에서도 얼굴과 목소리를 전할 수 있다는 가능성은 고령의 이산가족들에게 새로운 희망이 되었다.

이 합의의 성과는 곧바로 이어지지 않았다. 정치적 경색으로 인해 많은 약속이 지연되었으며 기다림은 다시 기약 없이 길어졌다. 그럼에도 우리의 염원처럼 남북 간 합의는 결코 사라지지 않았다. 2018년 4월, 오랜 공백 끝에 이산가족 상봉이 다시 실시되었다. 그 만남은 기쁨과 슬픔이 동시에 존재하는 자리였다. 오랜 이별의 아픔을 뛰어넘고 살아서 만난 것이 기적이었다. 이제 더 자주 만나지 못한 시간이 아쉬움으로 남았다.

같은 해 5월에는 이산가족 상봉을 위한 적십자 회담이 열렸다. 이 회담은 인도적 문제를 정례화하려는 시도였다. 우리 남측의 바람은 이게 일회성 행사가 아니라 지속 가능한 구조를 만들려는 움직임이었다. 인도적 협력이 정치 상황에 따라 열렸다 닫히는 문이 되어서는 안 된다는 인식이 분명해졌다. 그래서 이런 이산 상봉 같은 절박한 생존의 문제는 훨씬 견고한 안전장치가 있어야 한다는 의견이 지배적이었다.

그리고 제3차 흐름은 2018년부터 2020년까지 이어졌다. 이 시기의 합의들은 이전보다 한층 근본적인 문제를 다루었다. 이산가족 문제의 근본적 해결을 목표로 인도적 협력을 더욱 강화하자는데 남과 북이 뜻을 모았다.

화상 상봉과 상설 면회소 조기 개소 논의는 만날 수 있을 때만 만나는 방식에서 항상 만날 수 있는 구조로의 전환을 의미했다. 통일이 어렵다면 이런 방식을 두는 것도 현명한 방법이라 생각했을 것이다.

특히 상설 면회소 구상은 인도적 협력의 성격을 바꾸는 제안이었다. 이는 특별한 날에 허락받는 만남이 아니라 일상적인 만남을 상정한 발상이었다. 인간의 감정이 항상 그립고 보고 싶은 감성의 흐름을 거스를 수 없기 때문이었다. 이것은 비록 현실화하지는 못했지만, 인도주의가 향해야 할 방향을 분명히 보여주었던 것이다.

영상편지의 교환을 위한 적십자 회담 역시 중요한 의미를 갖는다. 이것은 직접 만남이 어려운 조건에서도 관계를 유지할 수 있는 최소한의 연결망을 유지하려는 노력이었다. 한 통의 영상편지는 단순한 기록이 아니라 살아 있다는 증거이자 기억을 남기는 행위였기 때문이다.

이 인도적 합의들의 공통점은 국가가 나서서 힘을 행사해야 할 정도로 번거롭거나 크지 않다는 데 있다. 대규모 경제협력도 아니고, 군사적 긴장을 단번에 해소하지도 못하지 않은가. 그러나 이 합의들은 한반도에서 가장 연약한 부분을 지탱해왔다. 마지막 출구요 마지막 숨통이 바로 이런 인도적 장치들이었다. 정치가 흔들릴 때도 인도적 문제는 완전히 사라지지 않았다.

인도적 협력의 역사는 늘 단절과 재개의 반복이었다. 이게 다난(多難)한 남북의 역사를 한단어로 표현하는 언어라고 할 수 있다. 즉 합의는 있었지만 실제 현실로 다가오기까지는 아주 느렸다. 또 기대가 아무리 커도 실제 체감하는 현실은 답답할 정도로 더뎠다. 그럼에도 이 역사는 분명한 사실을 말해준다. 남과 북은 완전히 단절된 적이 없었다는 점이다. 가장 어려운 시기에도 사람을 향한 최소한의 창구는 열려 있었다.

이제 이 역사를 다시 바라볼 필요가 있다. 인도적 합의는 과거의 기록이 아니라, 미래를 설계하기 위한 자산이다. 이산가족 문제를 중심으로 쌓아온 신뢰와 경험은 다른 인도주의 협력으로 확장될 수 있다. 보건의료, 재난 대응, 생명 보호의 영역에서 이 경험은 중요한 기준이 된다고 본다.

본문 글에서 나는 인도주의 공동체와 상호 협력의 필요를 이야기했다. 이 인도적 합의의 역사는 그 논의가 공허하지 않다는 증거라고 할 수 있다. 이미 남과 북은 여러 차례 함께 약속했음을 부인하지 못할 것이다. 또한 간헐적으로라도 이를 실행해오지 않았는가.

우리의 염원처럼 기다림의 역사는 아직 끝나지 않았다. 많은 이산가족들이 여전히 이름을 부르며 하루를 보낸다. 통일을 바라지만 이것은 꿈속에서나 바랄 뿐이다. 이제 현실을 냉혹하게 판단한다. 그럼에도 분명한 것은 있다. 이 인도적 합의들이 있었기에 기다림은 완전한 절망으로 바뀌지 않았다. 그래서 우리는 이렇게 꿈을 버리지 못하며 희망을 얘기하고 있는 것이다.

인도적 협력은 느리게 다가올 것이다. 우리가 서울 평양 릴레이 마라톤으로 내미는 인도적 접근은 생각보다 오래 걸릴 수도 있다. 북한은 아무리 민간 차원의 인도적 수식어를 달고 덤빈다고 하더라도 김정은 정권의 눈치를 볼 수밖에 없는 구조이기 때문이다.

그러나 돌이켜보면 느리기에 오래 남는다. 이 역사 위에서 남과 북은 다시 시작할 수 있을 것이다. 기다림을 끝내기 위한 또 한 번의 선택은 언제나 인도주의에서 시작될 것이다. 나는 이렇게 간절한 염원을 담아 서울 평양 릴레이 마라톤의 염원으로 글을 쓰고 있지 않은가 말이다.

남과 북의 괴리, 만나면 좁혀질까?

분단된 나라에선 이념과 사상의 골이 너무 깊은 게 사실이다. 우리가 지금 분단 73년이 되지 않았는가. 깊은 사상과 이념의 골짜기는 서로 만났다가도 가파르게 달아난다. 자연의 이치와 하나도 다르지 않은 것 같다.

그런데 골짜기가 만난 곳에서 양쪽의 모습을 마주할 수 있는 것처럼 남과 북이 만나야 비슷한 감정이 생긴다. 즉 공유할 수 있는 지점이 생긴다는 말이다. 적대와 경계로만 채워져 있던 자리에 이제 사람의 표정이 들어온다.

말 한마디 걸음 하나가 서로의 기억으로 자리 잡는다. 그 기억은 종종 이후의 판단을 바꾼다. 만나기 전에는 국가가 보였지만 만난 뒤에는 사람이 보인다고 한다. 사람끼리 나눈 감정의 결이 보이는 것이다.

2018년 4월 27일, 판문점에서 문재인 대통령과 김정은 위원장이 만났다. 우리뿐만 아니라 세계가 그 장면을 흥미롭게 보았다. 지구상의 마지막 분단국 최고 지도자와의 만남, 지구촌의 뉴스가 되고도 남았다.

장시간 회담을 하고, 그들은 단둘이 도보다리를 걸었다. 카메라가 멀어지자 대화의 밀도가 달라졌다. 문재인의 눈에 비친 김정은은 솔직담백했다는 평가가 나왔다. 김정은은 당시 아주 젊고 예의를 갖춘 사람으로 비쳐졌다. 그날 김정은의 인상은 문재인의 표정과 말투에 고스란히 남았다. 즉 둘의 만남이 서로에게 감정을 만들었을 것이다.

김정은 국무위원장은 자상하고 예의바른 지도자의 모습, 바로 그 지점이 있는 그대로의 모습이었다.

또한 2000년 6월 13일, 김대중 대통령이 처음 평양을 방문했을 때도 이와 비슷했다. 김정일 국무위원장은 순안공항까지 마중을 나와서 예의를 갖췄다. 숙소로 이동하는 길, 길가에 늘어선 주민들에 대해 그는 김대중 대통령을 향해 자발적으로 나왔다고 말했다.

그 모습이 솔직 담백한 지도자 모습과 같았다. 사실과 다를지라도 적어도 그 장면만 떼어놓고 보면 정말 자상한 지도자상이라는 표현이 틀리지 않을 것이다. 그런 까닭에 그 말투와 표정은 김대중 대통령에게도 인간적인 인상으로 다가온 것이다.

이 정상회담에는 알려지지 않은 이면이 있었다. 원래 방문 예정일은 6월 12일이었다. 6월 13일 만남이 이루어졌으니 예정보다 하루가 늦춰진 것이다. 그런데 이유는 단순했다. 약속된 돈 일부가 기일 내 김정일의 비밀계좌로 입금되지 않았기 때문이었다.

약속한 돈이 들어오지 않으면 정상회담은 없다는 전문이 우리 측에 돌아왔다. 김대중 정부는 현대그룹을 통해 네 차례에 걸쳐 4억 5천만 달러를 송금했다고 한다. 그중 일부가 기재 오류로 지연되었기 때문이다. 문제가 해결되고 만났을 때, 김정일 국무위원장은 농담처럼 이 이야기를 꺼냈다. 그 솔직함이 오히려 인간적으로 다가온 것이다.

이 두 장면이 말해주는 것은 분명하다. 김정일과 김정은 모두 직접 만나면 솔직하고 인간적인 면이 드러난다는 사실이다. 일반적인 시각으로 보면 전혀 이해가 되지 않는 상황이 아닌가 말이다. 이런 모습을 보면 그들의 체제는 일견 정당성을 지닌 듯해 보인다. 하지만 그들의 본성을 알게 되면 이런 것들이 역겹게 느껴지기도 한다. 다만 남북 관계의 정상화를 위해 만남이 만들어내는 효과를 인정하자는 것이다. 문서와 성명으로는 알 수 없는 감정이 대면 속에서 생겨나는 것이다.

남과 북, 국가 간 관계는 차갑다. 항상 체제의 우열이나 정체성을 따질 때 계산과 손익을 앞장세운다. 그러나 사람 사이의 관계는 전혀 다르다. 눈을 보고 말을 나누면 판단의 기준이 하나 더 생긴다. 서로 경계하는 위치에서 서로 직접 냄새 맡고 감촉하며 느끼는 공감이 열린다는 점이다. 그 공감이란 어떤 갈등을 즉시 해결하지는 못해도 파국을 늦추는 역할을 한다는 점이다.

서울·평양 릴레이 마라톤이 갖는 의미도 여기에 있다. 민간 차원의 직접 만남은 정치가 닫아둔 문을 다른 방식으로 연다는 점이다. 릴레이는 함께 달리는 구조라고 앞에서 말하지 않았나. 그렇다. 별로 어렵지 않다. 앞사람이 넘긴 인계봉을 받아야 다음 구간이 열린다는 점을 기억할 필요가 있다. 서울 평양 릴레이 마라톤, 서로의 호흡을 믿지 않으면 성립할 수 없는 이벤트가 될 것이다.

마라톤에서 중요한 것은 기록이 아니라 리듬이다. 우리가 추진하는 서울 평양 릴레이 마라톤은 우열이나 순위를 매기는 대회가 아니다. 서로 속도를 맞추고, 서로 호흡을 나누고, 상대방 몸의 신호를 이해하는 것이다.

이 과정에서 사람은 상대를 숫자나 대상이 아니라 동료로 인식한다. 남과 북의 선수들이 같은 길에서 같은 호흡을 한다면 그 경험은 오래 남을 것이다. 남북 지도자 간 거창하게 열리는 어떤 회담장 모습보다 더 오래 남을 수도 있는 것이다.

우리는 이미 일종의 결과를 알고 있다. 만나기 전에는 상상으로 상대를 규정하고, 만난 뒤에는 기억으로 판단한다는 것을 말이다. 기억은 부정적인 상상을 밀어내고 긍정의 에너지를 만들어낸다. 그래서 만남은 중요한 법이다. 그래서 반드시 서울 평양 릴레이 마라톤은 성사되어야 한다.

정상회담의 도보다리처럼 민간의 길에도 도보다리가 필요하다. 서울에서 평양까지 이어달리기가 바로 그 도보다리라고 생각한다. 종이 위의 약속이 아니라 몸으로 건너는 약속이다. 남과 북이 만나면 없던 감정이 생긴다는 점을 기억할 필요가 있다.

그 감정이 모든 문제를 해결하지는 못한다. 그러나 다음 선택의 방향을 바꾼다는 점을 기억하자. 그 변화 하나만으로도 우리는 충분한 이유와 의미를 갖게 된다. 그래서 반드시 만나야 하고 함께 같은 목적지를 향해 뛰어야 하는 것이다.

금강산 회담, 합의까지 험난했던 여정(旅程)

우리가 서울 평양 릴레이 마라톤 행사를 준비하면서 지난 시절 남북한 사이에 있었던 여러 사건들을 되짚어 보게 된다. 이 글은 이런 측면에서 반드시 필요한 작업이라 할 수 있다. 남북 공동선언은 종종 한 장의 종이로 기억되곤 한다.

그러나 그 종이가 만들어지기까지의 엄청난 시간과 상상하기 힘든 노력은 그 정도에 비해 너무 쉽게 잊히는 듯하다. 금강산 회담이야말로 이런 정황을 가장 분명하게 보여준다. 온갖 어려운 여건을 거쳐서 결국 선언이 하루에 나오지만, 며칠과 몇 달 진통 끝에 나온 것이다. 그리고 그 며칠이 별것 아닌 것 같지만 지나고 보면 항상 가장 힘든 시기였음을 깨닫게 된다.

2000년 6월, 남북은 공동선언 이행을 위해 가장 먼저 실무 회담을 열기로 했다. 장소는 말만 들어도 설레는 금강산이었다. 정상 간 만남이 만들어낼 수 있는 기대감을 실제로 재현하도록 철저한 준비가 필요했다. 따라서 준비는 어느 때보다 치밀했다.

모의 회의장이 만들어졌고, 통일부와 국정원 담당 직원들이 실행위원 자격으

로 참여했다. 회담은 회담대로 보고는 보고대로 긴밀하게 돌아가야 했다. 회의
장에서 오간 말들은 서울과 평양의 결정권자들에게 동시에 전달되는 구조였다.

6월 27일, 우리측 실무자들이 회담장인 금강산으로 향했다. 회의는 금강산
여관에서 사흘 동안 이어졌다. 분위기는 아주 거칠었다. 마치 전쟁을 방불한 느
낌이었으므로 결코 합의가 도출되기란 쉽지 않았다.

특히 비전향 장기수 송환 문제는 양측의 입장 차가 가장 컸다. 원칙과 체면,
국내 여론과 정치적 부담이 한꺼번에 얽혔기 때문이었다. 말 한마디가 전체 흐
름을 바꿀 수 있는 일촉즉발의 상황이었다.

회의에는 양측 실무자들이 모두 참석했으며 기자단도 함께했다. 회담은 공개
와 비공개의 경계에서 진행되었다. 지구상 유일의 분단국이므로 세계의 이목(耳
目)이 집중되고 있었다. 취재기자들만으로도 소란스러울 정도였다.

양측이 나눈 말은 철저히 기록되고 있었지만, 표정은 기록되지 않았기에 기
록되지 않는 표정이 무엇보다 그 상황에서는 중요했다. 삼엄한 현장 분위기는
때로는 목소리가 높아졌고, 때로는 침묵이 길어졌다. 침묵이 길어진 시간에도
긴장감은 극도로 고조되었다. 그럴수록 남북 간 합의가 멀어 보였고, 멀어 보
일수록 회의장 분위기는 더 무겁고 침통하기까지 했던 것이다.

그러나 회담은 멈추지 않았다. 결국 세 차례에 걸친 회담 끝에 실질적인 합의
가 도출되었다. 이산가족 방문단 교환이 그것이었다. 이 한 줄의 문장을 위해
그토록 엄청난 시간과 비용, 노력이 필요한 것이었다. 이산가족 100명, 지원 인
원 30명, 취재기자 20명, 총 151명이 오가기로 했다. 숫자는 작아 보였지만 그
숫자를 만들기까지의 논의는 치열했다.

면회소 설치에 대해서도 합의가 이루어졌다. 단순한 방문이 아니라 지속 가
능한 만남의 공간을 만들자는데 남북은 뜻을 모았다. 그토록 뻣뻣하고 예민하
게 반응했던 비전향 장기수 송환 문제 역시 구체화되었다. 송환 일자, 명단 통

보 방법, 송환 절차까지 하나하나 합의문에 담겼다. 문장 하나를 두고도 여러 차례 문구를 고쳤는데 합의는 늘 디테일에서 갈린다. 얼마나 구체적으로 세세하게 합의하는지가 관건이었다.

금강산 회담, 이 과정은 새로운 일이 아니었다. 1985년 50명 규모의 이산가족 상봉을 성사시키는 데에도 수많은 접촉과 회담이 필요했다. 숫자가 작다고 과정이 가벼운 것은 결코 아니다. 오히려 인도적 사안일수록 합의의 문턱은 더 높았다. 누구도 쉽게 양보할 수 없었기 때문이었다.

회담을 마친 뒤 참석자들은 북측의 안내로 금강산 자락을 함께 걸었다. 회의장의 긴장이 물이 흐르듯 조금 풀렸다고 한다. 계곡물 소리가 들렸고 새소리가 바람을 탔다. 자연은 국경을 몰랐다.

금강산 절경은 남북의 대치에 아랑곳하지 않고 자태를 뽐냈다. 금강산 관광을 마치고 돌아오는 설봉호 사람들과도 인사를 나누지 않았나. 짧은 순간이었지만 참석자들에게 그 시간은 회담장에서의 격한 언어와는 다른 기억으로 남았을 것이다.

북측은 회담 내내 고성으로 대응하는 경우가 많았다. 남측은 무엇이든 건져야 했기에 이를 잘 견뎠다고 한다. 감정을 드러내지 않는 것도 협상의 기술이었다. 회담은 체력전이었고, 인내의 싸움이었다. 끝까지 앉아 있는 쪽이 결국 다음 문장을 쓰게 된다는 말이 체득되는 순간이었을 것이다.

금강산 회담은 합의가 어떻게 만들어지는지를 잘 보여준다. 정상 간의 신뢰는 출발점일 뿐이다. 그 신뢰를 제도와 일정, 숫자와 절차로 바꾸는 일은 전혀 다른 차원의 작업이다. 실무의 언어는 느리고 아주 거칠다. 그러나 그 언어가 있어야지 선언은 비로소 현실이 되는 것이다.

지금 우리가 추진하는 서울·평양 릴레이 마라톤도 다르지 않을 것이다. 상징은 크지만 과정은 아주 험할 가능성이 크다. 안전 문제, 이동 경로, 국제 규정, 정치적 해석까지 고려해야 할 것이 생각보다 많다. 준비는 길고, 회의는 반복될 것이다. 때로는 목소리가 높아질 것이고 때로는 포기하고 싶은 상황도 겪게 될 수가 있는 법이다.

그러나 금강산 회담이 보여준 교훈은 우리에게 아주 분명하다. 어렵다고 멈추면 아무것도 시작되지 않는다. 준비를 철저히 하고 견해차를 극복하고 견디며 끝까지 자리에 남는 사람이 결국 길을 만드는 것이다. 합의는 우연히 생기지 않는다. 합의는 버틴 시간만큼 다가올 수가 있는 것이다.

그때 금강산의 계곡과 새소리가 회담의 고통을 대신해서 위로해주지 않았나 생각한다. 함께 걸을 수 있다면 비록 힘이 들어도 다시 함께 시작할 수 있다는 믿음을 가지게 한다. 이렇게 힘이 들어도 우리에게 길이 열린다면 기꺼이 그 길을 마다하지 않고 걸어갈 것이다.

서울에서 평양까지 이어달리기는 비록 거창하지 않을지 몰라도 지금의 남북 관계를 생각하면 또 하나의 금강산 회담이 될지 모른다. 화려하지 않고 쉽지 않으며 많은 준비를 요구할 것이다. 그러나 그 길 위에서 우리는 다시 확인하게 될 것이다. 합의는 결국 사람의 발걸음으로 완성된다는 사실을 말이다.

그래서 우리는 멈추지 않고 준비해야 한다. 오래 차분히 그리고 끝까지 포기하지 말아야 한다. 금강산 회담이 그랬듯이 말이다.

절실하면 통한다

우리에게 북한은 언제나 강경하고 고압적인 존재로만 묘사된다. 분단 이래로 우리에게 보여준 북쪽의 모습이 이런 느낌을 갖게 하지 않았을까 생각한다. 그러나 현장에서 마주한 북한은 꼭 그렇지만은 않은 것 같다. 적어도 그들에게 절대적으로 필요한 것이 있을 때, 특히 생존과 직결된 문제가 걸려 있을 때 북한은 생각보다 훨씬 현실적이면서 때로는 고분고분하다는 인상까지 준다. 그 사실은 책이나 보고서가 아니라 회담 테이블과 눈빛, 목소리의 높낮이에서 드러났던 것이다.

2011년, 이명박 정부 시절의 적십자 회담이 그랬다. 이명박과 김정일은 원수처럼 으르렁댄 관계라고 표현하는 게 맞을 것 같다. 우리는 흔히 그 시기를 남북관계의 혹한기라고 부른다. 실제로 정치·군사적 긴장은 높았고 당국 간 대화는 거의 끊긴 상태였지 않은가.

우리 정부는 이명박 때 힘겹게 마련한 회담에서 별로 기대하지 않았었다. 그런데 적십자 회담장에서 마주한 북측 인사들의 태도는 우리가 흔히 떠올리는 모습과는 아주 달랐다. 목소리는 낮았고 표현 또한 아주 조심스러웠다. 매우 뜻밖이었는데 다른 이유가 분명 있었다. 바로 그들에게 필요한 비료 때문이었다.

북측은 그 회담에서 비료 문제를 꺼내며 이렇게 말했다. 비료 문제는 곧 식량 문제입니다. 이것은 정치 문제가 아니라 인도적 문제입니다. 이런 그들의 말에는 일말의 과장이 없었다. 그처럼 절실한 상황이었던 것 같다. 비료가 없으면 농사는 무너지고 농사가 무너지면 주민의 삶이 바로 흔들린다.

북한 체제의 위기가 바람 앞의 등잔불 상황이었다. 체제의 선전이나 자존심보다 생존이 앞서는 순간, 어떤 체면보다 생존이 절실한 시기에 북한은 계산기를 꺼내 들었던 셈이다. 그때의 북한은 고압적이지도 위협적이지도 않았다. 아주 절실했고 그래서 조심스러웠다. 차라리 이런 상황이다 보니 훨씬 진실한 만남이 되는 듯도 했다.

결국 이런 경험은 우리에게 한 가지 중요한 사실을 다시 각인시켜 주었다. 남북협력이 잘 작동할 때는 많은 것이 자연스럽게 진행되지만 관계가 적대적으로 변하면 대화와 만남 자체가 극도로 어려워진다는 점이다.

김대중, 노무현 정부 시기에는 인도적 협력과 교류가 제도화되며 비교적 안정적으로 이어졌다. 그러나 이명박, 박근혜 정부 시기로 들어서며 남북관계는 다시 경직되었고, 정부 간 채널은 거의 작동하지 않았다. 우리는 모두 이런 사실을 인식하고 있지 않은가.

이 공백을 메운 것은 역시 민간이었다. 정부가 멈추면 당연한 듯 민간이 움직였고, 당국의 언어가 사라진 자리에서 당연히 시민사회의 목소리가 나왔던 것이다. 인도적 문제만큼은 정치와 군사적 상황과 분리되어야 한다는 주장도 이 시기에 더욱 분명해졌다.

아픈 사람을 돕는 일, 굶주린 이들에게 먹을 것을 나누는 일은 정권의 성향이나 국제 정세에 따라 멈춰서는 안 된다는 점이다. 이것은 원칙의 문제가 아니라 인간의 문제요 휴머니즘의 문제인 것이다.

그래서 남북 당국자들조차 공식적으로는 늘 같은 말을 반복해왔다.

"인도적 문제는 정치·군사적 상황과 연계되어서는 안 된다."

문제는 말과 현실의 간극(間隙)이라 할 수 있다. 실제로는 회담의 승인 여부, 국제사회의 제재, 국내 정치 상황이 겹겹이 쌓이며 인도적 사업은 번번이 지연되거나 좌초되는 것이다. 정부 당국 간 약속된 만남은 차질은 있어도 비슷한 궤도를 향해 그럭저럭 굴러가는 것을 우리는 경험으로 알고 있지 않나.

하지만 민간인 간의 만남은 정부의 추진력을 기대하기 어렵다. 그렇다면 당연히 이 상황에 맞는 다른 길을 찾아야 한다. 바로 민간의 길인 것이다. 민간의 길은 더디지만, 훨씬 자연스러울 수 있다. 민간 사이에 마주한 벽이 정부 간에 마주한 벽과는 상황이 다르지 않겠는가.

정부의 승인 여부와 관계없이 민간 차원에서 판문점을 경유해 북한을 방문하고 접촉하며 설득하는 방식은 결코 무모한 도전이 아니다. 오히려 과거 남북관계의 여러 전환점에서 민간은 늘 가장 먼저 움직였지 않나. 작은 접촉이 큰 변화를 불러왔고 조심스러운 만남이 공식 합의의 토대가 되었다.

따라서 서울에서 평양까지 이어 달리는 릴레이 마라톤 역시 그런 맥락 위에서 있다고 본다. 이 행사는 정치 이벤트가 아니다. 체제 경쟁을 부추기지도 않는다. 그저 사람이 사람을 향해 달리는 일이 아니겠는가.

그래서 오히려 북한에 부담이 적은 경우이다. 군사 훈련도 아니고 체제 선전도 아니기 때문이다. 숨을 고르고 땀을 흘리고 같은 방향으로 달리는 행위는 설명보다 훨씬 설득력이 강하다고 본다.

물론 전제는 분명하다. 북한과의 합의가 우선이다. 아무리 취지가 좋다고 하더라도 일방적인 추진은 의미가 없을 것이다. 북측이 받아들일 수 있는 범위, 체제에 부담을 주지 않는 선에서 접근해야 한다.

그래서 의료 분야 지원이 중요하다. 의료는 체제와 이념을 가리지 않는다. 북한의 의료체계는 아주 열악한 상태라고 한다. 주민들은 몸의 병을 알아도 뾰족한 치료 방법을 모른다. 의료 상황이 이처럼 열악한 처지다. 주민들의 아픈 몸 앞에서 정치적 언어는 아주 무력해진다. 스마트팜 지원 역시 마찬가지다. 이는 시혜가 아니라 협력이다. 농작물을 스스로 생산하고 스스로 먹을 수 있도록 돕는 일은 북한이 가장 민감해하면서도 가장 필요로 하는 영역이 아니겠나 말이다.

북한은 필요하면 빗장을 연다. 그 문은 완전히 열리지 않을지라도 작은 틈 즉 균열이란 게 생기게 된다. 그 틈을 넓히는 일은 거창한 외교 수사가 아니라 꾸준하고 성실한 민간의 손길에서 시작된다. 서울·평양 릴레이 마라톤은 그 열린 틈으로 걸어 들어가는 첫 발걸음인 것이다.

남북관계는 늘 거창한 담론으로 설명되지만, 실제 변화는 늘 작고 구체적인 필요에서 시작됐다. 비료 한 포대, 약품 한 상자, 편지 한 통 그리고 한 번의 만남, 이런 게 쌓여서 관계로 발전하는 것이다.

지금 우리에게 필요한 것도 어쩌면 그 정도의 용기와 끈기일지 모른다. 정치가 막힌 자리에서 사람의 길을 다시 잇는 일, 그것이 지금 서울 평양 릴레이 마라톤이 품고 있는 가장 현실적인 이유가 아니겠는가.

위험한 도발, 누구를 위한 짓이었나?

2020년 6월 16일 오후 2시 50분은 북이 남북관계에 천추의 한을 남긴 역사적 순간이었다. 개성의 하늘이 검은 연기와 먼지로 뒤덮였다. 사전 통보도 예고도 없이 남북공동연락사무소가 폭파되었던 것이다. 북한 조선노동당 김여정 부부장의 거친 행동이었다.

회색 콘크리트 건물이 무너지는 장면은 단순한 시설 파괴가 아니었다. 그것은 2018년 판문점 선언 이후 어렵게 쌓아 올린 신뢰의 상징이 무너지는 소리였다. 그리고 남북관계가 다시 급속히 후퇴한다는 신호탄이었다. 이는 대한민국 국민은 물론 세계 인류의 시선에 들어온 엄청난 도발이었다.

그 이후 북한의 태도는 분명해졌다. 민족, 동족이라는 표현은 완전히 사라졌다. 이제 적대적 두 국가라는 규정이 전면에 등장했다. 남과 북은 더이상 같은 민족의 다른 체제가 아니라 서로 적대하는 별개의 국가라는 논리를 반복했다. 이 담론은 외부를 향한 메시지이면서 동시에 북한 내부의 결속을 강화하기 위한 장치로 작용했다. 긴장은 체제를 묶는 가장 오래된 수단이기 때문이다.

긴장이 높아진 공간에 불을 붙인 것은 정치가 아니라 행동이었다. 탈북민 단체의 대북 전단 살포가 다시 시작되었다. 북한은 대남 오물풍선으로 맞섰다. 바람을 타고 넘어간 종이와 비닐은 곧 확성기 소리로 바뀌었다. 남측은 대북확성기 방송을 재개했고, 북측 역시 대남확성기 방송으로 응수했다. 일촉즉발, 군사분계선 일대는 다시 소음과 긴장의 공간이 되었다.

이 과정에서 가장 위험에 노출된 것은 정치인이 아니라 최전선의 병사들이었다. 대북 전단 살포는 표현의 자유라는 이름으로 포장되었지만, 그 결과는 군사적 긴장의 급상승으로 나타났다. 북한은 전단 살포를 원점 타격 사유로 간주해 왔고, 실제로 여러 차례 무력 대응을 경고해 왔다. 병사들은 자신과 무관한 정치적 행동의 결과를 영문도 모른 채 몸으로 떠안아야 했다. 이것은 용기가 아니라 무모함에 가까웠다고 볼 수 있다.

2018년 이후 한동안 남북은 조심스럽게 서로를 바라보며 말을 아꼈다. 판문점 선언 이후 평양 공동선언, 군사합의서까지 이어지며 최소한의 관리된 평화가 유지되기는 했었다. 그러나 그 균형은 오래가지 않았다.

2023년 9월이던가, 헌법재판소가 대북 전단살포금지법에 대해 위헌 결정을 내리자 전단 살포는 다시 노골화되었다. 그 주체는 탈북민 단체나 급진 보수주의자들이었다. 특히 2023년 10월 이후에는 밤 시간대를 노린 살포가 반복되었다. 밤 아홉 시부터 열한 시 사이에 풍선 하나에 전단 10kg을 매달아 북으로 날렸다.

이 행동은 우발적이거나 자발적인 시민 행위로 보기 어려웠다. 정권 차원의 묵인 혹은 방조가 없었다면 가능하지 않은 규모와 방식이었다. 긴장은 의도적으로 관리되기보다 의도적으로 고조되었다고 볼 수 있다. 남북관계는 다시 충돌 직전의 상태로 밀려갔다. 남북과의 관계는 이렇듯 늘 긴장과 이완의 반복적 연속이었다.

더 심각한 문제는 그다음이었다. 2025년을 전후해 북한을 자극하는 군사적 도발이 이어졌지 않나. 이제는 우리가 그 연유를 알게 되었지만, 그 긴장을 비상 상황의 명분으로 삼으려는 움직임을 우리가 무슨 수로 알 수 있었을까.

드론 작전사령부를 통한 평양 무인기 침투 지시 의혹은 단순한 군사 작전 논란을 넘어선다. 이는 한반도의 전면 충돌 가능성을 인위적으로 높이는 행위였던 것이다. 천인공노할 행위였는데 결과적으로 국가 안전을 위협하는 윤석열 정부의 무모한 선택이었다.

이러한 행위에 대해 법적 책임을 묻는 목소리가 나오는 것은 자연스러운 일이다. 적대행위를 유도하고 국민과 병사를 위험에 빠뜨리며 국가 간 무력 충돌 가능성을 높였다면 그것은 정치적 판단의 영역을 넘어서는 무시무시한 일탈 행위다. 논란의 중심에 이적죄 성립 여부라는 단어가 등장한 이유도 여기에 있다. 단정은 사법의 몫이지만, 문제 제기 자체는 민주사회에서 반드시 필요한 법이다.

정치는 때로 긴장을 이용한다. 남북 정치권이 군사적 사건을 이용해 대중을 움직이려고 한다. 이를 통해 위기를 만들고 그 위기를 관리하는 척하며 권력을 연장하려는 유혹은 늘 존재하지 않는가. 그러나 한반도에서 그런 방식은 너무 많은 대가를 요구한다. 한 번의 오판이 모든 것을 파괴하고 무고한 생명을 빼앗는 전쟁으로 번질 수 있는 곳이 바로 이 땅이기 때문이다.

그래서 우리는 다시 원점으로 돌아가야 한다. 남북관계는 긴장과 이완을 반복하며 유지되고 있다. 정치권에서는 이런 사이클이 오히려 필요한 방법일지 모른다. 국민이나 주민들에게 필요악이어도 정치란 자기 정당에 이익이 되는 논리를 존중하지 않나.

남북 중 누가 더 큰 소리를 내는지가 아니라 누가 더 오래 버틸 수 있는 평화를 설계하느냐의 문제로 돌아가야 한다. 확성기와 풍선이 아니라 사람과 사람이 만나는 통로를 다시 열어야 한다는 점이다.

서울에서 평양까지 이어 달리는 릴레이 마라톤은 이런 맥락에서 의미를 지니고 있다. 그것은 정치적 도발이 아니라 정치가 멈춘 자리에서 민간이 할 수 있는 최소한의 책임 있는 행동이란 점이다. 폭파와 전단, 확성기 대신 땀과 호흡, 함께 하는 발걸음으로 이어지는 길을 선택하자는 제안인 것이다.

남북관계는 언제든 다시 얼어붙을 수 있다. 지금의 평온이 존재하는 것은 폭풍 전야가 될 수 있다는 것이다. 수면 아래의 상황을 무시할 수 없는 노릇이다. 그러나 인간의 길까지 완전히 끊을 필요는 없다.

위험을 키우는 행동은 멈추고 위험을 낮추는 선택을 해야 한다. 지금 우리에게 필요한 것은 더 자극적인 행동이 아니라 더 성숙한 자제와 상상력이다. 그 상상력의 출발점은 언제나 같다. 전쟁을 부르는 길이 아니라 평화를 견디는 길을 선택하는 것. 그래서 우리는 정치가 접근할 수 없는 방법을 찾아 서울 평양 릴레이 마라톤이라는 수단을 활용하고자 하는 것이다.

북한 주민을 위한 기부, 경험을 토대로

우리는 남북 사이에 정치적으로 단절이 되었을 때 민간 차원에서 도움을 주곤 하였다. 따라서 우리가 북한에 의료기를 지원하려는 이유는 절대 단순하지 않다. 그것은 선의의 표현이면서 동시에 이미 우리가 여러 차례 걸어왔던 길의 연장선이기 때문이다.

남북관계는 늘 막혔다가도 생명이 위협받는 순간에는 비집고 열리는 틈이 있었다. 그 틈으로 가장 먼저 들어간 것은 언제나 휴머니즘이었다. 가슴에서 우러난 진정한 의미의 봉사와 사랑, 남북 간 민간의 교류는 꼭 이런 포인트가 중심을 잡고 있다.

1995년 여름의 일이었나. 북한에 기록적인 집중호우가 쏟아졌던 적이 있었다. 강이 넘쳤고 논과 밭은 잠겼다. 집을 잃은 주민들이 속출했다. 연일 뉴스에 보도되었을 정도였다. 북한은 그해 처음으로 국제 적십자사연맹을 통해서 공식적인 지원 요청을 했다.

9월 14일, 국제 적십자사연맹은 각국 적십자사에 긴급 구호 요청을 발송했다. 피해 규모는 아주 컸다. 2만 6천 가구, 약 13만 명의 수재민이 발생했는데 최소 3개월 생계를 유지하기 위한 긴급 구호금만 170만 달러가 필요하다고 했다. 담요 5만 매, 이불 5만 매, 쌀 3천5백 톤이 요청 목록에 올랐다.

그리고 그해 가을쯤이었나. 통일부는 대한적십자사를 통해 대북 구호물자 지원 방안을 발표했다. 종교계가 나섰고, 뜻 있는 독지가들이 마음을 보탰다. 또 시민들의 성금도 무수히 모여들었다. 그러나 우리의 지원은 절대 단순하지 않았다.

당시 남북 간 직접 지원은 현실적으로 어려웠던 게 사실이다. 그래서 선택된 방식이 우회(右回) 지원이었다. 대한적십자사가 직접 전달하는 것이 아니라 국제적십자사를 통한 전달이었다. 남북 분단의 현실 탓에 우리는 마음대로 직접 전달할 방법이 없었던 것이다.

구호물자는 인천에서 남포로 향하는 선박에 실렸다. 그해 11월이었을 것이다. 이어 12월에는 두 번째 구호물자가 출발했다. 담요 3천 장, 시민 성금으로 마련한 물품들 즉, 라면 10만 개, 양말 2만 켤레 등이 포함됐다.

이후에도 세 번째, 네 번째 지원이 이어지지 않았나. 식용유, 밀가루, 분유 같은 생필품이 목록에 추가됐다. 총 19차례에 걸쳐 구호물자가 전달됐다. 이를 보면 한번 지원이 일어나면 계속 같은 방법으로 지원할 수 있음을 알 수 있다.

물품이 이동하는 통로는 항상 같은 경로를 이용할 수는 없었다고 한다. 일반적으로 우리 지역에서 북한과 연결된 통로를 이용하기 어렵다는 점이다. 우리 쪽 배편이 있어도 북측의 항구를 허락받지 못할 때는 중국을 경유할 수밖에 없었다는 점이다.

중국에서 물자를 구입해서 단동으로 보내고, 또 단동에서 신의주로 넘겼다. 어떤 때는 중국 선양을 거쳐 단동으로 이동했다. 단동 세관과 출입국 사무소를 일일이 찾아가 절차를 밟아야 했다고 한다. 서류 하나, 도장 하나가 늦어지면 트럭은 멈춰 섰다. 인도적 지원은 말처럼 인도적이지 않았다. 어려운 행정이었고 험난한 외교였으며 엄청난 인내가 필요한 여정이었다고 한다.

이렇게 간접적으로 물자를 보내다 보니 자연히 확인할 문제가 따라왔다. 정말 전달이 되었는지 주민들이 잘 받았는지 혹시 창고에 쌓여 있는 것은 아닌지 모든 게 우려스러웠다. 그래서 우리는 증거를 원했다고 한다.

전달 과정의 사진, 주민들이 물자를 받는 장면, 배급 현장의 모습 같은 것들이었다. 당시에는 사진이 도착했다고 한다. 거친 화질의 사진 속에서 사람들은 담요를 들고 있었고, 아이들은 분유통을 안고 있었다. 그 사진들은 완벽한 증명이 아니었지만 적어도 마음을 붙잡아 주는 역할은 했다. 보람을 느끼는 순간이기도 했다.

우리가 지금 의료기 지원을 고민하며 과거를 돌아보는 이유가 여기에 있다. 아마 이번에도 방식은 크게 다르지 않을 것이다. 직접 전달은 어려울 수 있을 것이다. 국제기구를 통한 전달, 제3국 경유, 여러 단계의 절차가 필요할지 모른다. 그때처럼 또 사진과 기록을 요청하게 될지도 모르는 일이다. 그 모든 과정은 번거롭고 느리며 때로는 답답할 것이다. 하지만 두려워하면 절대 안 된다.

그러나 그 길은 이미 우리가 걸어본 길이다. 처음 가는 길이 아니다. 그리고 중요한 것은 방식보다 방향이다. 의료기는 단순한 물자가 아니다. 생명을 연장하는 도구이고, 고통을 줄이는 수단이 아니겠는가. 체제를 자극하지 않으면서도 주민들에게 직접 닿을 수 있는 영역이다. 그래서 북한도 쉽게 거부하기는 어려울 것이다.

서울·평양 릴레이 마라톤 역시 마찬가지다. 이것은 정치적 선언이 아니라 인도적 협력의 문을 두드리는 행위다. 과거 우리가 담요와 쌀을 실어 보냈듯이, 지금 우리는 의료기와 스마트팜 기술을 보내려 한다. 시대는 달라졌지만 기본 구조는 같다. 직접이 아니면 간접으로라도 보내야 한다. 그리고 빠르지 않으면 돌아서라도 생명으로 향하는 길을 찾아야 하는 것이다.

우리가 지금 살펴보고 있듯이 과거의 경험은 하나의 교훈을 남기고 있다. 인도적 지원은 언제나 불완전했지만, 그 불완전함 속에서도 결과적으로 분명한 흔적을 남겼다는 점이다. 1995년의 구호물자는 남북관계를 단번에 바꾸지는 못했다. 그러나 적어도 완전히 닫힌 문에 작은 틈을 만들었다. 그 틈이 쌓여 이후의 대화와 만남으로 이어졌던 것이다.

우리가 지금 준비하는 의료기 지원도 그럴 것이다. 당장 큰 변화를 만들지는 못할지 모른다. 하지만 기록으로 남고, 기억으로 남으면서 다음 선택의 근거가 될 것이다. 그래서 우리는 과거를 돌아보며 살핀다. 앞으로 겪게 될 일을 미리 알고 대비하기 위함 때문이다.

분단의 현실을 생각할 때 인도적 지원은 언제나 느리다. 그러나 지원이 아무리 늦어진다고 하더라도 전쟁보다는 값진 것이라고 생각한다. 길이 막히면 맘껏 길을 돌아서 우회해도 좋다. 중요한 것은 다시 사람에게 다가서는 일이다. 그것이 우리가 서울 평양 릴레이 마라톤을 중심에 내걸고 의료기를 준비하고 스마트팜을 제공하면서 서울에서 평양까지 달리려는 이유인 것이다.

남북 만남 시 언행 주의

우리가 서울 평양 릴레이 마라톤을 준비하면서 갖는 부담 중 하나는 변덕이 심하고 너무 예민한 북한 사람들 때문이다. 남북이 접촉하며 걸어온 이력을 보면 더 피부로 느껴진다. 남북이 만나는 자리에서 가장 위험한 것은 총도 미사일도 아닐 것이다. 단어 하나 농담 한마디가 수년간 쌓은 신뢰를 무너뜨린 사례는 셀 수 없이 많다. 그래서 북측과 일을 추진할 때 가장 먼저 점검해야 할 것은 일정표도 예산도 아닌 언행이라 할 수 있다.

2004년 3월, 금강산 치마바위에 새겨진 천출명장(天出名將)이라는 글귀를 두고 한 사건이 벌어졌다. 북측은 이 문구를 김정일 국방위원장을 찬양하는 의미로 설명해 왔었다. 그런데 남측 통일부 직원 한 명이 사석에서 농담처럼 말했다.

"이게 하늘 천(天)이 아니라 천할 천(賤) 아니냐."

물론 웃자고 한 말이었을 것이다. 그러나 그 순간 그 농담은 북한 사람들에게는 김정일 위원장을 폄훼한 발언으로 받아들여졌다고 한다. 결과는 매우 즉각적이었다. 진행 중이던 상봉 행사는 중단되었고, 현장에서 남북 관계자들 간에 격한 언쟁이 벌어졌다.

사태를 수습하기 위해 결국 공식 사과문이 작성되었다. 문제의 발언 당사자는 북측에 의해 일시적으로 감금되기까지 했을 정도였다. 이후 우리 측의 협의 끝에 풀려났다고 전해진다. 말 한마디가 사람 하나를 고립시키고 행사를 멈추게 만들며 관계 전체를 흔들어 놓은 것이다.

이 사건 이후, 남북 상봉 행사에는 새로운 절차가 추가되었다. 생사 확인 대상자, 상봉 인원, 취재진을 가리지 않고 모두에게 특별교육이 시행되었다는 점이다. 어떤 단어를 쓰면 안 되는지 어떤 표현이 문제가 되는지 질문은 어디까지 허용되는지 세세하게 전달됐다. 그만큼 북측은 언어에 민감했고, 남측 역시 그 민감성을 체계적으로 관리해야 했다. 이게 모두 우리 측 언어로 빚어진 결과였다.

그러나 긴장은 쉽게 사라지지 않았다. 이후 접촉 때마다 북측 요원들은 더욱 예민해졌고, 사소한 표현 하나에도 마찰이 잦아졌다. 상봉 취재 현장에서 일부 기자가 납북자라는 용어를 사용하자 북측은 이를 문제 삼아 취재 활동을 방해했다. 취재 수첩을 빼앗기는 일까지 벌어졌다. 북측은 납북이라는 단어 자체를 체제 비난으로 받아들였다. 그들에게는 자발적 월북이 공식 용어였다.

북한은 자신들의 입맛에 맞는 뉴스만 허용한다. 그 틀에서 벗어나는 표현은 곧 정치적 공격으로 간주하는 것이다. 이 점을 비판적으로 인식하는 것과 현장에서 그것을 그대로 드러내는 것은 전혀 다른 문제다. 남북 만남의 현장은 진실을 겨루는 토론장이 아니라 관계를 관리하는 공간이기 때문이다.

그래서 남북 접촉에서는 늘 자기 검열이 필요하다. 납치, 납북, 나포 같은 단어는 북측이 특히 민감해하는 표현이다. 법적으로 혹은 역사적으로는 정당한 용어일 수 있다. 그러나 그 용어를 사용하는 순간 대화는 멈춘다.

옳고 그름을 따지는 자리가 아니라면, 그날의 목적을 먼저 생각해야 한다는 말이다. 당시 북측은 이러한 용어를 문제 삼아 SBS, MBC 등의 방송 송출을 차단하면서 공식 사과까지 요구했었다. 이런 문제로 남측 기자단 없이 상봉 행사가 진행된 적도 있었다.

서울·평양 릴레이 마라톤을 준비하는 우리에게 이 교훈은 더욱 중요하다. 이 행사는 정치적 주장이나 역사 논쟁을 위한 자리가 아니다. 민간 차원에서 물꼬를 트기 위한 시도인 것이다.

그렇기 때문에 북측과 관련한 행사에서 언행은 더욱 절제되어야 한다. 기자회견을 해도 한마디 한마디를 신중히 선택해야 한다. 인터뷰를 할 때는 문장 토씨 하나까지 신중에 신중을 기해야 한다. SNS나 유튜브에 영상을 올릴 때도 올린 영상, 문자 등 표현 하나가 북측의 태도를 바꿀 수 있다는 점을 명심해야 할 것이다.

신중하다는 것은 행동이 느리고 재능이 없다는 뜻이 아니라 오히려 배려 깊고 사려 깊다는 뜻이다. 말하지 말아야 할 것을 아는 것이고, 지금 말할 필요가 없는 것을 뒤로 미루는 판단 능력인 것이다. 과거의 상처와 책임을 부정하지 않으면서도 당장의 만남을 성사시키기 위해 언어를 조율하는 일이 무엇보다 중요하다.

남북관계에서 말은 곧 무기다. 그러나 동시에 교량이기도 하다. 어떤 말을 선택하느냐에 따라 교량의 문이 열리기도 하고 닫히기도 한다. 우리가 준비하는 마라톤은 다리를 놓는 일이지 벽을 세우는 일이 아니다. 그렇다면 말부터 달라져야 하지 않겠는지.

한반도에서 평화는 거창한 선언으로 오지 않았다. 늘 조심스러운 한마디 가슴 속으로 삼킨 말, 참아낸 표현 위에서 겨우 유지되었다. 평화는 잘 있는 듯해도 한순간 깨질 수도 있다. 마치 유리의 성처럼 말이다.

우리가 다시 길을 내고 싶다면, 먼저 말의 속도를 늦추고 말의 용기를 가다듬어야 한다. 그 느린 말들이 모여서 결국 사람의 길을 다시 잇게 될 것이라고 생각한다.

브로커란 이름의 가치

　남북관계는 정말 미지의 세계라고 해야 옳은 표현인가. 분단 반세기라는 말 속에 온갖 풍파가 담겨 있다. 소통이 유지되기 위해 역사 속의 수레바퀴는 굴러가야 하는데 때로 쓸쓸한 것은 이러한 세계가 곧 먹고 사는 문제의 중심이 되었기 때문이다.

　남북은 항상 당국 간의 관계만으로 움직이지 않았다. 오히려 공식 채널이 막힐수록 길은 민간에서 먼저 열렸다. 우리가 역사의 흐름 속에 보아왔던 것처럼 정부가 만나지 못할 때 사람들은 다른 방식으로 서로를 찾았다. 민간외교, 그 조심스러운 움직임들이 민간외교라는 이름으로 남북관계의 숨통을 이어온 것이다.

　2000년 남북 정상회담 이후 이산가족 상봉이 제도화되었지만, 그 이전부터 이미 비공식적 교류는 존재했다. 우리가 이미 알고 있는 바대로 중국, 캐나다, 미국, 일본 등 제3국을 통한 만남과 생사 확인이 이뤄지지 않았나. 분단은 비록 국경을 가로막았지만, 가족의 속마음까지 완전히 막지는 못했다. 국경 밖 어딘가에서 서로를 찾는 시도는 계속되었으니까 말이다.

　이 과정에서 정부는 직접 나서지는 않았지만, 일정한 지원을 했다. 당연한 태도라고 생각한다. 남북 교류를 함에 있어서 당국 사이에 길이 막히자 교류를 주선하는 단체들이 여럿 생겨났다.

　우리는 이들을 흔히 브로커라는 이름으로 불렀다. 단어의 어감은 부정적이면서 거칠지만 실제 역할은 아주 복잡했다. 이들은 북측과 연결된 중개인을 통해 이산가족의 생사를 확인하고 가능하다면 상봉까지 성사시켰다. 이들은 위험을 감수해야 했고 실패도 생각보다 잦았다. 그럼에도 누군가는 이 일을 해야 하는 게 남북 간 일이었다.

2000년대 초반에 이런 주선 단체는 열 곳이 넘었다고 한다. 서로 다른 경로와 네트워크를 갖고 있었고, 정부의 묵인 혹은 간접 지원 아래서 활동했다. 그 덕분에 이름조차 몰랐던 가족의 소식을 전해 들은 사람들이 있었다. 전화 한 통, 사진 한 장이 수십 년의 공백을 메웠던 셈이다.

그러나 이 방식은 한계가 분명했다. 무엇보다 신뢰의 문제, 사실 확인의 어려움, 비용 부담의 문제가 뒤따랐다. 이를 제도적으로 정리하기 위해 2005년부터 대한적십자사가 정부로부터 이산가족 교류 업무를 위임받았다. 비공식의 영역을 공적 관리 체계 안으로 끌어들인 셈이다.

그 이후부터는 절차가 엄격해졌다. 생사 확인, 상호 상봉, 서신 교환에는 모두 증빙 자료가 필요했다. 사진, 주소, 관계를 입증하는 자료를 제출해야 했으며, 사실관계 검증이 이뤄졌다. 그리고 비용도 명시되었다. 생사 확인에는 약 80만 원, 상봉에는 180만 원, 서신 교환에는 40만 원 정도가 필요했다. 적지 않은 돈이었지만, 그만큼 책임과 신뢰를 확보하려는 장치였던 셈이다.

이 제도는 일정 기간 안정적으로 작동했다. 국경이 비교적 열려 있던 시기에는 성과도 있었다. 그러나 남북관계가 경색되고, 북중 국경이 봉쇄되면서 상황은 급격히 달라졌다. 민간교류는 다시 어려워졌고, 주선 단체들은 하나둘 사라졌다. 현재 남아 있는 단체는 손에 꼽을 정도라고 한다.

그 사이 환경은 또 바뀌었다. 정보통신 기술이 발전하면서 새로운 방식의 교류가 등장했다. 휴대전화를 통한 실시간 연락이 중요 이벤트로 떠오를 정도였다. 북에서 중국으로, 중국에서 한국으로 이어지는 이전의 방식과는 달리 휴대전화 사용은 통화를 직접 가능하게 만들었고 실시간 화면을 상호 공유할 수 있었다. 엄청난 방식의 변화요 진전이었다. 이전보다 메시지는 빠르면서 아주 직접적이었다. 사진과 음성, 영상까지 교환한다. 생사 확인, 서신 교류, 휴대전화를 통한 대화 같은 새로운 방식이 SNS를 통해 엄청난 속도로 발전했다. 특히 북측 감시가 느슨해지면 이런 방식의 교류는 비교적 원활하게 작동할 수 있었다.

그러나 이 역시 조건부로 제공하게 된다. 남북 단절이 극심해질수록 국경 통제가 심화 되었고 심화할수록 민간교류는 다시 위축될 수밖에 없었다. 기술이 아무리 발전해도 정치적 환경을 완전히 뛰어넘을 수는 없는 법이다. 이산가족 간에 압록강이나 두만강 국경 지역에서 휴대전화 통화가 빈번할수록 북측 보위부는 통신 검열을 확대했다. 민간교류도 남북한 관계의 온도에 영향을 받을 수밖에 없는 노릇이었다.

그런데도 이 역사는 분명한 사실 하나를 말해준다. 당국이 멈추면 민간이 움직였고 민간이 움직이면서 완전한 단절을 막아냈다는 점이다. 제3국의 낯선 공항에서 중국의 국경 도시에서 이름 없는 중개인의 손을 거쳐 만남이 간헐적으로 이어졌다. 그 작은 연결들이 쌓여 오늘의 제도적 교류가 가능해졌던 셈이다.

서울·평양 릴레이 마라톤 역시 이 흐름 위에 있다. 당국 사이에 단단한 벽이 놓일 때마다 우리는 민간을 활용해서 할 수 있는 일을 찾도록 시도한다. 우리가 지금 하려는 민간 스포츠 교류는 과거의 민간교류가 그랬듯 완벽하지 않을 것이며 상호 제약도 많을 것이다. 그러나 시도하지 않으면 아무것도 남지 않는 법이다. 무엇인가 해야 하는 이유이다.

남북관계는 늘 큰 정치의 이야기로 설명되지만, 실제로는 작은 연결의 역사였다. 한 사람의 생사, 한 통의 편지, 한 번의 통화가 그 역사를 만들어 놓았다. 그런 사소해 보이는 일들이 분단의 시간을 버티도록 만들지 않았나 생각한다. 민간교류는 언제나 그 최전선에 있었던 셈이다.

지금 우리가 다시 민간의 길을 이야기하는 이유도 여기에 있다. 국경이 닫혀 있을수록 사람의 길은 더 소중해진다. 끊어진 듯 보이는 시간 속에서도 누군가는 여전히 서로를 찾고 있다.

그 사실을 잊지 않는 것이 중요한 법이다. 그것이 다음 걸음을 가능하게 만드는 것이라고 생각한다. 서울 평양 릴레이 마라톤은 누군가는 시도해야 할 우리의 숙명이다. 우리는 이 프로젝트가 반드시 성사될 수 있기를 기대한다.

남북 체육 교류

　드디어 인류는 지구촌 시대를 열었다. 뉴미디어 시대의 개막 즉 인터넷의 등장과 SNS 및 유튜버의 등장은 인류를 새로운 차원의 세계로 밀어 넣었다. 21세기에 들어선 인류는 더 이상 대립만으로 미래를 설계하지 않는다. 평화, 화해, 공존이 시대의 언어가 되었던 것이다. 서로를 이해하려는 노력은 선택이 아니라 생존의 조건이 되지 않았는가. 그런데 이에 대한 이해는 결국 만남에서 비롯한 것이다.

　그러나 한반도는 여전히 분단의 현실 속에 있다. 같은 언어를 쓰고 같은 역사를 공유하면서도 서로 다른 체제 속에서 살아오고 있지 않나. 한국은 세계에서 보기 드문 유일한 분단국이다. 그렇기에 우리는 더욱 만나야만 한다. 멀리서 바라보는 상대는 늘 낯설고 경계의 대상이 되기 쉽지만, 가까이에서 마주한 사람은 이해의 가능성을 아주 높게 만든다.

　특히 몸을 움직이며 만나는 경험은 강력하다. 악수를 나누고 함께 뛰고 같은 공간에서 호흡할 때 우리는 상대를 관념이 아닌 실체로 받아들인다. 체육 교류는 바로 이 지점에서 특별한 의미를 가지게 된다. 말보다 먼저 몸이 대화를 시작하기 때문이다.

　이념을 넘어선 솔직한 교류가 필요한 이유도 여기에 있다. 정치와 외교는 때로 속도를 내지 못한다. 이해관계가 복잡하고, 작은 갈등에도 쉽게 멈추지 않는가. 그러나 스포츠는 다르지 않은가. 스포츠는 규칙이 명확하고 목표가 아주 단순하다. 함께 경기를 치르는 동안 우리는 자연스럽게 상대를 존중하게 된다.

　스포츠는 사회적 긴장과 갈등을 완화하는 가장 평화로운 도구 중 하나다. 경쟁은 존재하지만, 적대적 감정은 줄어들기 때문이다. 승패는 갈리지만 관계는 이어진다. 그래서 남북 간 긴장 완화를 이야기할 때 체육 교류의 비중은 결코 작지 않은 것이다.

한반도에서도 이러한 노력은 꾸준히 이어져 왔다. 가장 상징적인 장면 가운데 하나는 2000 시드니 올림픽개막식이었다. 남과 북의 선수들이 한반도기를 들고 공동 입장하는 모습은 전 세계에 깊은 인상을 남기지 않았나. 그날 경기장은 단순한 스포츠 무대가 아니라 평화의 가능성을 보여주는 상징적 공간이 되었다.

이어 열린 2002 부산 아시안 게임 역시 중요한 전환점이었다. 공동 응원이 이루어졌고 북측 예술단의 공연이 이어지면서 경기장 안팎에는 이전과 다른 공기가 흘렀다. 사람들은 정치 뉴스가 아니라 함께 웃고 박수 치는 장면을 기억했다. 그 시기 한반도에는 분명 평화의 무드가 무르익고 있었던 것이다.

하지만 이러한 변화가 하루아침에 만들어진 것은 아니다. 1970년대만 해도 남북 체육 교류는 제안 수준에 머물렀다. 서로의 의지를 확인하는 단계였지만 실제 성사까지는 갈 길이 멀었다. 그럼에도 제안 자체는 중요한 씨앗이었다. 교류는 언제나 상상에서 시작되기 때문이다.

1980년대에 들어서면서 상황은 조금 달라졌다. 실무진 사이에서 합의점이 도출되기 시작했다. 작은 협의들이 쌓이며 가능하다는 인식이 형성됐다. 이는 체육 교류가 단순한 이벤트가 아니라 현실적 선택이 될 수 있음을 보여주었다.

1990년대는 그 가능성이 실제로 꽃을 피운 시기이다. 대표적인 사례가 1991 세계탁구선수권대회 단일팀 참가다. 서로 다른 유니폼 대신 하나의 이름으로 출전한 선수들은 많은 사람들에게 깊은 울림을 남기지 않았는가. 스포츠가 정치의 벽을 넘어설 수 있다는 사실을 증명한 순간이었던 것이다.

그러나 남북 관계는 늘 매끄럽게 나아가지 않았다. 정치권의 대립이 첨예해질 때마다 교류의 문이 쉽게 닫혔다. 긴장이 높아지면 사람들은 다시 서로를 향해 등을 보이고 멀리서 바라보게 되지 않은가. 그 결과 한때 자연스럽게 상상되던 공동 이벤트조차 꿈처럼 느껴지는 시간이 이어졌다.

이럴 때일수록 중요한 것이 민간의 역할이다. 정부 간 대화가 멈출 때 민간은 새로운 통로가 될 수 있다. 거창하지 않아도 좋다. 작은 만남이 이어지면 신뢰가 생기고, 신뢰는 결국 더 큰 협력으로 확장되기 때문이다.

바로 이런 문제의식 속에서 서울시 육상연맹이 민간 차원의 서울·평양 마라톤 릴레이를 구상하고 있다는 사실은 아주 의미가 크다. 마라톤은 단순한 경기 이상의 상징을 지니기 때문이다. 출발과 도착을 연결하는 긴 여정, 서로 다른 구간을 이어 완주하는 릴레이의 구조는 분단된 한반도를 자연스럽게 떠올리게 하리라.

달리는 행위는 가장 인간적인 움직임이다. 국적도 이념도 없이 누구나 할 수 있는 달리기가 아닌가. 같은 거리를 뛰고 같이 호흡을 고르는 경험은 말보다 빠르게 마음의 거리를 좁혀나간다.

서울에서 평양으로 이어지는 상징적 달리기는 단순한 스포츠 행사가 아니다. 그것은 우리는 연결될 수 있다는 확고한 메시지다. 누군가는 이를 이상적이라 말할지 모른다. 그러나 모든 변화는 이상을 향한 한 걸음에서 시작되지 않겠는지.

체육 교류의 본질은 승부가 아니라 관계에 집중한다. 기록보다 중요한 것은 함께 출발선에 서는 용기라고 할 수 있다. 서로의 속도를 인정하고 같은 방향을 바라보는 경험 자체가 이미 평화를 향한 실천이 아닐까.

물론 현실은 쉽지 않다. 정치적 변수는 언제든 등장할 수 있다. 그러나 그렇다고 해서 준비조차 하지 않는다면 미래 역시 오지 않는다. 교류는 가능할 때 갑자기 시작되는 것이 아니라, 오랫동안 준비해 온 사람들에게 먼저 기회를 주기 때문이다.

서울시 육상연맹이 지금 해야 할 일은 거창한 선언보다 지속적인 구상이다. 교류 모델을 연구하고, 안전과 운영 방안을 마련하며, 시민들이 공감할 수 있는 서사를 만들어야 한다. 스포츠는 결국 사람의 참여로 완성되기 때문이다.

또 하나 중요한 것은 시선이다. 남북 체육 교류를 단기 이벤트로 바라보지 말아야 한다는 사실이다. 그것은 장기적인 신뢰 구축 과정이어야 한다. 한 번의 달리기가 끝나면 또 다른 달리기가 이어져야 한다는 점이다. 릴레이가 의미 있는 이유도 바로 여기에 있다. 누군가의 구간이 끝나면 다음 주자가 바통을 이어받는다는 사실이 중요하다.

평화 역시 그렇게 만들어진다. 우리는 이미 여러 차례 스포츠를 통해 서로에게 다가간 경험이 있다. 그 기억은 절대 사라지지 않는다. 오히려 다음 만남을 준비하는 자산이 되지 않을까. 결국 우리에게 던질 수 있는 질문은 하나라고 본다. 우리는 다시 함께 달릴 준비가 되어 있는가.

서울 · 평양 마라톤 릴레이가 현실이 되는 날, 그것은 단순한 스포츠 뉴스로 끝나지 않을 것이다. 사람들은 그 장면 속에서 미래의 한반도를 보게 될 것이다. 경쟁보다 공존이 긴장보다 이해가 앞서는 공간 말이다. 평화는 멀리 있지 않다. 같은 길 위에서 속도를 맞추는 순간에 평화는 이미 시작되고 있다.

육상을 통한 남북 교류 협력

스포츠에서도 육상은 우리가 가장 쉽게 도전할 수 있는 종목이다. 남북이 마음만 맞으면 무리하지 않고 채택할 수 있는 게 육상 프로그램 아니겠는가. 몸만 있으면 언제나 달릴 수 있는 경기, 우리는 이미 1년 전부터 남북 스포츠 교류 즉 육상을 통한 남북 교류를 준비해 오고 있다.

그런데 남북 교류에는 세 갈래가 있다. 경제협력사업, 사회문화협력사업, 인도적 대북지원사업 등이다. 우리가 추진하는 서울 평양 이어달리기는 스포츠를 통한 교류로서 사회문화협력사업의 길에 해당한다. 서울과 평양을 잇는 릴레이 마라톤, 이것은 총성이 아니라 발걸음으로 한데 이어보자는 구상인 셈이다.

사회문화협력사업은 단순한 행사 기획이 아니다. 민족의 동질성을 회복하고, 사회·문화 공동체를 형성하기 위해 남과 북이 협의와 계약에 따라 준비하고 실행한다. 그리고 사후처리까지 연속성 있게 이어가는 비영리 활동인 것이다. 체육, 예술, 종교, 보건, 과학 등 여러 분야에서 가능하다. 우리는 체육, 그중에서도 육상을 매개로 삼았다.

서울 평양 릴레이 마라톤은 상징이 분명하다. 42.195km를 완주하는 마라톤처럼 끊어졌던 시간을 다시 잇자는 제안이다. 한 주자가 멈추면 다음 주자가 이어받는다. 이것은 마치 계주처럼 연결된다. 이 연결의 정신이 곧 교류의 본질이 아니겠는가.

그러나 상징만으로 사업은 성사되지 않는다. 법과 절차라는 게 있다. 남북교류협력에 관한 법률이 정한 요건과 절차에 따라 승인받아야 한다. 우리는 지금 통일부 그리고 남북교류협력지원협회와 머리를 맞대고 있다. 민간 차원에서 성사시키기 위해 수차례 협의를 거듭하고 있는 실정이다.

우선 사업 구상과 계획을 구체화해야 한다. 대회의 목적, 추진 일정, 참가 인원, 안전 대책, 예산 조달 계획 등등. 남북 간 합의서 초안도 준비 중이다. 예산은 어디서 조달할 것인지, 후원은 어떻게 구성할 것인지, 투명성은 어떻게 확보할 것인지 명시해야 한다. 막연한 열정은 서류 한 장을 통과시키지 못하고 거절당할 것이다.

북측과 협의하기 위해서는 북한 주민 접촉 신고서를 작성해야 한다. 방북 승인 신청도 필수적이다. 우리는 현재 지원협회와 상의해 승인 신청 단계에 있다. 승인이 떨어지면 방북 전 교육을 받아야 한다.

접촉 수칙, 안전 규정, 보고 의무 등 세부 사항을 숙지해야 한다. 국립통일교육원에서 진행하는 사전 교육도 이수해야 한다. 이후 남북교류협력지원협회로부터 방북증(訪北證)을 수령하게 된다. 절차는 복잡하지만 이 과정이 신뢰를 담보하는 것이다.

북측과의 합의서에는 더 많은 내용이 담긴다. 사업 내용의 구체적 이행 보장, 참가자 신분과 안전 보장, 일정 변경 시 통보 방식, 비용 정산 구조 등이다. 협의서 체결은 당사자 간 공식 계약이다. 북측 기관이 확인서를 발행해 주어야 효력이 명확해진다. 그러나 현실은 녹록지 않다. 북측이 쉽게 응해주리라 기대할 수 없기 때문이다. 정치적 상황, 국제 환경, 내부 사정이 변수다. 이런 점에서 우여곡절은 불가피하다고 생각한다.

또 하나 중요한 점이 있다. 북측과 합의된 계약의 효력은 우리 정부의 협력사업 승인 이후에 발효된다는 사실이다. 민간의 의지만으로는 부족하다는 말이다. 제도적 승인과 국가적 보증이 뒤따라야 한다는 것이다. 그래서 통일부와 지원협회, 우리 육상연맹이 이루는 삼각 채널이 매우 중요한 법이다. 어느 한 축이라도 흔들리면 사업은 앞으로 나아갈 수 없는 것이다.

사회문화협력사업이 승인되면 실행과 사후 관리가 뒤따른다. 물품 반출과 반입, 화물 운송, 통관 절차는 일반 교역과 동일할 것이다. 다만 한 가지를 특히 유념해야 한다. 유엔 제재 대상 품목인지 아니면 전략물자에 해당하는지 철저히 검토해야 한다는 점이다. 스포츠 행사라 하여도 예외는 없다. 작은 장비 하나도 국제 규범을 벗어나면 안 된다. 투명성과 합법성이 생명이란 점이다.

서울 평양 릴레이 마라톤은 단순한 스포츠 이벤트가 아니다. 남과 북의 주민이 같은 시간, 같은 규칙, 같은 코스를 공유하는 장면을 만드는 일이다. 정치적 구호보다 더 강한 메시지는 함께 뛰는 모습이다. 언어가 달라도 체제는 달라도 숨이 차오르는 순간의 감각은 같기 때문이다.

우리는 지금 준비 단계에 있다. 계획서를 다듬고, 예산을 계산하고, 합의서를 검토한다. 그런 탓인지 절차는 매우 느리다. 그러나 마라톤도 출발선에 서기까지 긴 준비가 필요하지 않은가. 워밍업 없이 42.195km를 달릴 수는 없다.

남북 교류는 단거리 경주가 아니다. 때로는 멈추고 때로는 돌아가야 한다. 그러나 계주처럼 반드시 이어가야 한다. 한 세대가 멈추면 다음 세대가 바통을 이어받아야 한다는 사실이다. 육상은 그 상징성을 가장 선명하게 보여주는 운동이 아니겠는가.

우리는 북측의 협조 속에 이 대회가 성사되기를 믿는다. 쉽지 않은 길이지만 길이 없으면 스스로 만들어야 한다. 도로 위에 선을 긋듯 새로운 경로를 그어야 한다. 서울에서 평양까지 이어지는 상징적 코스는 언젠가 실제의 길이 될지도 모를 일이다.

마라톤은 끝까지 달리는 사람의 경기다. 남북 교류도 정말 그렇다. 포기하지 않는 쪽이 결국 결승선을 본다. 육상을 통한 협력은 조용하지만 아주 강하다. 총 대신 바통을 들고 대결 대신 계주를 선택하는 일은 아주 중요한 법이다. 그것이 우리가 지금 달리고 있는 이유라고 할 수 있을 것이다.

에필로그

바통은 아직 떨어지지 않았다

　체육 관련 일을 맡으면서 스포츠의 소중함을 새삼 깨닫게 되었다. 사명감을 가지고 책 작업을 하면서 스포츠나 마라톤의 지식과 정보를 책으로 엮은 분들에게 엄청난 고마움을 느꼈다. 나 역시 훗날 스포츠 관련 정보와 자료가 필요한 분들을 위해 사명감을 가지고 바로 이 책을 집필하지 않았나 생각한다.

　한 권의 책을 마친다는 것은 하나의 경기를 완주하는 일과 닮았다. 출발선에 설 때는 설렘이 앞서는데 중반을 지날 때는 숨이 가쁘고 마지막 장을 넘길 즈음에는 비로소 길 전체가 보인 듯하다. 이 책도 그렇게 달려오지 않았나 생각한다. 서울에서 평양까지 트랙에서 도로까지, 과거의 올림픽에서 미래의 남북 협력까지 우리는 긴 코스를 함께 걷고 또 달려오지 않았겠는가.

　육상은 뜻밖에 단순한 과정이다. 왜냐면 출발과 도착이 분명하기 때문이다. 그러나 그사이의 과정은 결코 단순치 않다는 것을 이 책을 집필하면서 깨닫게 되었다. 한 발 한 발이 쌓여 거리가 되고 한 호흡 한 호흡이 모여 기록이 되지 않나. 릴레이는 더욱 그렇다. 혼자서는 완성할 수 없다. 바통을 건네는 순간 신뢰가 없으면 경기는 끝난다는 사실이다.

　서울 평양 릴레이 마라톤이라는 구상은 어쩌면 하나의 상징에서 출발했다. 끊어진 길을 다시 잇고 싶다는 마음 말이다. 달리기를 통해 우리는 사람과 사람을 연결하고 싶다는 바람이 앞섰다. 그러나 상징은 구체적인 것이 되어야 힘을 가진다.

　법과 제도, 승인과 협의, 예산과 합의서, 교육과 안전 보장 등 수많은 절차와 현실을 우리는 통과해야 한다. 우리는 그 과정을 차근히 살폈다. 감정이 아니라 구조로, 구호가 아니라 실제적 계획으로 접근하려 했다.

　이 책을 쓰며 새삼 깨달은 것은 육상이 곧 삶의 축소판이라는 사실이다. 100

미터의 폭발력도 필요하지만, 마라톤의 인내도 필요한 법이다. 경보의 절제도 계주의 협력도 필요하다. 그리고 무엇보다 중요한 것은 포기하지 않는 마음이 필요한 법이다.

남북 교류 역시 그렇다. 단거리 질주로는 도달할 수 없는 세계가 바로 남북의 세계 아닌가. 때로는 속도를 줄여야 하고 때로는 자세를 바로잡아야 한다. 심판의 눈을 의식하듯 국제 질서와 제재를 또한 살펴야 한다. 규칙을 지키지 않으면 실격이다. 조급함은 오히려 기록을 늦추듯이 서두르면 어그러지게 되는 법이다.

우리는 이 책에서 과거의 올림픽을 돌아보았다. 마라톤의 기원을 짚고 계주의 전략을 살피면서 경보의 엄격함까지 이야기했다. 그리고 그 모든 이야기를 서울과 평양을 잇는 하나의 선 위에 올려놓았다. 육상은 개인의 경기이지만 동시에 공동체의 스포츠가 아닌가. 한 사람의 기록은 팀의 명예가 되고, 한 도시의 대회는 국가의 얼굴이 되는 것이다.

이 원고를 마무리하며 나는 다시 한번 바통을 떠올린다. 바통은 작고 아주 가볍다. 그러나 그 안에는 책임이 담겨 있다. 놓치면 실격이며 끝이다. 우리는 지금 역사라는 긴 트랙 위에서 바통을 들고 서 있는 것이다. 이전 세대가 넘겨준 것을 다음 세대에 온전히 건네야 하는 책무가 따르는 법이다.

책을 쓰는 과정 또한 릴레이였을 것이다. 자료를 모으고 문장을 다듬는다. 어떤 사실을 확인하고 의미를 정리하는 일은 혼자만의 질주가 아니었다. 질문을 던지고 답을 찾는 대화 속에서 생각은 더 또렷해졌다. 때로는 방향을 수정했고 때로는 속도를 늦추지 않았겠는가. 그렇게 우리는 책 작업을 완주해냈다.

그러나 이 완주는 결코 끝이 아니다. 진짜 경기는 이제부터가 아닐까. 책이 독자에게 건네지는 순간에 또 다른 릴레이가 시작된다. 누군가는 이 글을 읽고 새로운 구상을 할 것이다. 누군가는 또 서울 평양 릴레이 마라톤의 가능성을 다시 생각할 것이다. 누군가는 체육을 통한 교류의 힘을 믿게 될지도 모르는 일이다.

나는 믿는다. 스포츠는 말보다 강하다는 것을 말이다. 함께 달린 기억은 쉽게 지워지지 않을 것이다. 같은 코스를 공유한 사람은 서로를 적으로만 보지 않는다. 땀의 언어는 통역이 필요 없다. 이 책은 거창한 해답을 제시하지 않는다. 다만 한 가지 제안(提案)을 하고 싶을 따름이다. 오늘부터 함께 달려보자고. 멈추지 말고 서울에서 평양까지 함께 달려보자고 말이다.

마지막으로 이 긴 여정에 함께해 준 모든 이에게 고마움을 전한다. 원고를 다듬는 동안 스스로에게 수없이 물었다. 이 페이지가 과연 맞는가. 그때마다 다시 출발선에 서는 마음으로 문장을 이어갔다. 그 과정이 있었기에 지금 이 자리에 설 수 있다는 생각이 든다.

바통은 아직 떨어지지 않았다. 우리는 여전히 트랙 위에 있다. 숨이 차오르더라도 다리가 무겁더라도 다음 주자를 믿고 우리는 앞으로 달려야 한다. 그리고 언젠가 서울과 평양을 잇는 상징의 코스가 현실의 길이 되는 날 이 책은 작은 기록으로 남을 것이다. 달리기는 끝나도 이 작업과 과정이 지니는 여정과 의미는 계속될 것이다.